Diogenes Taschenbuch 24565

Schlimmer geht immer

Ausgewählt von
Shelagh Armit

Diogenes

Nachweis am Schluss des Bandes
Covermotiv: © Diogenes Verlag unter Verwendung
einer Illustration von Vectorportal.com

Originalausgabe
Alle Rechte an dieser Ausgabe vorbehalten
Copyright © 2020
www.diogenes.ch
80/20/36/1
ISBN 978 3 257 24565 3

Inhalt

Graham Swift
Glück im Unglück 7

Jojo Moyes
Der Wunschzettel 18

Marie-Sabine Roger
Murphys Gesetz 29

George Watsky
Blutgruppe 0 40

Lucia Berlin
Carpe Diem 59

Jutta Profijt
Der Weg ist das Ziel 65

Roald Dahl
Lammkeule 82

Dora Heldt
Reiseallergie 97

Jörg Fauser
Die Hand des Todes 121

Joey Goebel
Es wird alles schlecht werden   126

Jean-Paul Didierlaurent
Macadam   158

Friedrich Gerstäcker
Pech!   167

Martin Suter
Lobsigers Schicksalsabend   175

Zoë Jenny
Auf der Heimfahrt   182

Patricia Highsmith
Zum Versager geboren   191

Stefan Schwarz
Urlaub mit Bauarbeitern   214

David Sedaris
Sachte, Tiger   219

Tove Jansson
Fremde Stadt   229

Leonardo Padura
Neun Nächte mit Violeta   239

Nachweis   263

GRAHAM SWIFT

Glück im Unglück

Dr. Shah hörte nie auf, die Geschichte zu erzählen. »Ich bin Brite, genau wie Sie«, fing er vielleicht an. »Ich bin in Battersea geboren.« Oder, ein bisschen provozierend: »Meine Mutter ist so weiß wie Sie. Sie glauben mir nicht?«

In seinen ersten Berufsjahren – auch damals gab es im staatlichen Gesundheitssystem schon eine Flut von schwarzen und braunen Gesichtern (seine Ausdrucksweise) – war es nicht ungewöhnlich, dass Patienten aufbegehrten, wenn sie von einem asiatischen – oder asiatisch aussehenden – Arzt behandelt werden sollten. Heute konnte das auch noch vorkommen, aber seine gehobene Stellung, sein Ruf als gefragter Facharzt sowie sein gewinnendes Lächeln verhinderten, dass Ärger dieser Art entstand. Aber die Geschichte gab es noch, Kapitel für Kapitel, oder vielleicht war es ihm einfach eine Befriedigung, sie wieder einmal zu erzählen.

Da die Geschichte Zeit und eine entspannte Stimmung verlangte, erzählte er sie neuerdings meist bei einer Nachuntersuchung, wenn der Patient auf dem Wege der Besserung war und es in der zugebilligten halben Stunde nichts weiter zu besprechen gab. Er betrachtete es mittlerweile als seine Art, sich von Patienten zu verabschieden. Das letzte Rezept. Obwohl es im medizinischen Sinne nichts mit Kardiologie zu tun hatte.

»Nein, in Indien war ich nie. Vielleicht komme ich da auch nie hin. Aber mein Vater ist in Indien geboren ...«

Die Geschichte hatte ihre Wirkung nicht verloren, besonders jetzt, da sein Vater gestorben war und er und seine Mutter in ihrer Trauer um ihn vereint waren. Es war weniger als ein Jahr her, dass er seinen Vater zum letzten Mal umarmt hatte, soweit das in dessen jammervollen Verfassung überhaupt möglich gewesen war. Er hatte ihn in den Armen gehalten, und dabei war ihm der absurde Gedanke durch den Kopf geschossen, dass er Indien in den Armen hielt. Zu seiner Mutter sagte er: »Sie sorgen dafür, dass er schmerzfrei ist, sie sind für ihn da, er wird keine Schmerzen haben.«

Sein Vater war nicht sein Patient, aber natürlich wusste Dr. Shah in diesen Dingen Bescheid. Kurzfristig war ihm entfallen (aber das gehörte natürlich mit zu der Geschichte), dass seine Mutter früher Krankenschwester gewesen war.

Als Mediziner hätte er gegen Trauer gefeit sein müssen, trotzdem war er nicht überrascht, wie heftig ihn die Trauer überfiel, wie stark er noch nach Monaten das nicht medizinische Geheimnis der Abwesenheit seines Vaters empfand.

»Mein Vater ist in Indien geboren«, sagte er dann. »In Poona, 1925. Das wird Ihnen wie in grauer Vorzeit vorkommen, könnte ich mir denken. Damals herrschten natürlich die Briten. *Wir* herrschten.« Dr. Shah lächelte sein Lächeln. »Er gehörte zu einer Familie, die die Briten verehrten. Die Schulbildung, die er damals genoss, war besser als die vieler gleichaltriger Jungen in Birmingham oder Bradford. Oder Battersea. Und er sprach auch besseres Englisch.«

Das Lächeln wurde breiter.

»Ja, ich weiß, es gab viele Inder, die die Briten nicht verehrten. Im Gegenteil. Aber als 1939 der Krieg ausbrach, bestand kein Zweifel, dass mein Vater sich, sobald er volljährig war, bei der indischen Armee melden und aufseiten der Briten kämpfen würde. Viele Inder dachten anders darüber. Viele Inder wollten gegen die Briten kämpfen. Aber natürlich konnte ich in diesen Dingen nicht mitreden, ich war noch nicht auf der Welt. Mein Vater hieß Ranjit. Wie Sie wissen, ist das auch mein Name.

Eines Tages befand er sich also auf einem Truppentransporter nach Italien, wohin die meisten Inder, die nach Europa kamen, geschickt wurden. Ich hätte genauso gut Italiener sein können, dann würde ich Ihnen das alles in Neapel oder Rom erzählen.

Aber wegen eines Kriegszwischenfalls – sie mussten die Schiffe wechseln – kam die Einheit meines Vaters nach England, das war im Frühling 1944, und es wurde beschlossen, sie nicht wieder nach Italien zu schicken, sondern stattdessen auf die Invasion Frankreichs vorzubereiten.«

Dr. Shah machte eine kleine Pause, als wollte er der Geschichte Gelegenheit geben, ihn einzuholen.

»England. Ein Lager in Dorset, genau gesagt, in der Nähe von Sturminster Newton. Um ehrlich zu sein, mein Vater fand, er habe unglaubliches Glück gehabt. Er hatte England immer verehrt. Er sprach Englisch, gutes Englisch, nicht Italienisch. Und jetzt war er in England auf dem Lande, im Frühling – Häuser mit Strohdächern, überall Schlüsselblumen, Glockenblumen, von all dem hatte er in Büchern gelesen. Er kaufte sich sogar ein Fahrrad und fuhr auf den schmalen Straßen durch die Landschaft.«

An der Stelle zuckte Dr. Shah verständnisvoll die Achseln.

»Nein, ich kann es auch nicht ganz glauben. Ich kann nicht glauben, dass es 1944 für eine Gruppe indischer Soldaten in Dorset nur ein Vergnügen war. Stellen Sie es sich vor! Aber ich erzähle nur, was mein Vater mir erzählt hat. Er nannte es Glück.

Es war auch nicht das einzige Glück, obwohl Sie vielleicht denken, dass das Nächste, was er als Glück bezeichnete, gar keins war. Er nahm an der Landung der Alliierten in der Normandie teil. Er war einer der wenigen indischen Soldaten, die dabei waren. Er diente den Briten in ihrem Krieg, bis zum Äußersten, könnte man sagen. Er war bei der Flotte der kleinen Schiffe dabei. Aber schon bald war er auf einem Schiff, das nach England zurückkam, und kurz darauf in einem Krankenhaus hier in London, das die Armee requiriert hatte und wo Patienten mit schweren Beinverletzungen lagen.

Die Einzelheiten weiß ich nicht. Es war in der Normandie passiert, nicht weit von der Küste. Ich bin mir nicht sicher, ob er selbst sie kennt. Er sagte nur: ›Ich bin in die Luft geflogen.‹ Einmal hat er auch gesagt: ›Ich bin in die Luft geflogen und dachte, ich wäre tot.‹ Er ging auch noch weiter. ›Ich dachte, ich sei in Stücke zerrissen worden‹, sagte er, ›und als ein anderer zusammengesetzt worden.‹ Physiologisch ist das natürlich nicht möglich. Als Mediziner kann ich dazu nichts sagen. Andererseits – wir transplantieren Herzen.«

Dr. Shah lächelte wieder.

»Er lag auf der Orthopädischen Station, oder genauer

gesagt, der Amputationsstation, obwohl vermutlich niemand es so gesagt hätte. Vielleicht konnte man es als Glück im Unglück betrachten, dass es besser war, das Bein dort abgenommen zu bekommen als in dem Getümmel da drüben in Frankreich. Allerdings glaube ich, dass es oft wichtig ist, ein Bein schnell abzunehmen. Wesentlich ist jedoch die Tatsache, dass er der einzige Inder war, der Einzige mit brauner Haut in den Betten. Nicht gerade ein glücklicher Umstand, mögen Sie denken, aber warten Sie ab.

Ich habe nie ein Bein abgenommen. Das ist nicht mein Gebiet, wie Sie wissen. Aber bekanntermaßen ist es eine extreme Maßnahme, wenn auch manchmal die einzige, um ein Leben zu retten. Und ich spreche von einer Zeit, die sechzig Jahre zurückliegt, und von Patienten, die möglicherweise andere komplizierte Verletzungen hatten. Kurzum, nicht jeder Beinamputierte würde überleben, und jeder Patient auf der Station kannte das Risiko.

Einmal, als ich ein kleiner Junge war, zeigte mein Vater mir ein Foto. Drei Männer in Schlafanzügen, alle in Rollstühlen, und allen fehlt ein Bein. Aber alle lächeln, als wären sie zufrieden mit ihrem Beinstumpf. Es war ein Foto, das einem kleinen Jungen Angst machte, aber mein Vater wollte es mir unbedingt zeigen. Er erzählte mir, die Männer seien seine ›alten Kumpanen‹. Dann sagte er zu mir, falls ich mich je im Leben benachteiligt fühlte, sollte ich an seine alten Kumpanen denken. ›Benachteiligt‹. Das war sein Wort. Ein großes Wort für einen kleinen Jungen, aber ich erinnere mich deutlich daran.«

Dr. Shahs Lächeln zog sich wieder in die Breite, und seine Zuhörer dachten vielleicht – vielleicht sollten sie das sogar denken – dass ›benachteiligt‹ aus dem Munde eines Professors im teuren Nadelstreifenanzug einen befremdlichen Klang hatte.

»Ich dachte immer, das Lächeln der beinamputierten Männer war ein bisschen wie die Behauptung meines Vaters, der sagte, er habe es nie so gut gehabt wie damals in Dorset. Es gab ja noch ein anderes Foto, eins von ihm mit seinem Fahrrad, und da lächelt er. Zum Fahrradfahren braucht man zwei Beine.

Auf der Orthopädischen Station arbeiteten natürlich Ärzte, Chirurgen und Krankenschwestern. Eine der Krankenschwestern hieß Watts, aber mein Vater lernte sie als Rosie kennen. Und ich lernte sie als meine Mutter kennen. Anscheinend fragte mein Vater sie eines Tages, ob ihre Familie die Zeitungen mit den Nachrichten über die Normandie-Landung aufgehoben hätte. Könnte sie eine mitbringen und ihm zeigen? Er wollte den Beweis, dass er in die Geschichte eingegangen war. Aber es war der Beginn von etwas anderem.

Auf der Orthopädischen Station war außerdem ein Arzt, ein Chirurg – er war Juniorarzt, kein wichtiger Mann in der Hierarchie –, der ein paar der Patienten diskret zu verstehen gab, er könne ihr Bein retten, wenn sie ihm erlaubten, sie zu behandeln. Das bedeutete natürlich auch, ihr Leben retten.

Ein ziemlich gutes Angebot, könnte man denken. Aber bis zu dem Zeitpunkt hatte sich keiner der Patienten gemeldet. Das lag nicht daran, dass er Juniorarzt war. Der einfache Grund war der, dass er Chaudhry hieß und ein braunhäutiger Arzt war. Aus Bombay. Mumbai. Auch er war aus

Indien gekommen, um den Briten zu dienen, mit seinen medizinischen Kenntnissen. Und sie – ich meine die anderen Patienten – wollten nicht von seinen braunen Fingern angefasst werden. Die Soldaten hatten sich sogar untereinander abgesprochen, dass sie das Angebot des braunen Arztes ablehnen würden.

Dumm von ihnen.«

An dieser Stelle machte Dr. Shah eine einstudierte Pause.

»Aber Sie können sich vorstellen, dass die Einstellung und auch die Reaktion meines Vaters eine andere war.«

Wieder entstand eine Pause, fast so, als wäre er schon am Ende.

»Ich muss es Ihnen kaum erzählen, oder? Die anderen ließen sich operieren, manche mit Erfolg, andere nicht, aber das Bein meines Vaters konnte gerettet werden. Nach einer Weile konnte er sogar wieder gehen, fast so gut wie vorher. Er hinkte leicht, und vielleicht – das sagte er jedenfalls gern – waren auch noch ein paar Metallsplitter der Marke Krupp in seinen Knochen. Aber damit nicht genug. Inzwischen war seine Beziehung zu Krankenschwester Watts – zu Rosie, meiner Mutter – so weit gediehen, dass beide den nächsten Schritt tun wollten. Allem zum Trotz. Der nächste Schritt, in den Rest ihres Lebens.

Sie können sich das bestimmt vorstellen. Da waren die Männer mit ihren Beinstümpfen. Sie hatten nicht nur ein Bein verloren. Auch etwas anderes hatten sie verloren. Und da waren Ranjit und Rosie, wie zwei Turteltauben. Mein Vater pflegte zu sagen, er habe sein Bein behalten und obendrein das schöne Mädchen bekommen. Jetzt verstehen Sie, warum er von Glück sprach.«

Manchmal beließ Dr. Shah es dabei. Das war die schlichte Version, und sie reichte aus. Er fügte noch hinzu: »Und so kommt es, dass ich in Battersea geboren bin, 1948.« Er machte eine Pause und sah seinen Patienten genau, aber mit einem Kopfschütteln an. »Nein, mein Gebiet ist nicht die Genetik, und ich kann es nicht erklären, aber so bin ich gemacht.«

Wollte er aber die längere, ausführlichere Version erzählen, dann fuhr er fort.

»Stellen Sie sich vor. London, Battersea. Bei Kriegsende. Allem zum Trotz. Aber meine Mutter sagte immer, für sie sei es von Anfang an klar gewesen. Ranjit war der Richtige. Und wenn sie sich in einen Mann verlieben konnte, der schwer verletzt war und dessen Bein möglicherweise amputiert werden musste, dann war das eine ziemlich gute Probe. Ganz abgesehen von dem anderen Aspekt, der nichts mit dem Krieg zu tun hatte.

Ich will Ihnen noch etwas erzählen. Mein Vater war fast zehn Jahre lang Pförtner im Krankenhaus. Sie werden mich nie dabei ertappen, dass ich mit dem Dienstpersonal von oben herab spreche. Irgendwann stieg er in die schwindelerregenden Höhen der Krankenhausverwaltung auf. Ich meine damit, dass er Bürogehilfe war, unterste Stufe. Und das bei seiner Bildung. Und angesichts seines Beitrags zur Landung in der Normandie. Das war das Einzige, was er bekommen konnte, und das auch nur, weil seine Frau, die Krankenschwester, sich für ihn einsetzte – und zweifellos auch Dr. Chaudhry.

Aber er hat sich gefügt und ist dabei geblieben. Weil er dachte, es steht für mich ganz fest, das war es wert, es war ein kleiner Preis. Und aus demselben Grund wurde ihm allmählich klar, dass er nicht nach Indien zurückkehren würde. So war es eben. England war jetzt seine Heimat. Seine Familie, seine Eltern in Poona – er würde sie wahrscheinlich nicht wiedersehen.

Einmal sagte er zu mir, er würde es so betrachten: Womöglich wäre er sowieso nicht zurückgekehrt. Er hätte sein Leben in Frankreich lassen können. Oder in Italien. Und hatte er nicht etwas erreicht, auch in den Augen seiner Familie? Schließlich hatte er eine britische Dame geheiratet. Vielleicht war es doch so, wie er gesagt hatte. Vielleicht war er wirklich in Stücke gerissen worden und als ein anderer wiedergekommen.

Zu genau dieser Zeit – kurz vor meiner Geburt – erhielt Indien seine Autonomie. Die Autonomie und die Teilung. Wir verließen Indien – die Briten verließen Indien. Indien wurde geteilt, und schreckliche Dinge passierten, und zur gleichen Zeit hat mein Vater die Trennung zwischen sich und Indien vollzogen. Das muss schwierig gewesen sein. Er behielt das Bein, er gewann das Mädchen, aber er verlor etwas anderes. Es heißt, Amputierte spürten zeitlebens das »Phantom« des fehlenden Glieds.

Aber von all dem könnte man auch sagen, dass es eine ziemlich gute Probe war. Muss ich Ihnen den Rest erzählen? Muss ich Ihnen erzählen, dass der Mann, der meinem Vater das Bein rettete, Dr. Chaudhry, eine Art Ersatzvater für meinen Vater wurde? Und für mich eine Art Onkel. Er wurde ein Freund der Familie. Bleibt noch zu erzählen, dass es Dr. Chaudhry – er hieß Sunil – und seiner Ermutigung zu verdanken ist, dass ich mich zur Medizin hin orientierte. Ich bin 1948 geboren. Zur gleichen Zeit entstand in Großbritannien der National Health Service. Ich war dazu ausersehen, meine Tage in Krankenhäusern zu verbringen.«

Dr. Shahs Lächeln, jetzt ein triumphierendes Strahlen, deutete an, dass die Geschichte zu Ende war. Er sah richtig jung aus, obwohl er über sechzig war und wegen seines Vaters Trauer trug.

»Aber Sie können jetzt gehen«, verkündete er – als spräche er zu einem seiner genesenen Patienten. Er streckte seine Hand aus, seine braune Hand mit den feinen, geschickten Fingern.

»An diesem Punkt möchte ich jedes Mal gern sagen, ich hoffe, Sie nicht wiederzusehen. Verstehen Sie mich bitte nicht falsch. Fassen Sie es richtig auf. Denken Sie an meinen Vater und sein Bein.«

Er hätte noch mancherlei hinzufügen können, tat es aber nicht und überließ es seinem Zuhörer, eigene Schlüsse zu ziehen. Er sagte nicht, dass er zwar ein Kind des Wohlfahrtsstaates war, dass er aber damals in Battersea durchaus die »Benachteiligung« kennengelernt hatte, von der sein Väter gesprochen hatte. Er hielt sich nicht bei der Tatsache auf, dass er, obwohl Dr. Chaudhry ihn ermutigt hatte, nicht Orthopäde geworden war, sondern Kardiologe. Er sagte auch nicht, dass er, weil er Arzt und schließlich Professor geworden war, auch eine Art zweiter Vater für seinen Vater geworden war und dass dies – man konnte es nicht anders ausdrücken – das Herz seines Vaters erfreut hatte.

Kardiologie war in seiner Zeit an der Universität zu einem glanzvollen Fach geworden. Alle wollten Herzchirurgen werden, obwohl doch das Herz ein Organ wie jedes andere ist. Niemand konnte sich für eine Leber oder eine Lunge oder einen Dickdarm so sehr begeistern. Oder gar für ein Bein.

Er hatte seinen Vater sanft im Arm gehalten, aber er wollte ihn so eng wie möglich halten, ihn nie wieder loslassen. Sein Vater war so zart und fast so leicht wie ein Kind. Einen Augenblick lang sah er wieder das Foto, die Männer mit ihren Beinstümpfen. Und dann hatte er die Landkarte Indiens gesehen, wie sie früher, in den fünfziger Jahren, in Schulatlanten abgedruckt gewesen war, rot und gerundet und nach unten spitz zulaufend, einer anderen vertrauten Form nicht unähnlich.

JOJO MOYES

Der Wunschzettel

Pink Fritillary. Nur Davids Mutter kann auf ein Parfüm bestehen, von dem noch nie irgendjemand etwas gehört hat. Chrissie ist durch die ganze Stadt gelaufen, und in jedem Kaufhaus hat man ihr gesagt: »Oh, nein. Das haben wir nicht vorrätig. Versuchen Sie es mal bei …«

Während sie sich durch die Massen drängt, überlegt sie, ob Diana das absichtlich macht. Nur damit sie an Weihnachten seufzen kann: »Oh! Eigentlich hat David gesagt, du besorgst Parfüm für mich. Aber trotzdem … das hier ist auch … nett.« Diese Genugtuung wird ihr Chrissie nicht verschaffen. Sie quält sich weiter durch die Oxford Street, weicht abgehetzten, mit bunten Tüten beladenen Fußgängern aus, geht von einem Laden in den anderen, bis ihre Schuhe drücken. Irgendwann einmal, denkt sie, wird ihr rechtzeitig genug einfallen, dass der Dreiundzwanzigste kein guter Tag für Last-Minute-Einkäufe ist.

Bei Selfridges zuckt die nächste Verkäuferin mit den Schultern. Chrissie würde am liebsten losheulen. Draußen hat es angefangen zu regnen. Sie tut etwas, das sie noch nie getan hat. Sie geht in eine der chromglänzenden Bars und bestellt ein großes Glas Wein. Sie trinkt es schnell, fühlt sich dabei wie eine Rebellin und gibt zu viel Trinkgeld, als wäre sie eine von den Frauen, die das ständig tun.

»Also gut«, sagt sie sich, als sie zur Tür geht. »Letzter Versuch.« Und dann sieht sie es, ein seltener Anblick auf einer verregneten Londoner Straße: ein Taxi mit beleuchtetem Dachschild. Sie hechtet vom Bürgersteig herunter, und das Taxi schwenkt zu ihr an den Straßenrand.

»Mmh … zum Kaufhaus Liberty, glaube ich.« Sie schleudert ihre Tüten auf den Rücksitz und lässt sich dankbar aufs Polster sinken. Sie hat noch nie in einem Londoner Taxi sitzen können, ohne das vage Gefühl zu haben, gerade vor irgendetwas gerettet worden zu sein.

»Glauben Sie?«

»Ich brauche ein bestimmtes Parfüm. Für meine Schwiegermutter. Liberty ist meine letzte Hoffnung.«

Sie kann nur seinen amüsierten Blick im Rückspiegel und die kurz geschnittenen Haare an seinem Hinterkopf sehen.

»Kann Ihnen da nicht Ihr Mann helfen?«

»Er hat es nicht so mit einkaufen.«

Der Fahrer hebt eine Augenbraue. Ganze Welten liegen in dieser gehobenen Augenbraue. Und dann meldet ein ›Pling‹ ihres Handys eine SMS.

Hast du die Dollars für meinen New-York-Trip abgeholt?

Sie hatte den ganzen Weg nach Hause zurückfahren müssen, um ihren Pass zu holen, weil man in der Bank darauf bestanden hatte. Deswegen ist sie jetzt so spät dran. *Ja,* antwortet sie. Dann wartet sie einen Moment, aber er reagiert nicht.

»Also erledigen bei Ihnen zu Hause wohl Sie die Weihnachtseinkäufe?«, fragt Chrissie den Taxifahrer.

»Ja. Sogar schrecklich gern. Allerdings ist dieses Jahr unsere Tochter wieder bei uns eingezogen, weil sie ein Kind bekommen hat, darum ... halten wir uns ein bisschen zurück.«

»Ist sie alleinerziehend?« Der Wein hat sie redselig gemacht. Deswegen mag David es nicht, wenn sie etwas trinkt.

»Ja. Sie hatte einen Freund, ein bisschen älter, aber er wollte keine Kinder. Dann ist sie schwanger geworden, und wie sich herausgestellt hat, meinte er es ernst. Es ist jetzt ein bisschen enger bei uns ... auch mit dem Geld, aber ... es ist großartig.«

Ich will keine Kinder, hatte David ihr von Anfang an erklärt. *Ich wollte noch nie welche.* Seine Worte waren bei ihr wie durch einen Schalldämpfer angekommen. Irgendwie war sie immer davon ausgegangen, dass er eines Tages seine Meinung ändern würde.

»Da hat Ihre Tochter aber Glück. Mit Ihnen.«

»Haben Sie Kinder?«

»Nein«, sagt sie.

Der Taxifahrer steuert geduldig durch den zähen Verkehr. Von einer Schaufensterfront plärrt mit ohrenbetäubenden, blechernen Klängen *Jingle Bells* herüber. Der Fahrer sieht auf.

»Freuen Sie sich auf Weihnachten?«

»Nicht so richtig. Meine Schwiegermutter mag mich nicht besonders. Und sie bleibt eine Woche. Zusammen mit ihrem anderen Sohn, der nur in Grunzlauten spricht und die Fernbedienung in seiner Hosentasche unter Kontrolle hält. Wahrscheinlich werde ich mich einfach in die Küche verkriechen.«

»Klingt nicht gerade lustig.«

»Entschuldigen Sie. Ich bin heute ein echter Miesepeter. Ehrlich gesagt, habe ich gerade ein Glas Weißwein getrunken. Was bedeutet, dass ich sage, was ich denke.«

»Also tun Sie das normalerweise nicht? Sagen, was Sie denken?«

»Nie. Ist sicherer so.« Sie versucht, ihre Worte mit einem fröhlichen Lächeln abzuschwächen, aber es folgt trotzdem eine kurze, peinliche Stille. Reiß dich zusammen, ermahnt sie sich in Gedanken.

»Wissen Sie, was?«, sagt er. »Meine Frau hat früher bei Liberty gearbeitet. Ich rufe zu Hause an. Wie heißt dieses Parfüm noch mal?«

Sie hört gezwungenermaßen mit. Seine Stimme am Telefon ist tief und vertraulich. Bevor er das Telefonat beendet, lacht er über etwas, was vermutlich nur er und seine Frau verstehen. Chrissie und David haben keine Witze, die nur ihnen gehören. Irgendwie macht sie diese Erkenntnis trauriger als alles andere.

»Da gibt es einen kleinen Parfümladen hinter Covent Garden, sagt meine Frau. Soll ich mal hinfahren?«

Sie beugt sich vor. »Oh, ja bitte!«

»Sie kennt das Parfüm. Sagt, es ist wundervoll. Und ganz schön teuer.« Er grinst verschwörerisch.

»War klar. Das ist typisch Diana.«

»Tja, jetzt haben Sie bei ihr einen Stein im Brett. Aufpassen, ich mache einen U-Turn.«

Rasant wendet er über die Straße, und sie lacht, als sie über die Rückbank geschleudert wird. Er grinst. »Das mache ich unheimlich gern. Eines Tages erwischen sie mich noch.«

»Gefällt Ihnen Ihre Arbeit?«

»Ich liebe sie. Meine Kunden sind im Allgemeinen okay ... Ich halte nicht für jeden, wissen Sie. Nur für Leute, die so aussehen, als wären sie in Ordnung.«

»Ich habe also ausgesehen, als wäre ich in Ordnung?« Sie lacht immer noch.

»Sie haben ziemlich angespannt ausgesehen. Ich hasse es, wenn eine Frau angespannt aussieht.«

Sie weiß sofort, was er meint. Dieser Ausdruck, der sich in ihr Gesicht eingegraben zu haben scheint: die gerunzelte Stirn, die zusammengepressten Lippen. Wann habe ich mich in diese Frau verwandelt?, denkt sie. Als mein Chef gegangen ist und Gerald, der Gnadenlose, seinen Posten übernommen hat. Als mein Mann angefangen hat, jeden Abend hinter dem Laptop zu verbringen und mit Leuten zu chatten, die ich nicht kenne. Als ich aufgehört habe, mein Spiegelbild in Schaufensterscheiben anzuschauen.

»Ich habe Sie gekränkt.«

»Nein ... ich wünschte nur, ich würde es nicht tun. Angespannt aussehen, meine ich. So war ich früher nicht.«

»Vielleicht brauchen Sie Urlaub.«

»Ach, das geht nicht. Wir bekommen schließlich seine Mutter zu Besuch. Und das kann man nicht gerade als Urlaub bezeichnen. Mein Mann macht allerdings haufenweise Geschäftsreisen an tolle Orte.«

»Wohin würden Sie denn fahren? Wenn Sie könnten?«

Sie überlegt. »Meine beste Freundin wohnt in Barcelona. Dort würde ich hinfahren. Ich habe sie seit Jahren nicht mehr gesehen. Wir schreiben uns Mails, aber das ist nicht das Gleiche. Oh, Entschuldigung. Telefon.«

Vergiss nicht den Stilton, den Mum so mag.

Aus diesem besonderen Käseladen.

Ihre Laune sinkt in den Keller. Den Käse hatte sie komplett vergessen.

»Alles okay?«

»Ich habe den Käse vergessen. Ich sollte ihn in einem Laden in Marylebone kaufen.«

»Sie fahren den ganzen Weg dorthin? Für Käse?«

»Sie mag nur einen ganz speziellen Stilton.«

»Oh Mann. Klingt, als sei sie nicht ganz einfach«, sagt er. »Soll ich umdrehen? Scheint jetzt weniger Verkehr zu geben.«

»Ich nehme besser die U-Bahn. Vermutlich habe ich mein Taxi-Budget schon total überzogen. Könnten Sie anhalten?«

Ihre Blicke kreuzen sich.

»Nee. Wissen Sie, was? Ich stelle den Taxameter ab.« Und das tut er.

»Das können Sie nicht machen!«

»Hab's doch gerade gemacht. Das tue ich ein Mal im Jahr. Jedes Jahr. Dieses Jahr sind Sie die Glückliche. Wissen Sie, was? … Wir holen dieses Parfüm, dann fahren wir zu dem Käseladen zurück, und danach setze ich Sie an Ihrer U-Bahn-Station ab. Kleines Weihnachtsgeschenk … Oh, bitte nicht … ich habe doch nur versucht, wieder ein Lächeln auf Ihr Gesicht zu bringen.«

Etwas Seltsames ist geschehen. Ihr sind Tränen in die Augen gestiegen. »Entschuldigung«, sagt sie, »ich weiß nicht, was mit mir los ist.«

Er lächelt beruhigend. Jetzt will sie erst recht weinen.

»Wir regeln das mit dem Parfüm. Dann fühlen Sie sich besser.«

Er hat recht mit dem Verkehr. Zwar stockt die Autoschlange immer wieder, aber er weicht auf Nebenstraßen aus, und so kommen sie zeitweise schneller voran. Ganz London wirkt grau und nass und schlecht gelaunt. Sie fühlt sich wohl in dem gemütlichen Taxi. Er erzählt von seiner Frau, davon, wie gern er morgens aufsteht und sich um das Baby kümmert, damit seine Tochter weiterschlafen kann. Als er anhält, hat sie beinahe vergessen, warum sie stehen bleiben. »Ich warte hier. Lassen Sie Ihre Tüten da«, sagt er.

Der Parfümladen ist eine Oase himmlischer Wohlgerüche. »Pink Fritillary«, sagt sie und denkt, während sie die Handschrift ihres Mannes liest: Was für ein erlesener Duft für eine so verbiesterte, dumme Frau.

»Ich fürchte, der 50-Milliliter-Flakon ist ausverkauft«, sagt die Verkäuferin und greift hinter sich ins Regal. »Wir haben nur noch den mit 100 Millilitern. Und es ist das Parfüm, nicht das Eau de Parfum. Ist das okay?«

Es kostet doppelt so viel, wie sie veranschlagt hat.

»In Ordnung«, sagt Chrissie. Sie wird sich über diese Ausgaben im Januar Sorgen machen.

»Ich hab's«, sagt sie, als sie wieder in das Taxi steigt. »Ich hab das verdammte Parfüm.«

»Sehen Sie! Jetzt geht's nach Marylebone.«

Sie plaudern, Chrissie hat sich zwischen den Vordersitzen vorgebeugt. Sie erzählt ihm von dem Pass und den Dollars, und er schüttelt den Kopf. Sie erzählt ihm, wie sehr sie ihre Arbeit geliebt hat, bevor der neue Chef gekommen ist.

Von David spricht sie wenig, weil sie das nicht loyal findet. Aber sie würde gern. Sie würde gern jemandem erzählen, wie einsam sie ist. Davon, dass sie das Gefühl hat, irgendwelche Hinweise zu übersehen; das späte Nachhausekommen, die Geschäftsreisen. Davon, dass sie sich dumm und müde und alt fühlt.

Und dann sind sie bei dem Käseladen. Die Leute stehen Schlange, aber das scheint den Taxifahrer nicht zu stören. Er strahlt, als sie endlich mit dem schweren, stinkenden Päckchen auftaucht. »Sie haben's geschafft!«, sagt er, als hätte sie ein Wunder vollbracht, und sie kann nicht anders, als auch zu strahlen.

Und dann piept ihr Handy:

Ich hatte dich ausdrücklich gebeten, den Waitrose-Weihnachtspudding mitzubringen. Du hast aber den Pudding von Marks & Spencer gekauft. Also musste ich gerade selbst zu Waitrose gehen, weil du so lange brauchst, und er war ausverkauft.

Es ist, als hätte sie einen Schlag in die Magengrube bekommen. Plötzlich sieht sie vor sich, wie sie zu viert um den Tisch sitzen und wie sich David mit herablassendem Seitenblick auf sie für ihren »falschen« Weihnachtspudding entschuldigt. Und irgendetwas in ihr gibt sich geschlagen.

»Ich kann es nicht«, sagt sie.

»Was können Sie nicht?«

»Weihnachten. Ich kann nicht mit dem Käse und dem falschen Weihnachtspudding dasitzen und mit … ihnen.«

Er hält am Straßenrand. Sie starrt ihre Tüten an. »Was

mache ich hier bloß? Sie haben eine Familie, die Sie vergöttern. Ich habe einen Luxus-Stilton und drei Leute, die mich nicht mal mögen.«

»Was hält Sie dann?«

»Ich bin verheiratet!«

»Soweit ich weiß, ist das ein beiderseitiges Übereinkommen, keine Gefängnisstrafe. Warum fahren Sie nicht zu Ihrer Freundin? Würde sie sich denn freuen, wenn Sie kommen?«

»Und wie! Sogar ihr Mann würde sich freuen. Sie sind … fröhlich.«

Er zieht die Augenbrauen hoch. Lachfältchen fächern sich um seine Augenwinkel.

»Ich kann nicht einfach … gehen.«

»Sie haben Ihren Pass dabei.«

In ihrem Magen hat irgendetwas Feuer gefangen, wie hochzüngelnder Brandy, mit dem ein Pudding flambiert wird.

»Ich könnte Sie bei King's Cross absetzen. Nehmen Sie die Piccadilly-Line bis Heathrow und steigen Sie ins nächste Flugzeug. Im Ernst. Das Leben ist kurz. Zu kurz, um so angespannt auszusehen.«

Sie denkt an ein Weihnachten ohne Dianas Missbilligung. Ohne dass ihr Mann ihr unfreundlich den Rücken zukehrt, ohne sein bordeauxgeschwängertes Schnarchen.

»Er würde mir nie verzeihen. Das wäre das Ende meiner Ehe.«

Der Fahrer grinst. »Tja, das wäre wirklich eine Tragödie, oder?«

Sie starren sich an. »Fahren Sie«, sagt sie plötzlich.

»Halten Sie sich fest.«

Auf dem ganzen Weg rast ihr Herz. Immer wieder muss sie losglucksen vor Lachen.

Sie denkt an ihren Chef und wie er wütend auf die Uhr starren wird, wenn sie nicht auftaucht. Sie denkt an das ungläubige Entsetzen Dianas. Sie denkt an Barcelona und Umarmungen und freudig überraschtes Lachen. Und dann sind sie am Bahnhof King's Cross. Der Fahrer hält mit kreischenden Bremsen.

»Sie machen es wirklich?«

»Ich mache es wirklich. Danke …«

»Jim«, sagt er. Und er greift zwischen den Vordersitzen durch und schüttelt ihr die Hand.

»Chrissie«, sagt sie. Sie rafft die Einkaufstüten auf dem Sitz zusammen. »Oh, all dieses Zeug …«

Und dann sieht sie auf. »Hier, geben Sie das Parfüm Ihrer Frau. Und die Gutscheine. Für Ihre Tochter.«

»Sie müssen wirklich nicht …«

»Bitte. Sie würden mir eine Freude machen.«

Er zögert, dann nimmt er kopfschüttelnd die Tüten an. »Danke. Das wird ihr unheimlich gefallen.«

»Den Stilton wollen Sie nicht, schätze ich, oder?«

Er verzieht das Gesicht. »Kann das Zeug nicht ausstehen.«

»Ich auch nicht.«

Sie fangen beide an zu lachen.

»Ich fühle mich … ein bisschen wahnsinnig, Jim.«

»Ich glaube, das nennt man den Geist der Weihnacht«, sagt er. »Ich würde einfach mitziehen.«

Sie rennt wie ein junges Mädchen mit fliegenden Beinen

in Richtung Bahnsteig. Dann bleibt sie kurz stehen, versenkt den Käse feierlich in einem Abfallbehälter und schaut gerade rechtzeitig auf, um zu sehen, wie er die Hand zum Abschied hebt. Während sie durch die Menge zum Fahrkartenschalter läuft und er sich durch den zähen Weihnachtsverkehr schlängelt, lachen sie immer noch alle beide.

MARIE-SABINE ROGER

Murphys Gesetz

Wie hätte ich es ahnen können, an dem Tag, an dem ich Moses gefunden habe? Das, was passieren würde, meine ich.

Ich lief die Straße entlang. Ich ging über den Boulevard Edison von der Arbeit nach Hause.

Erst mal muss ich Ihnen sagen, dass ich eigentlich gar nicht da entlang hätte gehen sollen. Weil der Boulevard normalerweise ein Umweg ist. Aber ich musste eine DVD in die Videothek zurückbringen.

Das ist vielleicht eine Abschweifung. Aber man weiß ja nie, was wichtig sein wird und was nicht, wenn man eine Geschichte erzählen will. Ich bin nicht gerne ungenau. Vor allem, was wahre Geschichten angeht. Also sage ich lieber noch dazu: Es regnete.

Aber »es regnete« wird Ihnen vielleicht keine richtige Vorstellung von dem Wetter an jenem Abend geben.

Regnen ist vage. Feucht, aber vage.

Genauer gesagt: Es goss in Strömen.

Und das natürlich ausgerechnet an dem Tag, an dem ich einen Umweg machen musste, um eine DVD zurückzubringen.

An dem Tag, an dem ich in der Mittagspause beim Friseur gewesen war.

An dem Tag, an dem ich meine Ledersandalen und meine weiße Hose anhatte.

Natürlich.

So ist es sowieso immer.

Wie Monsieur Peyrelot aus der Buchhaltung sagt: Das ist Murphys Gesetz!

Anders gesagt, das Gesetz der maximalen Scheiße – Sie verzeihen! –, das bewirkt, dass die Dinge immer genau an dem Tag passieren, an dem sie nicht passieren sollten. Eine weiße Hose im strömenden Regen, und kein Regenschirm dabei. Sie verstehen, was ich meine.

Ich hatte Angst, dass die Videothek schließen würde, also beeilte ich mich, es ist nämlich nicht meine Art, Filme nicht rechtzeitig zurückzugeben. Ich war aber trotzdem ein bisschen spät dran, aus dem einfachen Grund, dass Madame Vélin, die Chefbuchhalterin, mich gebeten hatte, eine halbe Stunde länger zu bleiben, um die Liquiditätsentwicklung fertig zu machen. Was völlig gerechtfertigt war, weil wir tags zuvor um halb fünf eine zusätzliche Pause gemacht hatten, um Valérie unser kleines Hochzeitsgeschenk zu überreichen, und die verlorene Zeit musste natürlich aufgeholt werden.

Ich bleibe sowieso öfters länger, um Madame Vélin zu helfen.

Sie weiß, dass sie immer auf mich zählen kann.

Unser Betriebsklima ist sehr gut: Sobald es einen Anlass gibt, wird gesammelt, und jeder steuert sein Scherflein bei. Für die Hochzeit von Valérie habe ich fünf Euro gegeben, und zwar ohne zu zögern, das können Sie mir glauben! Ich bin mir sicher, wenn ich geheiratet oder Kinder bekommen oder sonst etwas zu feiern gehabt hätte in meinem Leben, dann hätte ich auch eine gefüllte kleine Sparbüchse bekommen.

Die für Valérie hatte die Form einer Giraffe, weil sie sehr groß ist. Valérie, meine ich.

Letztes Jahr, als Monsieur Batelier in den Ruhestand ging – ein gutaussehender Mann, der ein bisschen hinter den Frauen her ist –, war die Sparbüchse ein rosa Schweinchen.

Sehen Sie, ich lüge nicht, wenn ich sage, dass wir eine Menge Spaß haben!

Die Sparbüchsen besorgt immer Madame Vélin.

Sie hat einen sehr sicheren und doch persönlichen Geschmack.

Im Büro haben wir so unsere Gewohnheiten, unsere Traditionen. Zum Beispiel fängt Monsieur Peyrelot jeden Morgen, wenn ich ankomme, an zu singen: »Als unser Mops ein Möpschen war …«

Und dann fügt er augenzwinkernd hinzu: »Du verstehst doch Spaß, nicht wahr, Sylviane?«

Ihm gefällt es, andere zu necken.

Dann schickt er mich los, um ihm einen Kaffee zu holen. Was ich gerne mache, ohne je zu murren.

Und ich weiß, dass er mich dafür schätzt – wie er immer sagt: »Es gibt so wenig hilfsbereite Menschen!«

Er weiß genau, dass ich zu diesen Menschen gehöre. Aber er übertreibt es nicht: Zwei- oder dreimal am Tag ein Kaffee, mal ein Knopf, der angenäht werden muss, ein paar Akten, die in Ordnung gebracht werden müssen, wenn er in Verzug ist – ehrlich, was ist das schon?

Aber ich schweife ab, ich verliere den Faden … Also, ich beeilte mich.

Ich ging über den Zebrastreifen, gegenüber von dem kleinen Supermarkt. Als ich auf der anderen Seite ankam, raste ein Lastwagen vorbei, mitten durch eine Pfütze, und spritzte meine Hose voll.

Vielen Dank, Mister Murphy.

Ich ging weiter.

Auf dem Bürgersteig ging ich dann nach rechts, da gibt's keine andere Wahl. Wenn ich so viele Einzelheiten anführe, dann deshalb, weil ich mich überall verirre, deshalb muss ich rekapitulieren. Aber ich kann auch abkürzen, wenn es sein muss.

Wenn es sein muss, kann ich abkürzen.

Ja? Nein?

Gut.

Ich bin also nach rechts gegangen. Keine andere Wahl.

Und da (also nicht *genau* da, ich mache hier schließlich keinen Kostenvoranschlag. Wenn ich *da* sage, dann heißt das ungefähr, sagen wir: zwanzig Meter weiter), da ist also eine kleine Sackgasse, wo sich eine Menge Müll stapelt.

Die Straße liegt nicht auf meinem Weg – klar, ist ja eine Sackgasse –, aber ich komme an ihr vorbei.

Folgen Sie mir? Und *da,* in dem Moment, wo ich an dieser Sackgasse vorbeigehe, von der ich gerade gesprochen habe, höre ich etwas wie ein Spatzenpiepen. Wenn ich »Spatz« sage, ist das keine Aussage über die Vogelart.

Einfach ein kleines Vogelpiepen, wenn Ihnen das lieber ist.

Und da habe ich gedacht: Nanu?

Ich habe hingeschaut, es hat wieder angefangen zu piepen, und Sie werden es mir nicht glauben: Es kam aus einer der Mülltonnen!

Da habe ich mir gesagt: Himmelherrgott, das kann doch nicht wahr sein, hat etwa irgendein Irrer einen Vogel da reingeschmissen?

Ich hebe einen Deckel an: nichts. Einen zweiten: wieder nichts.

Ich hörte das Geräusch immer noch, aber ich fand einfach nicht raus, wo es herkam. Also krempelte ich die Ärmel hoch und fing an, in dieser ekligen Ecke herumzustöbern, ich schob Kartons zur Seite, sortierte Flaschen, mitten in all den vergammelnden Abfällen, die nicht mal meine eigenen waren. Wie schaffen die Müllmänner es nur, dass ihnen nicht schlecht wird?

Das ist vielleicht ein Beruf, sage ich Ihnen, dazu muss man berufen sein.

Ab und zu hielt ich inne und lauschte. Der Vogel war immer noch da, er kreischte. Ich hörte, dass er herumzappelte, und dachte mir: Der Arme, er muss panische Angst haben und mit aller Kraft mit seinen kleinen Krallen oder seinem kleinen Schnabel oder sonst was scharren.

Aber nichts zu machen, ich konnte ihn nicht finden.

Und genau in dem Moment, als ich dachte: So, jetzt reicht's, ich will mich nicht von Kopf bis Fuß schmutzig machen – da finde ich ein Kätzchen!

Es war hinter einer Holzkiste eingeklemmt, ich weiß nicht, wie es das geschafft hatte, und weinte nach seiner Mutter, wie Kévin, der älteste Sohn meiner jüngsten Schwester, sagen würde.

Das Kätzchen war schwarz und winzig klein, nicht mehr als anderthalb Monate alt, vielleicht weniger. Ich kenne mich mit Miezekatzen ein bisschen aus. Es hatte graublaue Augen, winzige Pfötchen, und es miaute in meiner Hand wie verrückt, als würde es gleich sterben vor Hunger, Durst, Angst und Zorn.

»Hast du deine Mama verloren?«, habe ich gefragt.

Aber angesichts seines Zustands brauchte ich gar keine Antwort. Eine Katzenmama würde ihr Junges nie so verdrecken lassen, es hatte ganz verklebte Augen, eine rotztriefende Nase und einen verschmierten Popo.

Da habe ich mir gesagt, die Videothek kann warten, Ausnahmen bestätigen die Regel, und habe mich mit diesem kleinen Etwas in den Händen, das schrille *Miiiauuuus* von sich gab, auf den Nachhauseweg gemacht.

Zu Hause angekommen, habe ich eine Decke herausgesucht und ein Gefäß, das als Fressnapf dienen konnte, ein anderes als Trinknapf. Ich habe das Kätzchen sauber gemacht, ihm klebten lauter Thunfischfetzen im Fell, und beschlossen, es Moses zu nennen, weil ich ihm das Leben gerettet hatte. Und so bin ich in die Falle gegangen.

Ich, die ich in gesundem Egoismus lebte und mich nur um mich selbst kümmerte, habe angefangen, meine Zeit der Erziehung dieses Miniatur-Kätzchens zu widmen, das es sich bei mir ganz schön gutgehen ließ, der kleine Schlawiner!

Ich erspare Ihnen die Pipipfützen direkt neben der Kiste und die Zeit, die ich damit zugebracht habe, es am Pfötchen zu nehmen – *Gib Pfötchen, gib Pfötchen, aua! Man kratzt seine Mama nicht, gib Pfötchen, sag ich dir!* – und ihm beizubringen, wie man seine Häufchen in der Streu verscharrt.

Und die Sitzbäder im Waschbecken, um ihm mit lauwarmem Wasser und Babyshampoo den Hintern zu waschen – ich konnte es ja schließlich nicht sauber schlecken, wie seine Mutter es getan hätte.

Und ich rede auch nicht von dem fragenden *miiiaauuu?* – Gemaunze mitten in der Nacht oder von dem Gekratze an meiner Tür – an meinen Tapeten – meinen Vorhängen – meinen Sesseln – meinen Strumpfhosen.

Auch nicht von dem schleimigen Erbrochenen auf dem Teppichboden. Auch nicht von den Durchfällen. Nein, von all dem rede ich nicht. So sieht der Alltag einer Mutter aus.

Ja, einer Mutter, das Wort ist nicht übertrieben. Denn ein Kätzchen ist genau wie ein Baby (jedenfalls so, wie ich mir das vorstelle, ich kenne es nicht aus eigener Erfahrung): Ein ganzes Sortiment von täglichen Sorgen, Ängsten und Affronts. Aber auch so viel Freude! Endlich jemand, mit dem ich reden kann, der mir nie widerspricht, dem ich alle meine Geheimnisse anvertrauen kann, sogar die, die ich erfunden habe … Deswegen waren die Pipipfützen, die Kratzspuren und alles Übrige bald nebensächlich geworden, Kinkerlitzchen, gemessen an der tiefen Veränderung, die Moses in mein Leben gebracht hat. Mehr noch als eine Veränderung, es war eine Umwälzung, ja, deren Tragweite mir an dem Tag klar wurde, an dem ich im Büro auf die Uhr schaute und seufzend feststellte, dass es noch eineinviertel Stunden dauern würde, bis ich nach Hause gehen und meinen Moses, mein Baby, mein Lumpi wiedersehen könnte.

Auf die Uhr schauen!

Ich.

Bei der Arbeit, meine ich.

Tatsächlich dachte ich seit ein paar Tagen immer öfter an mein Kätzchen, mein Miezi, meinen Panther, wenn ich nicht bei ihm war. Und ich sehnte mich nach ihm.

Ob ihm alleine nicht langweilig war? Ob sich sein Schaumstoffball nicht unter dem Büfett eingeklemmt hatte? Ob nicht eine eklige Fliege in seinem Wasserschälchen ertrunken war oder in seinem Kätzchenfutter festklebte *(Zarte Häppchen mit Lachs und Leber)*?

Falls Sie Kinder haben, dann wissen Sie, was ich meine.

Und an diesem Tag war es dann stärker als ich. Ich konnte nicht anders, als immer wieder auf die Uhr zu schauen, unauffällig, aber immer öfter.

Noch achtundfünfzig Minuten. Dreiundvierzig. Siebenunddreißig.

Nur noch achtundzwanzig Minuten.

Fünfundzwanzig.

Zweiundzwanzig.

Bei Bailleux, Prode & Lemasson angestellt zu sein, und noch dazu in der Buchhaltung, ist ein Privileg, das viele gern hätten, wie Madame Vélin immer so schön sagt.

Zum Glück hatte niemand etwas bemerkt.

Das heißt, doch, schließlich hat mich Madame Vélin mit ihrer honigsüßen Stimme ganz laut gefragt: »Nun, Sylviane, haben wir es heute eilig, zu gehen?«

Ich wurde rot, ohne jedoch aus den Belegen zum Umlaufvermögen aufzublicken.

Ich hörte es ringsum murmeln. Ich spürte, dass man

mich anschaute. Madame Vélin ließ nicht locker: »Ich hätte nämlich gerade heute gerne gehabt, dass Sie ein bisschen länger bleiben. Das geht doch, nicht wahr?«

Da hörte ich mich antworten: »Nein.«

Todesstille.

Die ganze Abteilung erstarrte, die Hände hingen über den Tastaturen, über den Mäusen in der Schwebe. Monsieur Peyrelot, Madame Verdier. Valérie, die Sekretärin. Und sogar Monsieur Beddaouï vom Versand, der gerade einen Stapel Begleitscheine abstempeln ließ. Madame Vélin saß mit offenem Mund da. Dann fasste sie sich wieder und fragte nach: »Wie bitte? … Äh? … Aha … Haben Sie vielleicht eine Verabredung?«

Monsieur Peyrelot kicherte.

Ich antwortete: »Was geht Sie das an?«

Valérie wurde blass. Madame Verdier auch. Monsieur Beddaouï ließ die Begleitscheine auf den Schreibtisch von Monsieur Peyrelot fallen, der sich an seinem Kaffee verschluckte.

Ich schaute auf die Uhr. Es war so weit. Dienstschluss.

Ich sagte: »Guten Abend.«

Und ging.

Auf dem Heimweg ging ich beim DVD-Verleiher vorbei, den ich völlig vergessen hatte seit dem Tag, an dem ich meinen Moses, mein Wollknäuel, mein Angorapfläumchen gefunden hatte.

Er wollte mir zehn Euro als Strafgebühr abknöpfen, weil ich *Sinn und Sinnlichkeit* über anderthalb Monate behalten hatte. Ich weigerte mich, sie zu bezahlen. Er sagte, so ginge das aber nicht, und ich antwortete ihm, er könne mir ja einen Gerichtsvollzieher schicken, wenn er Zeit zu verlieren habe. Er beschimpfte mich als unredlich. Und ich ihn als alten Knacker.

Vor meinem Haus tratschte die Concierge an der Tür mit einer Nachbarin. Als sie mich sah, winkte sie mich mit ausladenden Gesten herbei.

Mir blieb fast das Herz stehen.

War meinem Momo, meinem Schatz, meinem Schmuckstück, meinem Wunder etwas passiert?

Da sagte sie: »Wir sammeln gerade.«

Ich atmete auf und fragte: »Wofür denn?«

»Monsieur und Madame Breton aus dem dritten Stock rechts haben ein Baby bekommen. Es ist ein Junge. Wie viel geben Sie?«

Ich antwortete: »Nichts.«

Sie schaute mich an, als hätte ich gerade auf den Gehweg gemacht.

Sie stammelte: »Nichts? Wie, *nichts?* … Äh … Ich meine … Sind Sie sicher …? Wirklich gar nichts?« Und fügte hinzu: »Aber warum denn nicht?«

»Weil ich sie nicht kenne. Ich habe sie noch nie gesehen. Also ist es mir egal, verstehen Sie?«

»Ach, aber für ein Baby …!«, flötete die Nachbarin, eine gepuderte alte Ziege, die ich auch nicht kenne.

Ich zuckte mit den Schultern.

Und ließ sie stehen.

Als ich die Treppe hochging, fühlte ich mich frei.

In der Wohnung war alles ruhig.

Durch die Fenster sah ich die Lichter der Stadt strahlen wie Girlanden. Wie lauter Lichterketten, die man zur Dekoration aufgehängt hatte, nur für mich, um mir eine Freude zu machen. Ich hatte noch nie bemerkt, wie hübsch das war.

Mein Momo, mein Schatz, mein Fröschlein war auf meinem Bett eingeschlafen.

Als er mich hörte, öffnete er ein Auge, streckte sich, gähnte und zeigte mir seine Milchzähne, seine rosa Zunge. Ich drückte ihn an mich und kraulte ihn am Hals und am Kopf.

Er fing an zu schnurren, es war das erste Mal.

GEORGE WATSKY

Blutgruppe o

Der Marktplatz im spanischen Pamplona war brechend voll: überall betrunkene, schwitzende Männer, denen der Alkohol aus jeder Pore drang. Hier auf der Plaza del Castillo fand gerade der Chupinazo statt, der Auftakt der alljährlichen Fiestas de San Fermín rund um den traditionellen Stierlauf. Platz und Luft waren ein knappes Gut, es war wie beim Kampf um die Armlehne im Flugzeug – die Alphamännchen machten sich breit, und der Rest von uns musste mit dem vorliebnehmen, was übrig blieb, hielt sich an Laternenpfählen fest oder gab auf und ließ sich einfach vom Mahlstrom mitreißen. Pamplona war ein Ort für echte Männer, da waren Tim, Robbie und ich uns einig gewesen, und darum die perfekte erste Station für unseren Rucksackurlaub nach dem Highschool-Abschluss. Während wir uns am Rande des Gedränges an eine stuckverzierte Hauswand drückten, fragte ich mich, was für ein Mann ich denn eigentlich war.

Als Kind hatte ich mir manchmal das Schreckensszenario einer Welt ausgemalt, in der es nicht mehr genug Platz für alle gab. Irgendwann musste es ja dazu kommen, eines Tages würde das exponentielle Bevölkerungswachstum die Erde an ihre Grenzen bringen, jeder Quadratmeter Land würde vor Menschen wimmeln, alle Wiesen, Gebirge, Wälder und Wüsten wären gerammelt voll und man könnte alles nur noch im Stehen machen: essen, schlafen, Sex haben, gebären … Letzteres am besten im Handstand, so dass eines Tages ein Kind aus der sich windenden Masse nach oben ploppen und eine neue Generation begründen würde, die auf den Köpfen ihrer Ahnen aufwuchs, bis auch diese neue Schicht irgendwann überfüllt war.

In der dichten Chupinazo-Menge – ich sah nur noch Hinterköpfe und ein wenig Himmel – schien mir meine kindliche Horrorvorstellung gar nicht mehr so weit hergeholt. Ab und zu tauchte von irgendwoher eine Hand mit einer Sektflasche oder einem Colabecher auf wie ein Flugzeug, das überraschend die Wolkendecke durchbricht, und zwischen Bartstoppeln klappte ein Mund weit auf. Der dazugehörige Mann trank so schnell und viel er konnte, ehe ihm die nächste Bewegung der Menge die Flasche vom Mund schlug und dabei einen dunklen Latz auf seinem weißen T-Shirt hinterließ. Dunkelrote Flecken hatte hier fast jeder, denn das beliebteste Getränk bei den Fiestas de San Fermín war der Kalimotxo, ein grauenhafter Mix aus Cola und billigem Rotwein. Hatte man einmal damit angefangen, war es ratsam, möglichst den Pegel zu halten, wollte man nicht nur den Stieren, sondern auch dem berüchtigten Pamplona-Kater entkommen.

Leere Sektflaschen wurden einfach auf das Kopfsteinpflaster geworfen, und die weiße Leinenhose, die zusammen mit dem weißen Hemd, der roten Schärpe und dem dazu passenden traditionellen Polyesterhalstuch *made in China* zur Festivaluniform gehörte, hatte einen Kordelzug, der – wann und wo auch immer nötig – diskretes Pinkeln erlaubte. Ich war stolz, Teil dieser torkelnden Masse zu sein, ein Wo-ist-Walter unter vielen. Ich holte tief Luft und streckte die Brust raus.

Robbie, Tim und ich wagten uns genau einen Schritt von unserer Wand weg, da wurden wir schon von der Flutwelle mitgerissen, die sich auf den steinernen Pavillon in der Mitte des Platzes zubewegte. Ich klammerte mich an einen Zipfel von Robbies Hemd wie ein Bergsteiger an sein Seil und versuchte, um die Pissepfützen und Sektflaschenscherben am Boden herumzunavigieren.

»Sag mal, wo ist eigentlich Tim?«

Ich konnte Robbie über das deutsche, spanische und russische Gejohle hinweg kaum verstehen. Ein Korken knallte direkt neben meinem rechten Ohr, eine Flasche zerbrach direkt neben meinem linken Fuß. *Olé, olé, olé, olé!,* grölte die Menge. Wir suchten die rülpsenden Wogen hektisch nach Tims braunem Wuschelkopf ab und schrien uns heiser, aber der Lärm verschluckte unsere Rufe, Tim hätte genauso gut einen Meter neben uns stehen können oder zehn. Nach einigen endlosen Minuten hatten wir uns an den Rand des Platzes vorgekämpft, wo sich der Wald aus Ellbogen ein wenig lichtete.

»Tim! Tim!«

Ich entdeckte ihn als Erster. Er stand unweit von uns und sah noch blasser aus als sonst.

»Hey, Jungs.«

Er schwankte wie ein Jengaturm kurz vorm Einsturz. Und dann sah ich auch warum.

Mir war das Blut zunächst gar nicht aufgefallen, weil es genau die Farbe von Tims Schärpe und Halstuch hatte, aber nun sah ich, dass sein linkes Hosenbein bis zum Knie hinauf rot und sein linker Fuß nur noch eine rote Masse war, in der man undeutlich den schwarzen Riemen seines Flip-Flops erkennen konnte.

»Ich fühl mich ein bisschen komisch.«

Robbie und ich legten uns je einen Arm von Tim über die Schulter und schleppten ihn wie Jesus Christus in die nächste Gasse hinein, an einer Kirche vorbei. Meine Jorge-Watsky-Zeiten waren ewig her und ich konnte kaum noch Spanisch, aber ich versuchte trotzdem, einen Passanten um Hilfe zu bitten.

»*Lo siento, ¿dónde está ... ?*«, fing ich an und stockte.

Moment mal, hieß es *el hospital* oder *la hospital*?

Mit dem richtigen Geschlecht habe ich bei den spanischen Wörtern schon immer Mühe gehabt. In Zweifelsfällen halte ich mich an Klischees.

Heilberufe passen traditionell besser zu Frauen, aber am Ende sind es doch eher Männer, die irgendetwas Hirnverbranntes anstellen und dann ins Krankenhaus müssen, also ...

»*¿Dónde está* el *hospital?*«

Zugegeben, es war schon ziemlich dämlich von uns, da in Flip-Flops herumzulaufen. Ein paar Zentimeter weiter, dann wäre Tims Fußrückenarterie durchtrennt worden und er wäre innerhalb von zehn Minuten verblutet, erklärte uns der Arzt. Wir kamen schnell dran, da sich die meisten Stierlauf-Besucher erst verletzen, wenn die Stiere laufen. Im Moment gab es im Krankenhaus also noch genug Betten und Hände, die sich um durchtrennte Sehnen kümmern konnten.

»Ich hab meine Zehen erst überhaupt nicht mehr bewegen können«, erzählte Tim und betrachtete stolz seinen Streckverband.

Sobald klar war, dass er überleben würde, wandten sich unsere Gedanken dem Stierlauf am nächsten Morgen zu. Tim musste auf jeden Fall die nächsten Tage im Krankenhaus verbringen, aber reichte das für Robbie und mich als Ausrede, um die Mission komplett abzubrechen? Ich überlegte, ob wir unseren Freunden zu Hause später einfach erzählen könnten, wir hätten Tag und Nacht an Tims Bett wachen, ihm den Schweiß von der Stirn tupfen und seine Bettpfanne leeren müssen. *Wir waren am Boden zerstört,* würde ich behaupten. *Wir wollten ja unbedingt mitlaufen, aber wir konnten unseren verletzten Bruder natürlich nicht im Stich lassen.* Dummerweise bat Tim uns in dem Moment, die Mission in seinem Namen zu Ende zu bringen.

»Bitte. Ihr wisst doch, ich wollte unbedingt mitlaufen, aber tja ...« Er deutete auf sein Bein.

Also machten Robbie und ich uns am nächsten Morgen auf den Weg. Es war noch dunkel. Ich band meinen Gürtel ein wenig fester und drehte den Knoten meines Halstuchs zur Seite, damit man den Fleck mit Tims Blut auf meinem Hemd besser sehen konnte. Ein kühler Windhauch kroch mir unter die dünne Leinenuniform, und ich bekam eine Gänsehaut. Keine Ahnung, ob wir am Anfang oder am Ende der gut achthundert Meter langen Strecke standen, auf jeden Fall war es trotz der frühen Stunde schon voll, und über den Holzabsperrungen zu beiden Seiten der Gasse platzten die Wohnungen vor Zuschauern aus allen Nähten. Die Meute von der Plaza del Castillo hatte seit gestern anscheinend einfach weitergetrunken, die Nacht durchgemacht, und dann waren die Männer, deren Kampfeslust in umgekehrtem Verhältnis zu ihrem Gleichgewichtssinn stand, unter Grölen und Kotzen hierhergetorkelt. Unglaublicher Mut und unglaubliche Dummheit, ging mir auf, das waren die Schlüssel zu einem frühen Tod.

Während wir unsere Plätze einnahmen, überlegte ich, ob es eine Möglichkeit gab, mein Leben doch noch ein wenig zu verlängern. *War es klüger, dicht bei Rob zu bleiben, oder war sich hier jeder selbst der Nächste? Sollte ich mich an die Wand drücken und die Menge an mir vorbeirammeln lassen? Lieber langsam losjoggen und versuchen, mich in der Masse der Läufer zu verlieren? Oder doch besser nach vorne sprinten und irgendwo aus einem Ausgang schlüpfen?* Bilder zogen vor meinem geistigen Auge vorbei, erst noch unscharf, dann immer klarer: Auf den Hörnern eines riesigen Mutantenstiers aufgespießt, wurde ich hin und her geschleudert wie eine Stoffpuppe. Die Welt wirbelte um mich herum, und als ich an mir herabblickte, sah ich zwei ausgefranste Ohren, ein Paar Nüstern mit Nasenring, aus denen Dampf strömte, und zwei blutige Hörnerspitzen, die aus meinem Körper ragten – eine durch mein Brustbein, die andere auf Höhe meiner Weichteile.

Mein Herz schlug schneller, und die Angst wurde immer größer. Wieso machte ich mir eigentlich schon beim Gedanken, vor einer Kuh wegzurennen, fast in die Hose, wo doch im Laufe der Jahrhunderte überall auf der Welt, überall auf diesem blutgetränkten Kontinent Millionen ganz normaler junger Männer in den Krieg gezogen waren, bereit, den Tod zu bringen und ihm ins Gesicht zu sehen? Was hatten die bloß, was ich nicht hatte? Na ja, da kam mir gleich eine ganze Liste von Dingen in den Sinn: eine gute Sache, für die sie stritten … eine Bedrohung, vor der sie ihre Familien und ihre Heimat verteidigen mussten … oder, wie die altnordischen »Berserker« – die legendären Wikingerkrieger, die in einem tranceartigen Rausch kämpften und mit ihren handgeschmiedeten Äxten Gliedmaßen im Akkord abhackten – große Mengen Alkohol und halluzinogene Pilze.

Ich empfand noch nicht mal Hass, egal wie viel Mühe ich mir gab. Ich betrachtete den Stier zwar durchaus als meinen Feind, aber ich wusste aus den Artikeln, die ich im Vorfeld über das San-Fermín-Fest gelesen hatte, wie das alles ablief. Während ich hier mein Bandana zurechtrückte, bekamen die Stiere Vaseline in die Augen gerieben, damit sie schlecht sahen, und wurden von den Wärtern geschlagen, damit sie dann völlig aufgepeitscht aus dem Gatter preschten, in das zweite Gehege, wo sie erst einmal gegen die Wände taumelten, weil man ihnen ein Stück ihres linken Horns abgesägt und damit ihren Gleichgewichtssinn beeinträchtigt hatte. Dort warteten auch schon die berittenen Picadores, die ihnen in Rücken und Nacken stachen, damit sie, wenn der Stierkampf begann, nicht mehr die Köpfe heben und sich gegen die Banderilleros wehren konnten, die zu Fuß um sie herumflitzten und immer wieder mit lustig bunten Speeren auf sie einstachen. Und wenn dann endlich der Matador mit flatterndem Umhang und blitzender Klinge seinen Auftritt hatte, waren die Stiere bereits so schwach und benommen, dass man ihnen nur noch einen schnellen Tod wünschen konnte. Doch manchmal schaffte es der Matador nicht, das Rückenmark sauber zu durchtrennen, und das verwundete, fast ohnmächtige Tier wurde an den Hörnern aus der Arena geschleift, wo ihm die Ohren und der Schwanz abgeschnitten wurden, die dann der Matador als Trophäe für seine Heldentat bekam.

Während Robbie und ich uns noch mental zu rüsten versuchten, wurden unsere Kameraden um uns herum immer ungeduldiger und begannen schließlich, die Polizisten hinter der Sperrholzwand mit leeren Bierflaschen zu bewerfen. Ein paar Mutige kletterten sogar hinauf und warfen sich wie Stagediver direkt auf die Beamten.

Und dann wurde das Gatter geöffnet.

Ich würde ja gern behaupten, dass ich dort einen richtigen Krawall mit allem, was dazugehört, erlebt habe, aber einen Schlagstock habe ich nicht abgekriegt, also zählt das wohl nicht. Ich erinnere mich nur noch an verschwommene Farben – rot, weiß, die dunkelblauen Polizeiuniformen, die grauen Haare einer älteren Dame, einer unschuldigen Zuschauerin, die zwischen die Fronten geraten war. Soweit ich es mitbekommen habe, wurde aber niemand ernsthaft verletzt. Wir hielten uns bei diesen Bullen an dieselbe weise Strategie wie bei echten: Wir rannten weg.

Robbie und ich hatten viel Übung darin, vor der Polizei wegzulaufen. Freitagabends jagten die nämlich gerne betrunkene Highschool-Kids durch die Wälder von San Francisco. Ich war dabei als Einziger immer nüchtern, aber nicht etwa, weil ich prinzipiell gegen Alkoholkonsum vor der Volljährigkeit gewesen wäre. Das Trinken hatte damals meiner Meinung nach nur mehr mit Gruppenzwang als mit Rebellion zu tun, und an der Highschool versuchte ich mittlerweile eher aufzufallen als dazuzugehören.

In der zwölften Klasse löste die Polizei einmal eine Party unter freiem Himmel auf, und während Robbie und ich vor den blitzenden Taschenlampen wegrannten, fühlte ich plötzlich etwas Lebendiges, Weiches an meinem Fuß. Ich blickte hinunter, und auf dem Waldboden lag ein Eulenjunges mit zerzaustem Gefieder, dessen rechter Flügel verdreht war, und gab leise Klagelaute von sich. Wir waren uns sofort einig, dass wir es nicht zurücklassen konnten, wickelten den Vogel in Robbies Jacke und rannten mit ihm weiter. Als wir in Sicherheit waren, fischten wir einen Pappkarton aus einer Mülltonne und setzten das Eulenbaby dort hinein. Es sah uns mit seinen glänzenden schwarzen Knopfaugen an. Kaum zu glauben, dass so ein kleines, verletzliches Wesen so weit oben in der Nahrungskette angesiedelt sein sollte. Ich schlug vor, es John zu taufen, Spitzname: Johnny. Wir fuhren mit dem 44er Nachtbus zum Park Animal Hospital (die wenigen Nachtbusse, die es in San Francisco gibt, heißen passenderweise Owl Busses), riefen bei der Nummer vom Bereitschaftsdienst an, die dort an der Glastür stand, und übergaben Johnny an jemanden, der sich besser um ihn kümmern konnte als wir. ·

Als Robbie und ich in Pamplona endlich aufhörten zu rennen, dachten wir nur an uns selbst. Wir standen da, die Hände auf die Knie gestützt, und überlegten, was wir jetzt bloß Tim erzählen sollten.

Da hob Robbie, immer noch keuchend, sein T-Shirt hoch

und zeigte mir die etwa dreißig Zentimeter lange, bananen-
und auberginenfarbene Ausrede, die ein Polizeischlagstock
dort hinterlassen hatte.

*

»Komm rauf, Junge, ich hab genug Frühstück für zwei!«

Ein Mann Mitte vierzig hatte schwungvoll die Läden
seines Balkons im zweiten Stock aufgestoßen und rief nun
mit starkem französischem Akzent zu mir herunter. Die
Morgensonne malte ein Streifenmuster aus Licht und Schatten auf den Gehweg, Fahrradfahrer klingelten, und Paris
blinzelte sich den Schlaf aus den Augen. Hätte mich nicht
gewundert, wenn hinter dem Mann jetzt zwei Rotkehlchen
trällernd herausgeflattert wären oder die Mülltonnen eine
Musicalnummer angestimmt hätten. *Der Typ will mir da
oben doch bestimmt nur an die Wäsche und mich hinterher
zu Bouillon verarbeiten,* dachte ich bei mir.

Paris war der zweite Stopp auf unserer Reise, aber nachdem Tim sich verletzt hatte, war sein Vater sofort ins Flugzeug gestiegen und von Kalifornien hierhergeflogen, um
seinen Sohn wie nach einem Schultag abzuholen und wieder mit nach Hause zu nehmen. Unser Paris-Aufenthalt
wurde also zu einer Abschiedsfeier für Tim. Ich versuchte,
ihn und Robbie davon zu überzeugen, dass wir unserem
Reisestil trotzdem treu bleiben sollten. *Schön für Tims Vater, dass er so viel Geld hat und uns eine schicke Unterkunft
mit Wandleuchtern, Zierdeckchen und Zimmermädchen
mit weißen Schürzen spendieren will. Na und? Uns geht es
doch um Unabhängigkeit! Wir lassen uns sicher nicht kor-*

rumpieren und steigen in irgendeinem Schicki-Micki-Vier-Sterne-Hotel ab. Stimmt's?!

Tim und Robbie schüttelten lediglich die Köpfe, und nach dem Abendessen trennten sich unsere Wege. Ich hätte mir ein Hostel leisten können, aber um mir und den anderen zu beweisen, was für ein Mann ich war, beschloss ich, diese Nacht auf der Straße zu verbringen.

Ich strich erst mal über eine Stunde durch das fünfte Arrondissement und suchte erfolglos nach einem passenden Hauseingang – sie waren alle zu klein, zu exponiert, zu sehr im Getümmel oder wiederum zu einsam. Am Ende entschied ich mich für die Treppe unter dem Torbogen einer gotischen Kirche. Ich legte mich auf die oberste Stufe, stopfte mir meinen Rucksack unter den Kopf, zog die Arme aus den Jackenärmeln und unter mein T-Shirt, um sie zu wärmen, und schloss die Augen – bis mich, nach gefühlten zwei Sekunden, der Fremde vom Balkon herab mit seiner Einladung zum Frühstück (und wahrscheinlich auch zum Bewundern seiner Briefmarkensammlung) weckte.

»Nein, danke«, antwortete ich. Ich musste es dreimal sagen, bevor der Mann endlich mit einem Schulterzucken in seiner Wohnung verschwand. Vielleicht meinte er es ja tatsächlich nur gut, vielleicht hatte er wirklich bloß einem armen Gassenjungen helfen wollen, und mein Magen knurrte ehrlich gesagt auch schon. Aber lieber leide ich Hunger, als mit einem Franzosen eine Unterhaltung wie die folgende führen zu müssen: *Keinen Schinken für mich, bitte, sorry – nein, Croissants mag ich auch nicht – danke, nein, auch keine Eier bitte – nein, nein, es ist keine Lebensmittelunverträglichkeit – und nein, ich möchte auch keine Banane – ja, ich weiß, aber ich … na ja, ich mag einfach keine Bananen.* Allein schon bei der Vorstellung, wie ich jedes peinliche Klischee über verwöhnte amerikanische Touris bestätigte, wurde mir ganz anders.

Ein paar Stunden später traf ich bei Tim und Robbie im Hotel ein, dessen viele Annehmlichkeiten ich natürlich geflissentlich übersah. Wir zogen uns für das Abschiedsessen um. Ich band meine lavendelfarbene Krawatte zu einem perfekten Windsorknoten und zog einen blaugrünen Pullover an, der perfekt zu meinen Manschettenknöpfen passte, wenn auch weniger gut zu dem Aussteiger-Image, das ich doch eigentlich pflegen wollte. Robbie hatte endlich Gelegenheit, seine Brogues auszuführen, und Tim trug Jeans, ein neues Paar Krücken und ein Hemd, bei dem er die obersten beiden Knöpfe offen ließ – ganz der Vater.

»Heute Abend geht alles auf mich«, erklärte dieser vor dem Essen. Andy Somerhill sieht aus wie ein Tim, der zu lange in der Sonne gelegen hat und dann mit Photoshop zehn Zentimeter in die Länge gezogen wurde. Ein Versicherungstycoon, der nach strengen Grundsätzen lebt: *Man muss das Leben genießen, sonst hat es keinen Sinn,* und *Was eine Frau nicht weiß, macht sie nicht heiß.* Zusammen mit drei oder vier Freunden, die auch gerade ihren Abschluss in Paris feierten, saßen wir an einem großen runden Tisch, mir gegenüber Mr. Somerhill und links von mir seine Schwägerin, eine mehrfach geschiedene Dame, die ich hier Lady Brett Ashley nennen werde.

»Darf ich dich mal was Persönliches fragen?«, wandte sie sich an mich, während wir die Speisekarte studierten. »Welche Blutgruppe hast du eigentlich?«

»Ich glaube, ich bin Null.« Es war schon lange her, dass ich mal Blut gespendet hatte.

»Im *Ernst?* Wusste ich's doch!«

Lady Brett streichelte mir den Arm und wirkte beeindruckt. Ich wollte mir meine Nervosität auf keinen Fall anmerken lassen und überließ ihr meinen Arm als Kratzbaum.

Es sah aus, als würde Lady Bretts Perlenkette von einem Magneten in den tiefen Ausschnitt ihres Kleides hinabgezogen – die Perlen glitten über eine weite Ebene regelmäßig auf einer Yacht vor Mallorca, Ibiza oder Martinique wettergegerbter Haut und stürzten sich dann geradezu hinein in den sagenumwobenen, schwarzen Abgrund, der Männer willenlos macht, in den Schatten zwischen den Klippen ihrer vorspringenden Silikonbrüste. Vielleicht hatte sie mich verhext oder so. Ich hatte eigentlich nichts für Silikon übrig, aber wenn Mrs. Ashleys Kette wieder mal ein Stück runterrutschte, hatte ich meine liebe Mühe, ihr nicht mit dem Blick zu folgen.

»Fünf Sehnen durchtrennt? Wie besoffen wart ihr Jungs denn bloß?«

»Um ehrlich zu sein waren wir völlig nüchtern«, gab ich zu, worauf sie die Augen verdrehte. »Ich meine, wir hatten auf jeden Fall vor, was zu trinken«, schob ich schnell hinterher. »Wir waren bloß noch nicht dazu gekommen.«

»Na dann – probier mal den Portwein.« Sie hielt mir mit kokettem Lächeln ein kleines Glas mit einer dunkelroten Flüssigkeit hin.

Ich hatte Lady Brett nicht erzählt, dass ich noch nie im Leben betrunken gewesen war und vor ein paar Tagen überhaupt zum ersten Mal Alkohol getrunken hatte – was hier in Europa mit meinen achtzehn Jahren ja legal war – oder dass ich zu Hause immer der freiwillige Fahrer vom Dienst gewesen war und nach Partys meine hackedichten Freunde mit dem gebrauchten Volvo-Kombi meiner Mutter nach Hause gefahren hatte.

Portwein sei etwas Exquisites, ein Dessertwein, klärte mich Brett auf.

»Aber man muss sich ja das Süße nicht fürs Dessert aufheben, oder?« Von Glas zu Glas wurde sie vertraulicher, legte mir den Arm um die Schultern, stupste mich neckisch in die Seite oder drückte meine Hand. Erst kam mir Portwein wie Kalimotxo für Reiche vor, aber nach und nach tranken wir uns durch die Karte, und jedes Glas schmeckte besser als das davor. Und je mehr Portwein ich trank, desto schwindeliger wurde mir und desto anziehender fand ich Brett. Während einer kurzen Pause in unserer Unterhaltung fiel ihr Blick auf meinen armseligen Gemüseteller. Sie runzelte die Stirn. Was denn mit mir los sei?

»Ich bin Vegetarier.«

»Ganz bestimmt nicht. Nein, nein, nein, nein, *nein*«, widersprach Brett. »Blutgruppe Null ist doch der Ur-Typ, das bedeutet, du bist der geborene Anführer. Du bist extrovertiert und selbstbewusst. Und du brauchst Fleisch …«, Brett nahm einen Löffel von ihrem Lammragout, »… damit du genug Testosteron hast.« Sie hob den Löffel. »Komm schon, nur einen Bissen …«

Ich war seit vier Jahren Vegetarier und bisher kein einziges Mal schwach geworden. Klar, es kam vor, dass ich irgendwo eingeladen war und hinterher feststellte, dass

Hühnerbrühe in der Sauce gewesen war, oder dass ich mir eine Tüte Chips mit ominösen »natürlichen Aromen« in der Zutatenliste kaufte. Aber bewusst hatte ich die Regeln nie gebrochen.

Ich bin mir zwar alles andere als sicher, aber wer weiß, dachte ich, *vielleicht hat Lady Brett ja recht. Vielleicht bin ich wirklich selbstbewusst und der geborene Anführer. Vielleicht sollte ich einfach mal machen, was diese fremde Frau sagt. Vielleicht will sie ja wirklich mit mir ins Bett ...*

Sie führte mir den Löffel an den Mund, und zwar unter Einsatz ihres ganzen Körpers. Das Lammragout schwebte auf mich zu, und Lady Bretts Schultern folgten ihm, wobei sich die Träger ihres Kleides ein wenig lockerten und ihr Dekolleté geradezu gebieterisch meine Aufmerksamkeit verlangte. In meinem Kopf mahnte eine leise Stimme, ich dürfe hier nicht vier prinzipientreue Jahre für diese Verführerin über den Haufen werfen, deren Hintern sich gerade Zentimeter um wohlgeformten Zentimeter vom Stuhl hob, bis das Ragout direkt unter meiner Nase war. Doch da berührte der Löffel schon meine Unterlippe und das Lamm meine Oberlippe, und ich schluckte, so schnell ich konnte.

An diesem Abend tanzte ich zum ersten Mal engumschlungen mit einer geschiedenen Frau. Tim saß in der Ecke, hatte das Bein hochgelegt, hielt sich an seinem Drink fest und musste zusehen, wie sich sein Vater und seine Stieftante mit seinen Freunden vergnügten. Der Türsteher des ersten Clubs, bei dem wir es versucht hatten, hatte sofort kategorisch erklärt, dass man mit Krücken nicht reindürfe, und so waren wir in dieser verschwitzten, pulsierenden Höhle hier gelandet. Es war ein bisschen wie beim Chupinazo oder wie bei einem Schulball, bei dem die Aufsichtspersonen ihren Job an den Nagel gehängt und sich einfach unter die Jugendlichen gemischt hatten.

Ich hielt Tanzen für meine Chance, Lady Brett zu beeindrucken, und konzentrierte mich auf einen möglichst präzisen Rhythmus meiner Hüften und einen weder zu festen noch zu lockeren Druck meiner Hände an ihrer Schulter und ihrem Rücken. Ab und zu löste ich mich von ihr, wirbelte sie herum und zog sie dann wieder nah zu mir heran, so dass ihr rechter Oberschenkel zwischen meinen Beinen landete. *Was für ein begnadeter, reifer, leidenschaftlicher Tänzer – und das in seinem Alter,* ich konnte ihre Gedanken förmlich hören. Sie hatte die Wange an meine Schulter gelehnt und ich küsste ihren Hals. Vermutlich bekam sie zu diesem Zeitpunkt jedoch schon nicht mehr allzu viel mit und hing bloß noch in meinen Armen, während ich sie wie einen Sandsack über die Tanzfläche zerrte.

»Brett, tanz doch mal mit Robert!«, rief auf einmal Tims Vater. Mrs. Ashley machte sich mühsam von mir los und tappte unsicher davon.

Plötzlich war ich allein, mein Rausch fast verflogen, und ich brauchte dringend ein Glas Portwein. Zu viele Menschen um mich herum. Ich irrte zwischen schwankenden, tanzenden Grüppchen umher und trat bei jedem Schritt irgendjemandem auf den Fuß. Ich drängelte mich durch ein Dickicht von französischen Mackern mit zurückgegelten Haaren und durch Schwaden von Parfum und Aftershave zur Bar vor.

Etwas bestellen zu wollen, aber vom Barkeeper ignoriert

zu werden gehört zu den demütigendsten Situationen im Leben eines Mannes. Nachdem ich mich mühsam durch die Schichten der Wartenden vorgekämpft hatte, stand ich endlich am Tresen. Ich krempelte mir innerlich die Ärmel hoch, ließ meine Fingerknöchel knacken und winkte dann zaghaft dem Barkeeper. Der sah jedoch durch mich hindurch, als wäre ich unsichtbar, und kümmerte sich stattdessen um die Kerle neben mir, die lautstark Unmengen an Shots und komplizierten Cocktails bestellten. Irgendwann, es muss Wochen später gewesen sein, bekam ich endlich meinen Portwein und bedankte mich artig mit einem Lächeln und einem *»merci«*.

Ich nippte an meinem Glas und erblickte Robbie, wie er engumschlungen mit Lady Brett zu einem Lil-Jon-Song tanzte. Mir war sofort klar, was ein geborener Anführer in so einem Moment tat.

Ich musste Robbie umbringen.

Ich wollte es eigentlich nicht, Robbie ist ja echt ein super Typ, aber von solchen Nebensächlichkeiten lässt sich ein Alphamännchen nicht aufhalten. Zum Glück half mir Mrs. Ashley aus dieser moralischen Zwickmühle heraus, indem sie sehr plötzlich den Club verließ – mit dem Mann ihrer Schwester. Also musste ich meinen besten Freund doch nicht töten.

Am nächsten Morgen wachte ich mit dem ersten Kater meines Lebens auf.

Zwei Wochen noch reisten Robbie und ich ohne Tim weiter. Wir kauften uns eine Schachtel fertig gerollter Joints in Amsterdam, flohen vor einer Straßenschlacht in einem

Fischerdorf namens Hjørring in Dänemark, bestaunten von einer Fähre aus die norwegischen Fjorde, fuhren mit unserem Eurail-Ticket quer über die Skandinavische Halbinsel und ließen uns dabei unser komplettes Gepäck klauen, verbrachten eine Nacht im Bahnhof von Helsinki, bekamen am nächsten Morgen Übergangsreisepässe ausgehändigt, nahmen das nächste Schiff nach Deutschland, wanderten durch die Schweizer Alpen und gelangten schließlich bis nach Rom. Zehn Länder, drei Wochen, Tausende von geschlechtsreifen europäischen Mädchen, und wir haben's nicht geschafft, auch nur eine davon flachzulegen.

Mein schönster Moment auf dieser Reise war ein ganz ruhiger. Nachdem Rob und ich festgestellt hatten, dass unser Gepäck geklaut worden war, stiegen wir am nächsten Bahnhof aus. Wir waren in einer kleinen schwedischen Stadt gelandet und liefen einfach drauflos. Nach einer Weile kamen wir an einen wunderschönen See. Wir setzten uns ans Ufer und rauchten unseren letzten Amsterdamer Joint. Robbie schlug vor, ihn Johnny 2 zu taufen.

»Verstehste, Johnny der Joint?«

Wir rauchten ihn, bis wir uns die Finger verbrannten, und sahen dabei auf den friedlichen See hinaus. In dem Moment hatte ich kein schlechtes Gewissen mehr, dass ich mich vor dem Stierlauf gedrückt hatte. Ich bereute lediglich, dass ich mir von Lady Brett den Löffel in den Mund hatte schieben lassen. Wann ist ein Mann ein Mann? Viel mehr interessierte mich inzwischen die Frage, was einen Menschen zum Menschen macht. Geld, Abenteuerlust, Testosteron? Da fielen mir ein paar andere, weniger maskuline Wörter ein: Besonnenheit, Gelassenheit, Mitgefühl.

Ich sah Robbie in die geröteten Augen. In ein paar Wochen würden sich unsere Wege trennen, weil wir in unterschiedlichen Städten studieren wollten. Aber ich war dankbar für vier phantastische Jahre und die tolle Reise mit ihm, und froh, endlich einen echten Freund gefunden zu haben.

»Ich glaub, unsere Aufgabe im Leben ist es, Erfahrungen zu machen«, sagte ich.

»Alter, der Joint hier ist auch echt ne Erfahrung.«

Unser kleiner Johnny hatte nun ebenfalls seine Aufgabe erfüllt. Ich legte den Stummel auf ein grünes Blatt, setzte das Blattschiffchen aufs Wasser und gab ihm einen kleinen Schubs. Es kenterte, die Glut erlosch, und der Stummel verschwand in den Tiefen des schwedischen Sees. Ein Wikinger-Schiffsgrab für Johnny 2.

LUCIA BERLIN

Carpe Diem

Meistens habe ich keine Probleme mit dem Altwerden. Manches aber gibt mir einen Stich, Skater zum Beispiel. Wie frei sie wirken, wenn sie dahingleiten auf langen Beinen, mit fliegendem Haar. Anderes versetzt mich in Panik, wie die Türen im Vorortzug. Man muss lange warten, bis die Türen sich öffnen, nachdem der Zug zum Stehen gekommen ist. Nicht sehr lange, aber zu lange. Dann ist keine Zeit mehr.

Und Waschsalons. Aber die waren schon ein Problem, als ich jung war. Es dauert einfach zu lange, sogar die Speed-Queen-Waschmaschinen. Dein ganzes Leben wandert an deinem inneren Auge vorüber, während du dasitzt, das zieht einen runter. Wenn ich ein Auto hätte, könnte ich natürlich zum Eisenwarenladen fahren oder zur Post und dann zurückkommen, um die Wäsche in den Trockner zu tun.

Die Automatikwaschsalons sind noch schlimmer. Da kommt es mir immer vor, als wäre ich die absolut Einzige dort. Aber alle Waschmaschinen und Trockner sind in Betrieb … wahrscheinlich sind die Leute alle im Eisenwarenladen.

Ich kannte viele Angestellte von Waschsalons; die Fährleute, die einem nicht von der Seite weichen, Geld wechseln oder nie Geld zum Wechseln haben. Jetzt gibt es die dicke Ophelia, die »kein Schweiß« wie »kein Thweith« ausspricht. Sie hat sich beim Kauen von Trockenfleisch die obere Gaumenplatte ihres Gebisses zerbrochen. Ihre Brüste sind so riesig, dass sie sich, um durch die Tür zu kommen, seitlich drehen und hindurchmanövrieren muss wie einen Küchentisch. Wenn sie mit einem Wischmopp durch den Gang geht, treten alle Kunden zur Seite und schieben ihre Körbe weg. Sie ist eine Zapperin. Wenn wir uns gerade darauf eingestellt haben, die Spielshow *Newlywed Game* anzuschauen, schaltet sie auf *Ryans Hope* um.

Einmal erzählte ich ihr aus Höflichkeit, dass ich ebenfalls Hitzewallungen hätte, und das ist es, womit sie mich jetzt immer in Verbindung bringt ... Die Wechseljahre. »Was machen die Wechseljahre?«, sagt sie laut anstelle von Hallo. Das macht es nur schlimmer, dort zu sitzen, nachzudenken, älter zu werden. Meine Söhne sind inzwischen erwachsen, sodass ich statt fünf Waschmaschinen nur noch eine brauche, aber eine dauert genauso lange.

Letzte Woche bin ich umgezogen, zum vielleicht zweihundertsten Mal. Ich hatte meine sämtlichen Laken, Vorhänge und Handtücher dabei, sie türmten sich in meinem Einkaufswagen. Im Waschsalon war es voll, es gab keine zwei freien Waschmaschinen nebeneinander. Ich stopfte alle meine Sachen in drei Maschinen und ging, um mir von Ophelia Wechselgeld zu holen. Ich kam zurück, füllte Geld und Waschpulver ein und stellte sie an. Nur, dass ich drei falsche Waschmaschinen angestellt hatte. Drei, die mit den Sachen dieses Mannes gefüllt und gerade fertig waren.

Ich wurde gegen die Maschinen gedrängt, Ophelia und

der Mann bauten sich drohend vor mir auf. Ich bin eine große Frau, trage jetzt Strumpfhosen von Big Mama, aber die beiden waren riesig. Ophelia hatte ein Vorwaschspray in der Hand. Der Mann trug abgeschnittene Hosen, seine gewaltigen Beine waren von rotem Haar bedeckt. Sein dichter Bart sah überhaupt nicht aus wie Haar, sondern wie ein gepolsterter roter Stoßdämpfer. Er trug eine Baseballkappe mit einem Gorilla darauf. Die Mütze war nicht zu klein, aber seine Haare waren so buschig, dass sie die Mütze auf seinem Kopf nach oben drückten, was ihn zwei Meter groß wirken ließ. Er schlug mit schwerer Faust in seinen roten Handteller. »Verdammt. Verdammte Scheiße!« Ophelia bedrohte mich nicht, sie beschützte mich, bereit, sich zwischen ihn und mich zu stellen oder zwischen ihn und die Maschinen. Sie sagt immer, es gebe nichts im Waschsalon, womit sie nicht fertigwerde.

»Sie, Mister, setzen sich jetzt ma' hin und ruhn sich 'n bisschen aus. Wenn die Maschinen einmal am Laufen sind, gehn die nicht mehr aus. Gucken Sie 'n bisschen fern oder nehmse sich 'ne Pepsi.«

Ich steckte jeweils einen Vierteldollar in die richtigen Maschinen und stellte sie an. Dann fiel mir ein, dass ich pleite war, kein Waschpulver mehr hatte und dass die Vierteldollar für die Trockner bestimmt gewesen waren. Ich fing an zu weinen.

»Wieso zum Teufel heult die denn jetzt? Was glaubst du, was aus mei'm Sonnabend wird, du blöde Schlampe? Meine Herren!«

Ich bot an, seine Wäsche für ihn in den Trockner zu tun, falls er irgendwohin wolle.

»Ich würde dich nicht mal in die Nähe meiner Sachen lassen! Also bleib von meiner Wäsche weg, kapiert?« Es gab keinen anderen Sitzplatz als den direkt neben mir. Wir sahen die Maschinen an. Ich wünschte, er wäre hinausgegangen, aber er saß nur da, dicht bei mir. Sein großes rechtes Bein vibrierte wie eine Schleuder. Sechs kleine rote Lichter leuchteten uns an.

»Vermasselst du immer alles?«, fragte er.

»Hören Sie, es tut mir leid. Ich war müde. Ich hatte es eilig.« Ich fing an zu kichern, nervös.

»Ob du's glaubst oder nicht, ich hab's auch eilig. Ich fahre einen Schlepper. Sechs Tage die Woche. Zwölf Stunden am Tag. Und das ist er jetzt. Mein freier Tag.«

»Wo wollten Sie denn so eilig hin?« Ich hatte das nett gemeint, aber er dachte, ich wäre sarkastisch.

»Dumme Trine! Wenn du ein Kerl wärst, würde ich dir den Kopf waschen. Deine leere Birne in den Trockner stecken und auf kochend heiß stellen.«

»Ich habe gesagt, es tut mir leid.«

»Sollte's dir auch. Du bist ein einziges großes trauriges Tut-mir-Leid von einer Trine. Hab ich gleich gesehen. Die totale Versagerin, schon bevor du das mit meinen Sachen gemacht hast. Ich glaub's nicht. Jetzt heult sie wieder. Meine Herren!«

Ophelia sah auf ihn herab.

»Lass sie in Ruhe, du, hörst du? Ich weiß, dass sie's grade nicht leicht hat.«

Woher wusste sie das? Ich war erstaunt. Sie weiß alles, diese riesige schwarze Sybille, diese Sphinx. Ach, wahrscheinlich meinte sie die Wechseljahre.

»Ich lege Ihre Wäsche zusammen, wenn Sie wollen«, sagte ich zu ihm.

»Schsch, Mädchen«, sagte Ophelia. »Der Punkt ist: Was soll der Scheiß? Heute in hunnert Jahren, wen interessiert das dann noch?«

»Hunnert Jahre«, flüsterte er. »Hunnert Jahre.«

Und das dachte ich auch. Hundert Jahre. Unsere Waschmaschinen vibrierten vor sich hin, und all die kleinen roten Programmlichter waren an.

»Ihre ist wenigstens sauber. Ich hab mein ganzes Waschpulver verbraucht.«

»Ich kauf dir 'n neues Waschpulver, verdammt.«

»Zu spät. Aber trotzdem danke.«

»Sie hat mir nicht den Tag vermasselt. Sie hat mir die ganze verdammte Woche vermasselt. Kein Waschpulver.«

Ophelia kam zurück, blieb stehen, um mir etwas zuzuflüstern.

»Ich hab Schmierblutung. Der Arzt sagt, wenns nicht aufhört, brauch ich 'ne Ausschabung. Hast du Schmierblutung?«

Ich schüttelte den Kopf.

»Kriegst du aber. Frauenprobleme hören nie auf. Das ganze Leben, ein einziges Problem. Ich bin aufgedunsen. Bist du aufgedunsen?«

»Ihr Kopf ist aufgedunsen«, sagte der Mann. »Hör zu, ich geh jetzt zum Auto und hol mir 'n Bier. Und bleib ja von meinen Maschinen weg! Schwör's. Deine sind 34, 39, 43. Kapiert?«

»Ja. 32, 40, 42.« Er fand das nicht witzig.

Die Wäsche war im letzten Schleudergang. Ich würde

meine über den Zaun zum Trocknen hängen müssen. Nach der nächsten Gehaltszahlung würde ich noch einmal mit Waschpulver wiederkommen.

»Jackie Onassis zieht jeden Tag frische Bettwäsche auf«, sagte Ophelia. »Das ist doch krank, wenn du mich fragst.«

»Das ist krank«, stimmte ich zu.

Ich wartete, bis der Mann seine Wäsche in einen Korb getan und zu den Trocknern geschafft hatte, bevor ich meine herausholte. Einige Leute grinsten, aber ich ignorierte sie. Ich füllte meinen Einkaufswagen mit den nassen Laken und Handtüchern. Er war fast zu schwer zum Schieben, und nass passte auch nicht alles rein. Die rosa Gardine warf ich mir über die Schulter. Der Mann am anderen Ende des Raums wollte etwas sagen, sah dann weg.

Es dauerte lange, bis ich zu Hause war. Und noch länger, alles aufzuhängen, obwohl ich sogar eine Leine fand. Nebel zog auf.

Ich goss mir etwas Kaffee ein und setzte mich auf die Stufen. Ich war froh. Ich fühlte mich ruhig, gelassen. Das nächste Mal im Vorortzug werde ich nicht schon ans Aussteigen denken, bevor der Zug überhaupt zum Stehen gekommen ist. Wenn er hält, werde ich es genau rechtzeitig schaffen.

JUTTA PROFIJT

Der Weg ist das Ziel

Er liebe Italien, er liebe das Wandern und ein bisschen abenteuerlich dürfe es auch gern sein, das Leben. So stand es in seinem Profil. An diese Worte erinnere ich mich, als ich auf dem kleinen Platz stehe und dem Pfarrer dabei zusehe, wie er den großen Hammer aufhebt, um sein heiliges Werk der Zerstörung zu verrichten. Ebenso wie fast alle anderen Menschen, die um mich herumwimmeln, lechze auch ich danach, dass er endlich zuschlägt – aber vielleicht sollte ich erst mal erklären, was mich hierher geführt hat.

Die Suche nach der Liebe, könnte man sagen, wäre man romantisch veranlagt. Eine wohl überlegte Fehlentscheidung wäre auch keine ganz falsche Ursachenbeschreibung. Die Wahrheit liegt wohl, wie so oft, irgendwo dazwischen.

Ich bin siebenundzwanzig Jahre alt und Single. Obwohl die meisten Beziehungen am Arbeitsplatz beginnen, habe ich diese Hoffnung aufgegeben. Meine Kollegen sind gute Kumpel, aber Romantik kommt auf deutschen Dächern nicht auf. Daher habe ich eine Partnerbörse bemüht und mein Profilfoto in Freizeitkleidung gemacht, also Minirock und High Heels. Nie hätte ich damit gerechnet, dass gleich die erste Zuschrift mein Herz höher schlagen ließe, aber

Jürgen war der Mann, der dieses Wunder vollbrachte. Tagsüber arbeite er als Anlageberater einer Bank in Anzug und Schlips, aber nach Feierabend sei er in Outdoor-Gear unterwegs auf der Suche nach dem echten Leben, schrieb Jürgen. Das mit dem Gear musste er mir erklären, ich kannte den englischen Begriff für Klamotten nicht. Mir ist egal, wie die Dinge heißen, wenn sie nur ihren Zweck erfüllen. Was Jürgens Kram nicht tat. Aber dazu später.

Wir mailten hin und her und trafen uns nach zwei Wochen zum ersten Mal. Er war genau der Typ, den ich mag: knapp eins achtzig, mittelblond, gesunde Gesichtsfarbe, athletischer Körperbau. Und ein strahlendes Lächeln, das er anknipsen konnte wie eine Taschenlampe und in meiner Gegenwart nur selten ausknipste. Als er dann auch noch erfuhr, dass ich über Grundkenntnisse in Italienisch verfüge, buchten wir noch am selben Abend im Internet die Flüge nach Florenz.

Wandern wollten wir – »hiken« nannte Jürgen das – von Florenz über Siena und weiter nach Süden. Die Toskana, die Maremma, Montalcino, Pitigliano und als Abschluss Orvieto, die Stadt mit dem wunderbaren Dom und den kilometerlangen unterirdischen Höhlen, Gängen, Zisternen und Kellern.

Ich war noch nie zwei Wochen zu Fuß von Ort zu Ort gezogen, habe, als Ausgleich zu meinem körperlich anstrengenden Job, meine Urlaube meist am Strand verbracht, traute mir diesen Gepäckmarsch aber zu. Ich besaß Wanderschuhe, eine leichte, schnell trocknende Hose und einen guten Rucksack, der mir seit Jahren mein liebstes Reisegepäck war. Ich versprach, vor der Reise mein Italienisch noch einmal aufzufrischen, denn dort, wo wir laufen würden, spräche niemand Englisch, sagte Jürgen, von Deutsch ganz zu schweigen. Ich freute mich auf das Abenteuer, auf leckeres Essen, frische Luft und körperliche Bewegung ohne sportliche Höchstleistungen. Ich freute mich, meine Sprachkenntnisse aus dem VHS-Kurs endlich einmal in einer Gegend anwenden zu können, in der nicht jeder Kellner gleich auf Deutsch antwortet. Und natürlich freute ich mich besonders auf zwei wunderbare Wochen mit Jürgen.

Dass der Flug mehrere Stunden Verspätung hatte, trübte meine Stimmung nicht, denn Urlaub ist Urlaub, selbst wenn man am Gate herumhängt. Jürgen hingegen war genervt. In seinem Job muss er ständig auf Draht sein, er ist ein Macher, deshalb hat er auch eine Eigentumswohnung und ich nicht. Ich fand ihn, wie er mit mühsam bezähmter Unruhe im Wartebereich hin und her tigerte, wahnsinnig sexy.

Nach einem wunderbar faulen Tag in Florenz und einer aufregenden Nacht ging es endlich los. Der Wanderweg, der offenbar als Geheimtipp in einem Outdoor-Magazin beschrieben gewesen war, war nur gelegentlich mit einem roten Punkt an einer Hausecke oder einem Mäuerchen markiert. Das sei kein Problem, hatte Jürgen mir erklärt, denn sein GPS sei ein High-End-Gerät, was bedeutete, dass es sehr teuer war und sehr gut sein sollte. Nur kannte das Kartenmaterial keine Wanderwege, das Display war so winzig, dass man sich alle fünfzig Meter neu verorten musste, und wegen der ständigen Wischerei war der Akku nachmittags um drei leer. Deshalb liefen wir an unserem ersten Trekkingtag gleich zweiunddreißig Kilometer statt vierundzwanzig. Selbst mein Vierzig-Liter-Rucksack mit den wenigen Klamotten wurde mir schwer, über das Gewicht von Jürgens brandneuem Expeditionsrucksack mit hundert Liter Volumen, der prall gefüllt auf seinem immer krummer werdenden Rücken thronte, mochte ich gar nicht nachdenken.

Das Hotelzimmer lag zur Straße hinaus, die Matratze war weich, das Duschwasser lauwarm. Was soll ich sagen: Italien eben! Jürgen, der bis dato nur Fünf-Sterne-Hotels mit Außenpool und Wellness kannte, war entsetzt. Wenigstens war das Essen hervorragend, auch wenn ich mich bei der Übersetzung vertan hatte: Es gab Kaninchen statt Wildschwein, aber mir hat die Pusselei mit den vielen Knochen noch nie viel ausgemacht. Ich glaube, Jürgen ging hungrig zu Bett.

Die Kameraausrüstung, die sicherlich einige tausend Euro gekostet hatte, blieb am zweiten Tag im Rucksack. Jürgen konzentrierte sich darauf, nicht über seine eigenen Füße zu stolpern. Er hatte den ersten Wandertag noch in den Knochen stecken und tat mir leid, aber Mitleid war das Letzte, was er wollte, also hielt ich den Mund.

Das Licht, die würzige Luft, die warmen Farben der rötlichen Erde, die eleganten Strukturen der Zypressenlandschaft und die träge Ruhe, die nur vom Zirpen der Grillen unterbrochen wurde, ließen mir das Herz aufgehen. Jürgen hingegen platzte der Kragen.

»Schon wieder kein Signal!«, brüllte er mit Blick auf sein

Handy. »Wie soll man den Weg finden, wenn dauernd das Navi streikt?«

Ich zog meinen Mini-Kompass aus der Hosentasche und warf einen Blick darauf.

»Hast du den aus dem Ü-Ei?«, ätzte Jürgen.

»Kaugummiautomat«, gab ich zurück. Ich werde einsilbig, wenn man mich grundlos anschreit.

Mangels anderer Hinweise nahmen wir den Weg Richtung Süden, der aber bald nach Westen schwenkte. Am Ende des Tages hatten wir wieder siebenundzwanzig Kilometer auf Jürgens Schrittzähler, und er verschlief das Abendessen. Unter seiner viel gerühmten Kondition hatte ich mir etwas anderes vorgestellt.

Es wurde schlimmer. In Siena wurde Jürgens komplette Fotoausrüstung geklaut. Den Hinweis des Zeugen vom Nachbartisch, Jürgen habe, während ich zum Klo ging, mit der rassigen Italienerin am Nebentisch geflirtet und deshalb vom Diebstahl nichts mitbekommen, übersetzte ich nicht. Auf die Frage des Polizisten, wo wir in der Stadt übernachten würden, konnte ich nur die Schultern zucken, denn zu Jürgens Vorstellung von einem »Hiking-Adventure« gehörte Spontanität bei der Suche nach einer Übernachtungsmöglichkeit unabdingbar dazu. Leider kannten seine Facebook-Kontakte, die er in Gegenden mit Handyempfang mindestens zweimal die Stunde updatete, zwar viele hippe Locations und bei airbnb scrollte Jürgen sich durch Hunderte von Unterkünften, aber wegen eines Festivals waren alle belegt. So landeten wir nach einer Odyssee durch die halbe Stadt in der Jugendherberge. Die Leute waren freundlich, wir hatten ein Zimmer für uns allein und die Betten waren überraschend bequem, aber Jürgens Stimmung war im Keller. Sie besserte sich erst mit der Erkenntnis, dass die Cafeteria der Jugendherberge alkoholische Getränke zu zivilen Preisen verkaufte. Als er endlich schlafen gehen wollte, musste ich ihm den Weg zu unserem Zimmer zeigen.

In Siena trennte Jürgen sich von den beiden dunkleren seiner drei Softshell-High-Performance-Ersatzhosen, die ihn, wie er mir mit bedeutungsschwerer Leichtigkeit mitteilte, jeweils fast dreihundert Euro gekostet hatten, sowie vom Rasierapparat. Nicht zurücklassen wollte er die helle Ersatzhose, seine fünf Hemden und vor allem nicht die Ersatzschuhe. Zwiegenäht. Mit den Wanderstiefeln abends am Tisch zu sitzen sei eine Zumutung für ihn, in Zehensandalen essen zu gehen eine Zumutung für die anderen Gäste. Bei mir sei das etwas anderes, Frauen hätten in der Mode ja sowieso Narrenfreiheit. Noch nie zuvor war mir mein Geschlecht so vorteilhaft erschienen.

Zwei Tage hinter Siena ging es in die Berge. Das Sanfte wurde rauer, das Ebene hügeliger und die Temperatur fiel auf frische zehn Grad am Abend in Santa Fiora. Wer im Winter bei Minusgraden auf Dächern arbeitet, ist selten temperaturempfindlich, aber mit Rücksicht auf meine nackten Füße bestand Jürgen darauf, im Restaurant zu essen statt auf der Terrasse. Er war inzwischen körperlich so erschöpft, dass er trotz seines Hightech-Pullis aus drallfrei gezwirnter und filzfrei gestrickter Wolle vom neuseeländischen Biolamm fror wie ein Leguan in der Tiefkühltruhe. Aber ich will nicht lästern, auch ich trug ein langärmeliges T-Shirt.

Im Rückblick würde ich sagen, dass an dem Abend auch das Problem mit der Sprache begann. In dieser Region klang das Italienische so ganz anders als bei Andrea, unserem Kursleiter an der Volkshochschule. Hier wurden Vokale vernuschelt, Konsonanten verschliffen, Wortenden weggelassen. Meine Übersetzungen wurden zu Interpretationen. Wir aßen Brot mit hauchdünn geschnittenem fettem weißem Speck, den Jürgen, der sich sehr bewusst mit wenig tierischen Fetten ernährte, fast ausgespuckt hätte, als er kapierte, was er da aß. Ich hatte das Wort einfach nicht verstanden.

An dem Abend hatten wir unseren ersten Streit. Jürgen warf mir vor, gelogen zu haben, was die Qualität meiner Sprachkenntnisse anging, und ihn außerdem offenbar für dämlich zu halten, was er aber nicht sei. Natürlich hätte er bemerkt, dass ich vieles von dem, was die Leute sagten, nicht übersetze. Ich blieb eine ganze Weile ruhig, aber irgendwann riss auch mir der Geduldsfaden, und so lieferte ich alles nach, was ich ihm bisher vorenthalten hatte: Dass der Polizist ihn einen Blödmann genannt hatte, der sein Gepäck aus dem Auge verliert, weil er einer fremden Frau schöne Augen macht, obwohl er mit mir ja wohl eine wunderschöne Begleitung habe. Dass die Dame in der Touristeninfo in Siena nach einem Blick auf seine Zweitausend-Euro-Ausrüstung gespottet hatte, ein Blick in den Festivalkalender wäre sinnvoller gewesen als hundert Blicke in den Spiegel. Dass der Rezeptionist im vorletzten

Hotel ihn eine Nervensäge genannt hatte, weil Jürgen sich dreimal neue Handtücher hatte bringen lassen, weil die ersten nicht sauber und die zweiten nicht weich genug waren. Ich erwähnte die genuschelten und gemurmelten »*stronzo*«, »*taccagno*« und »*fanfarone*« und sah Jürgen blass werden, als ich ihm die Worte mit »Arschloch«, »Geizhals« und »Angeber« übersetzte. In seiner darauf folgenden Sprachlosigkeit legte ich meine Hand auf seine und sagte:

»Wir wollen uns doch den Urlaub nicht davon verderben lassen, was andere Leute von uns denken.«

Jürgen schmollte noch ein bisschen, aber letztlich ging der Abend friedlich zu Ende. Meine romantischen Gefühle für Jürgen allerdings hatten einen deutlichen Knacks bekommen.

Die nächste Etappe führte uns nach Roccalbegna, ein kleines, verschlafenes Dorf, in dem der Wind uns fast vom Platz vor der Kirche wehte. Sogar mir war kühl. Jürgen hingegen zitterte wie Deichgras im Sturmtief. Das einzige Hotel am Ort war ausgebucht, denn die Enkelin des Bürgermeisters feierte ihre Hochzeit und die angereiste Familie hatte alle Zimmer belegt.

»Kommen Sie in einer Stunde wieder!«, forderte uns der Hotelier auf. »Ich werde versuchen, etwas für Sie zu arrangieren.«

»Was denn arrangieren?«, wollte Jürgen wissen.

Ich zuckte die Schultern.

»Was soll das sein?«, fragte Jürgen. »Will er in einer Stunde ein neues Hotel bauen?«

»Weiß nicht.«

»Natürlich, du weißt ja überhaupt nichts!« Diesen verächtlichen Tonfall hatte er schon den ganzen Tag drauf, dabei hatte ich eigentlich gehofft, dass Jürgen nach dem Streit und der Versöhnung vom Vorabend zu seiner weltmännischen Attitüde, die er in der sicheren Umgebung heimatlicher Gefilde überzeugend zur Schau gestellt hatte, zurückgefunden hätte. Offenbar war dem nicht so.

Das Ersatzquartier entpuppte sich als Omas Schlafzimmer. Anders kann ich den ersten Eindruck nicht beschreiben, der mich befiel, als der Hotelier uns die Tür zu einem kleinen Haus mitten in der Stadt aufschloss. Ein kahler Flur, von dem gleich links eine schön geschnitzte Holztür abging. Ein Schlafzimmer, das mit einem breiten Bett und einem riesigen Kleiderschrank, beides in hochglanzlackiertem Kirschholz im Stil der Sechziger, vollkommen überfüllt war. Die Schranktüren waren abgeschlossen, ein Stuhl, der in eine Ecke gequetscht war, bot Ablagefläche für Gepäck oder Kleidung. Die Blümchen auf der rosafarbenen Tapete und mehrere Kunstblumengestecke auf dem Schrank verrieten eine weibliche Besitzerin. Das angrenzende Bad wurde von einer Sitzbadewanne beherrscht, wie ich sie nur von sepiafarbenen Fotografien kannte, ein winziges Waschbecken, ein Klo und ein Wasserkasten unter der Decke mit Zugseil rundeten das Angebot ab. Mit einem zufriedenen Seufzen ließ ich mich auf das frisch bezogene Bett fallen und fragte mich, wo die Bewohnerin nun wohl untergekommen war. Im Gästebett der verwitweten Schwägerin zweiten Grades? Im Bett der Enkelin, die sich bereit erklärt hatte, die Nacht bei ihrem Freund zu verbringen? Oder lag die Ärmste sowieso gerade im Krankenhaus, die faltige, trockene Hand an einen Infusionsschlauch angeschlossen und unsicher, ob sie ihre Kirschbaumeleganz je wiedersehen würde? Eine leichte Melancholie ergriff mich, und angesichts des mit einem Palmzweig geschmückten Holzkreuzes sandte ich ein leises Gebet an niemand Bestimmten, in dem ich um Besserung für die alte Dame bat.

Jürgen warf sein Gepäck auf das Bett, zog sich unter grunzenden Unmutsäußerungen aus und verschwand im Bad. Kurz darauf hörte ich die Dusche rauschen.

»Das warme Wasser hat nicht mal für einen gereicht!«, eröffnete er mir zehn Minuten später, als er in einer Dampfwolke ins Zimmer trat. Ich verkniff mir einen Kommentar und bereitete mich mental auf eine kalte Dusche vor.

»In diesem Loch werde ich keine Nacht verbringen.«

Es dauerte einen Augenblick, bis mir klar wurde, dass er es ernst meinte.

»Zieh dir die Schuhe wieder an, ich rufe uns ein Taxi.«

»Und dann?«, fragte ich.

»Fahren wir irgendwohin, wo es ein vernünftiges Hotelzimmer gibt.«

»Aber wir wollten auf eigenen Füßen die Welt erkunden, aus eigener Kraft, unsere eigenen Fähigkeiten wiederentdecken, die wir im Würgegriff unserer mechanisierten und digitalisierten Umgebung langsam aus den Augen verlieren«, wiederholte ich seine Worte, mit denen er mir von seinen Urlaubsplänen vorgeschwärmt hatte.

»Hier riecht es nach Tod und Verwesung!«

Ich schnupperte: Lavendel, etwas Rosenwasser, Weichspüler. Kein Tod, keine Verwesung. Ich schüttelte den Kopf.

»Die Alte ist bestimmt erst kürzlich hier in diesem Bett abgekratzt!«

»Blödsinn!«

»Na los, schnapp dir deinen Rucksack, und dann nichts wie weg hier.«

Ich beobachtete Jürgen beim Anziehen. Er achtete darauf, nur ja nichts unnötig anzufassen.

»Wir haben auf dem Bett gesessen, das Bad benutzt – wir können jetzt nicht einfach wieder abhauen«, warf ich ein. »Außerdem will ich gar nicht weg. Ich möchte unseren Urlaub so fortsetzen, wie er geplant war. Ohne Auto, ohne Zug, ohne Taxi. Distanzen wirklich erleben, statt sie am Fenster vorbeirasen zu lassen. Jeden Tag ein anderes Bett, ein bisschen Abenteuer mitten in Europa.« Seine Worte.

Jürgen zögerte. Ich nutzte seinen Moment der Schwäche, zog mich aus und ging ins Bad. Das Wasser war so kalt, als käme es direkt aus einem Bergsee. Ich freute mich auf das Abendessen, das wir im Hotel bekommen würden.

Jürgen hatte fast eineinhalb Flaschen Wein getrunken und fühlte sich am nächsten Morgen entsprechend schlecht. Er ließ das Frühstück ausfallen und trottete wie ein Zombie in Richtung des magischen Ortes, an dem er alle Strapazen des Lebens und dieser Reise abwaschen wollte: in dem siebenunddreißig Grad warmen, schwefelhaltigen Wasser nämlich, das mit achthundert Litern pro Sekunde über eine Kaskade aus natürlichen Kalksteinbecken fließt. Saturnia, den Namen hatte er schon bei unserem ersten Gespräch geradezu ehrfürchtig ausgesprochen. Teile der Stadtmauern stammen noch aus etruskischer Zeit, der Name der Stadt leitet sich davon ab, dass der Gott Saturn selbst sie gründete. Dieser Stadt wollte er sich nähern, wie die Reisenden es vor über zweitausend Jahren getan hatten. Zu Fuß. Lang schon könne man sie sehen, bevor man endlich den Travertinfelsen erklimme, auf dem sie throne, hatte er mir erklärt und dabei einen merkwürdigen Glanz in den Augen gehabt. Sicher hatte er als Kind mit einem übergeworfenen Betttuch Legionär gespielt.

Schon gegen Mittag tauchte die Stadt auf dem Berg vor unseren Augen auf, aber der Weg schlängelte sich unentwegt hin und her, so dass wir ihr kaum näher kamen. Es war bereits kurz vor fünf, als wir mit letzter Kraft endlich auf dem Platz vor der Kirche standen. Ein Podest war dort aufgebaut und einige Kinder tobten herum, aber ansonsten war es still. Ostersonntag. Nur die Touristinformation war geöffnet. Wir schleppten uns hinein.

»*Non c'è camera.*« Ich weiß nicht, wie oft die nette Dame diesen Satz wiederholte. »*Eccetto …*«

Kein Zimmer. Abgesehen von …

»Was sagt sie?«, stieß Jürgen hervor.

»Es gibt keine Zimmer mehr in Saturnia. Ausgenommen …«

»Ausgenommen was?«

»Das Fünf-Sterne-Hotel-Spa-and-Golf-Resort hat gerade gemeldet, dass die Grand Suite kurzfristig frei geworden ist.«

»Die nehmen wir«, entschied Jürgen.

Ich fragte nach dem Preis.

»Zweitausendachthundert Euro. Ohne Frühstück.«

Jürgen wurde blass.

»Danke«, sagte ich und verließ das Büro. Jürgen folgte mir hinkend.

»Wir finden etwas«, versprach ich und parkte Jürgen mit beiden Rucksäcken auf einer Bank. Dann ging ich durch die Stadt und sprach Leute an. Ob sie uns ein Zimmer vermieten? Ob sie jemanden wüssten, der ein Zimmer vermietet? Ich bekam Absagen. Manche abschätzig, manche arrogant, manche kopfschüttelnd, die meisten aber freundlich, manche herzlich, viele mitleidig. Aber alle unbeugsam. Selbst als ich nach einer Ecke in einer Garage fragte, erntete ich Kopfschütteln.

Ich habe alles versucht – vergebens. Und nun stehe ich wieder vor der Kirche. Auf dem eben noch leeren Podest befindet sich ein riesiges, über einen Meter großes Osterei aus Schokolade. Menschen in festlicher Kleidung kommen aus der Kirche, der Pfarrer hinterdrein. Es wird still, dann tritt der Pfarrer neben das Ei.

»Wie jedes Jahr freuen wir uns auf die süße Verlockung der Schokolade nach der langen Fastenzeit. Und wie jedes Jahr darf sich jeder ein Stück Schokolade nehmen. Wer möchte, ist herzlich eingeladen, eine Spende zu geben für die Reparatur des Kirchendaches, das beim letzten Sturm stark beschädigt wurde.«

Die Leute nicken, ihnen ist das Problem offenbar bekannt, einige murmeln etwas von einer Schande, dass die Amtskirche ihre Gemeinde finanziell so im Regen stehen lasse.

Der Pfarrer spricht ein paar Segensworte, dann schlägt er mit einer Wucht, die ich eher einem meiner Kollegen als

dem schmächtigen Mann zugetraut hätte, das Ei kaputt.
Die Kinder stürzen sich mit begeisterten Schreien auf die
Schokolade, die Erwachsenen zügeln ihre Gier, zieren sich
ein bisschen, aber bald kauen alle mit seligen Blicken auf
den süßen Bruchstücken herum oder lassen sie im Mund
zergehen.

Der Pfarrer persönlich lädt mich mit einer Handbewe-
gung ein, mich zu bedienen. Selten hat ein Stück Schokolade so gut geschmeckt.

»Sind Sie im Urlaub?«

Ich gebe eine kurze Zusammenfassung unserer Reise,
verschweige aber die schlechte Laune meines Begleiters.

»Verbringen Sie die Nacht hier im Ort?«

Ich zucke die Schultern und schildere mein Problem.

»Luigi, la chiave della sala!«, brüllt der Pfarrer in die
Menge.

Ein Mann im schwarzen Anzug nähert sich, händigt
einen großen, alten Bartschlüssel aus, nickt mir zu und verschwindet wieder.

»Hier, nehmen Sie!« Der Pfarrer streckt mir den Schlüssel entgegen. »Sie können im Pfarrsaal schlafen, wissen Sie,
wo der ist?«

Ich nicke. Die uralte Tür mit der Aufschrift SALA PA-
ROCCHIALE habe ich auf meinem Rundgang durch den Ort
gesehen. »Dort gibt es auch eine Toilette, leider keine Dusche.« Er zwinkert bedauernd. »Bis zehn Uhr heute Abend
spielen die Jugendlichen dort Tischtennis, aber danach gehört der Pfarrsaal Ihnen. Bis neun Uhr morgen früh werfen
Sie den Schlüssel in diesen Briefkasten.«

Er zeigt mit der Hand auf ein uraltes, gusseisernes Mons-

trum mit einem für den riesigen Schlüssel ausreichend großen Einwurfschlitz vor dem Pfarrhaus.

»Gute Nacht und Gottes Segen!«

Mit diesen Worten dreht er sich um und widmet sich
seinen Gemeindemitgliedern.

Ich starre den Schlüssel an, der mehr als doppelt so groß
ist wie meine Hand. Dann gehe ich wie ferngesteuert zu
Jürgen, lasse mich neben ihm auf die Bank sinken und
grinse vermutlich ziemlich debil, während ich flüstere:
»Der Himmel hat uns einen Engel geschickt.«

Jürgen liegt auf den vier zusammengeschobenen Tischen,
ich auf drei Stühlen. Er hat eine Flasche Wein und sieben
oder acht Grappa intus und schnarcht. Ich würde auch
gern schlafen, finde aber keine bequeme Position. Egal, ich
bin zufrieden. Diese Unterkunft ist die coolste Erfahrung
meines Lebens. Ich bin nicht wirklich gläubig, aber als
Mensch, der zwischen Himmel und Erde arbeitet, habe
ich schon einige Situationen erlebt, in denen die Existenz
von Schutzengeln die einzig mögliche Erklärung war. Und
heute schickt uns der Oberengel einen kleinen, hutzeligen
Pfarrer und seinen Freund Luigi, der wie ein ausgemuster-
ter Profiboxer in der Gewichtsklasse der Superschwerge-
wichte aussieht. Ich wollte meine Begeisterung mit Jürgen
teilen, aber der hat mich ausgelacht.

»Die Kirche ist der bigotteste, scheinheiligste, heuch-
lerischste Verein, den die Welt je gesehen hat. Wer weiß,
was sich dieser Pfaffe davon verspricht. Vermutlich taucht
er heute Nacht hier auf, um sich ordentlich einen blasen zu
lassen.«

Während ich über Jürgens Worte nachdenke, tobt sich draußen ein Gewitter aus. Je lauter der Donner grollt, desto wütender werde ich. Sicher gibt es viel zu kritisieren an der katholischen Kirche, aber diesem Pfarrer, der mir ohne Zögern geholfen hat, bin ich dankbar. Ich wünschte, ich könnte mich revanchieren, aber meine finanziellen Mittel reichen leider nicht aus, die Reparatur seines Kirchendaches zu bezahlen. Achttausend Euro fehlen noch, habe ich gehört, als er mit Gemeindemitgliedern darüber sprach. Das ist verdammt viel Geld für so einen kleinen Ort.

Jürgen schreckt hoch, wirft sich herum und fällt, bevor ich reagieren kann, vom Tisch. Zum Glück auf den Hintern, nicht auf den Kopf oder die Schulter. Trotzdem ist er innerhalb von Sekunden rasend vor Wut. Er schlägt nach mir, als ich ihm aufhelfen will, brüllt etwas von lebensgefährlicher Sozialromantik und dass er jetzt endgültig die Schnauze voll hätte. Er wirft sich seine Jacke über, zerrt den Rucksack hinter sich her und stürmt hinaus. Ich folge ihm bis vor die Tür, wo ich seine Silhouette in der Schwärze der Nacht verschwinden sehe. »Taxi« höre ich noch und »Golf-Hotel«, dann kehrt wieder Stille ein. Das Gewitter ist abgezogen, über mir wölbt sich der sternklare Himmel, der Moment ist magisch. Erst als ich zu frösteln beginne, gehe ich zurück in den Pfarrsaal. Ich stolpere über etwas, das auf dem Boden liegt. Jürgens Portemonnaie. Na, denke ich, dann steht er ja gleich wieder vor der Tür, aber ich schlafe ein und wache erst wieder auf, als es draußen bereits hell ist. Jürgen hat das Taxi wohl mit den Scheinen bezahlt, die er immer in der Hosentasche griffbereit hat.

Und nun?

Wenig später bin ich unterwegs nach Pitigliano, der nächsten Station meines wunderbaren Wanderurlaubs. Jürgens Portemonnaie habe ich mit dem Schlüssel in den Briefkasten des Pfarrers geworfen – nicht ohne vorher mittels seiner Kreditkarte eine Überweisung von achttausend Euro auf das Spendenkonto der Kirche zu transferieren.

Wie Jürgen seine Hotelrechnung zahlt, wie er das Portemonnaie wiederbekommt und was er zu seiner großzügigen Spende an, ich zitiere, die weltgrößte Institution der Organisierten Kriminalität sagt, interessiert mich nicht. Ich habe meinen inneren Frieden gefunden.

Der Weg ist das Ziel.

ROALD DAHL

Lammkeule

Das Zimmer war aufgeräumt und warm, die Vorhänge waren zugezogen, die beiden Tischlampen brannten – ihre und die vor dem leeren Sessel gegenüber. Zwei hohe Gläser, Whisky und Sodawasser auf dem Büfett hinter ihr. Frische Eiswürfel im Thermoskübel.

Mary Maloney wartete auf ihren Mann, der bald von der Arbeit nach Hause kommen musste.

Hin und wieder warf sie einen Blick auf die Uhr, aber ohne Ungeduld, nur um sich an dem Gedanken zu erfreuen, dass mit jeder Minute der Zeitpunkt seiner Heimkehr näher rückte. Eine heitere Gelassenheit ging von ihr aus und teilte sich allem mit, was sie tat. Die Art, wie sie den Kopf über ihre Näharbeit beugte, hatte etwas Beruhigendes. Sie war im sechsten Monat ihrer Schwangerschaft, und ihre Haut wies eine wunderbare Transparenz auf, der Mund war weich, die Augen mit ihrem neuen zufriedenen Blick wirkten größer und dunkler als zuvor.

Um zehn Minuten vor fünf begann sie zu lauschen, und wenig später, pünktlich wie immer, knirschten die Reifen auf dem Kies. Die Wagentür wurde zugeschlagen, vor dem Fenster erklangen Schritte, und dann drehte sich der Schlüssel im Schloss. Sie legte die Handarbeit beiseite, stand auf und ging zur Tür, um ihn mit einem Kuss zu begrüßen.

»Hallo, Liebling«, sagte sie.

»Hallo«, antwortete er.

Sie nahm seinen Mantel und hängte ihn in den Schrank. Dann machte sie am Büfett die Drinks zurecht – einen ziemlich starken für ihn und einen schwachen für sich –, und bald saßen sie in ihren Sesseln einander gegenüber, sie mit der Näharbeit, während er die Hände um das hohe Glas gelegt hatte und es behutsam hin und her bewegte, sodass die Eiswürfel leise klirrten.

Für sie war dies immer die glücklichste Zeit des Tages. Sie wusste, dass er nicht gern sprach, bevor er das erste Glas geleert hatte, und sie selbst genoss es, ruhig dazusitzen und sich nach den langen Stunden der Einsamkeit in seiner Nähe zu wissen. Sie liebte es, sich ganz auf die Gegenwart dieses Mannes zu konzentrieren und – wie man bei einem Sonnenbad die Sonne fühlt – jene warme männliche Ausstrahlung zu fühlen, die von ihm ausging, wenn sie beide allein waren. Sie liebte die Art, wie er sich lässig im Sessel zurücklehnte, die Art, wie er zur Tür hereinkam oder langsam mit großen Schritten das Zimmer durchquerte. Sie liebte den angespannten, gedankenverlorenen Blick, mit dem seine Augen oft auf ihr ruhten, die charakteristische Form seines Mundes und vor allem die Art, wie er über seine Müdigkeit schwieg und still dasaß, bis der Whisky ihn etwas aufgemuntert hatte.

»Müde, Liebling?«

»Ja«, sagte er, »ich bin müde.« Und bei diesen Worten tat er etwas Ungewöhnliches. Er hob sein Glas und leerte es auf einen Zug, obgleich es noch halb voll, mindestens noch halb voll war. Sie sah es nicht, aber sie wusste, was er getan hatte, denn sie hörte die Eiswürfel auf den Boden des leeren Glases fallen, als er den Arm senkte. Er beugte sich im Sessel vor, zögerte einen Augenblick, stand dann auf und ging zum Büfett, um sich noch einen Whisky einzuschenken.

»Lass mich das doch machen!«, rief sie und sprang hilfsbereit auf.

»Setz dich hin«, sagte er.

Als er zurückkam, verriet ihr die dunkle Bernsteinfarbe des Drinks, dass er sehr viel Whisky und sehr wenig Wasser genommen hatte. »Liebling, soll ich dir deine Hausschuhe holen?«

»Nein.«

Sie beobachtete, wie er das tiefbraune Getränk schlürfte. Es war so stark, dass sich in der Flüssigkeit kleine ölige Wirbel bildeten.

»Eigentlich«, meinte sie, »ist es doch eine Schande, dass ein Polizist, der so viele Dienstjahre hat wie du, noch immer den ganzen Tag auf den Beinen sein muss.«

Er antwortete nicht. Sie nähte mit gesenktem Kopf weiter, aber jedes Mal, wenn er das Glas an die Lippen hob, hörte sie die Eiswürfel klirren.

»Liebling«, begann sie von neuem, »möchtest du etwas Käse essen? Ich habe heute nichts gekocht, weil Donnerstag ist.«

»Nein«, sagte er.

»Wenn du zu müde zum Ausgehen bist«, fuhr sie fort, »dann bleiben wir eben zu Hause. In der Kühltruhe ist eine Menge Fleisch und Gemüse, und wenn wir hier essen, brauchst du gar nicht aus deinem Sessel aufzustehen.«

Ihre Augen warteten auf eine Antwort, ein Lächeln, ein kleines Nicken, doch er reagierte nicht.

»Jedenfalls«, sagte sie, »hole ich dir erst einmal etwas Käse und ein paar Kekse.«

»Ich will nichts.«

Sie rückte unruhig hin und her, die großen Augen forschend auf ihn gerichtet. »Aber du *musst* doch zu Abend essen. Ich kann uns schnell etwas braten. Wirklich, ich tu's gern. Wie wär's mit Koteletts? Vom Lamm oder vom Schwein, ganz nach Wunsch. Es ist alles da.«

»Ich habe keinen Hunger.«

»Aber Liebling, du *musst* essen! Ich mach einfach irgendwas zurecht, und dann kannst du es essen oder nicht, wie du willst.«

Sie stand auf und legte ihre Handarbeit auf den Tisch neben die Lampe.

»Setz dich hin«, sagte er. »Setz dich einen Moment hin.«

Erst jetzt wurde ihr unheimlich zumute.

»Na los, setz dich hin«, wiederholte er.

Sie ließ sich langsam in den Sessel sinken und blickte dabei ihren Mann mit großen, verwirrten Augen an. Er hatte seinen zweiten Whisky ausgetrunken und starrte finster in das Glas.

»Hör zu«, murmelte er. »Ich muss dir etwas sagen.«

»Was hast du denn, Liebling? Was ist los?«

Er saß jetzt mit gesenktem Kopf da und rührte sich nicht. Das Licht der Lampe neben ihm fiel nur auf den oberen Teil seines Gesichts; Kinn und Mund blieben im Schatten. Sie sah einen kleinen Muskel an seinem linken Augenwinkel zucken.

»Dies wird ein ziemlicher Schlag für dich sein, fürchte ich«, begann er. »Aber ich habe lange darüber nachgedacht, und meiner Ansicht nach ist es das einzig Richtige, dir alles offen zu sagen. Ich hoffe nur, dass du es nicht zu schwer nimmst.«

Und er sagte ihr alles. Es dauerte nicht lange, höchstens vier oder fünf Minuten. Sie hörte ihm zu, stumm, wie betäubt, von ungläubigem Entsetzen erfüllt, während er sich mit jedem Wort weiter von ihr entfernte.

»Das ist es also«, schloss er. »Ich weiß, dass es nicht gerade die rechte Zeit ist, darüber zu sprechen, aber mir bleibt einfach keine andere Wahl. Natürlich werde ich dir Geld geben und dafür sorgen, dass du alles hast, was du brauchst. Aber ich möchte jedes Aufsehen vermeiden. Ist ja auch nicht nötig. Ich muss schließlich an meine Stellung denken, nicht wahr?«

Ihre erste Regung war, nichts davon zu glauben, es weit von sich zu weisen. Dann kam ihr der Gedanke, dass er möglicherweise gar nichts gesagt, dass sie sich das alles nur eingebildet hatte. Wenn sie jetzt an ihre Arbeit ging und so tat, als hätte sie nichts gehört, dann würde sie vielleicht später, beim Aufwachen sozusagen, entdecken, dass nie etwas Derartiges geschehen war.

»Ich werde das Essen machen«, flüsterte sie schließlich, und diesmal hielt er sie nicht zurück.

Als sie das Zimmer verließ, fühlte sie nicht, dass ihre Füße den Boden berührten. Sie fühlte überhaupt nichts – bis auf ein leichtes Schwindelgefühl und einen Brechreiz. Alles lief jetzt automatisch ab. Die Kellertreppe, der Lichtschalter, die Tiefkühltruhe, die Hand, die in der Truhe den ersten besten Gegenstand ergriff. Sie nahm ihn heraus und betrachtete ihn. Er war in Papier gewickelt, also riss sie das Papier ab und betrachtete ihn von neuem.

Eine Lammkeule.

Nun gut, dann würde es Lamm zum Abendessen geben. Sie umfasste das dünne Knochenende mit beiden Händen und trug die Keule nach oben. Als sie durch das Wohnzimmer ging, sah sie ihn mit dem Rücken zu ihr am Fenster stehen. Sie machte halt.

»Um Gottes willen«, sagte er, ohne sich umzudrehen, »koch bloß kein Essen für mich. Ich gehe aus.«

In diesem Augenblick trat Mary Maloney einfach hinter ihn, schwang, ohne sich zu besinnen, die große gefrorene Lammkeule hoch in die Luft und ließ sie mit aller Kraft auf seinen Hinterkopf niedersausen.

Ebenso gut hätte sie mit einer eisernen Keule zuschlagen können.

Sie wich einen Schritt zurück und wartete. Seltsamerweise blieb er noch mindestens vier, fünf Sekunden leicht schwankend stehen. Dann stürzte er auf den Teppich.

Der krachende Aufprall, der Lärm, mit dem der kleine Tisch umfiel – diese Geräusche halfen ihr, den Schock zu überwinden. Sie kehrte langsam in die Wirklichkeit zurück, empfand aber nichts als Kälte und Überraschung, während sie mit zusammengekniffenen Augen den leblosen Körper anstarrte. Ihre Hände umklammerten noch immer die idiotische Fleischkeule.

Na schön, sagte sie sich. Ich habe ihn also getötet.

Erstaunlich, wie klar ihr Gehirn auf einmal arbeitete. Die Gedanken überstürzten sich fast. Als Frau eines Polizeibeamten wusste sie genau, welche Strafe sie erwartete. Gut, in Ordnung. Ihr machte das gar nichts aus. Es würde sogar eine Erlösung sein. Aber das Kind? Wie verfuhr das Gesetz mit Mörderinnen, die ungeborene Kinder trugen? Tötete man beide – Mutter und Kind? Oder wartete man bis nach der Geburt? Was geschah mit den Kindern?

Mary Maloney wusste es nicht. Und sie war keineswegs gewillt, ein Risiko einzugehen.

Sie brachte das Fleisch in die Küche, legte es in eine Bratpfanne und schob es in den eingeschalteten Ofen. Dann wusch sie sich die Hände und lief nach oben ins Schlafzimmer. Sie setzte sich vor den Spiegel, ordnete ihr Haar und frischte das Make-up auf. Sie versuchte ein Lächeln. Es fiel recht sonderbar aus. Auch der zweite Versuch missglückte.

»Hallo, Sam«, sagte sie laut und munter.

Die Stimme klang viel zu gezwungen.

»Ich hätte gern Kartoffeln, Sam. Ja, und vielleicht eine Dose Erbsen.« Das war besser. Sowohl die Stimme als auch das Lächeln wirkten jetzt natürlicher. Sie probierte es wieder und wieder, bis sie zufrieden war. Dann eilte sie nach unten, schlüpfte in ihren Mantel, öffnete die Hintertür und ging durch den Garten auf die Straße.

Es war erst kurz vor sechs, und beim Kaufmann brannte noch Licht.

»Hallo, Sam«, sagte sie munter und lächelte dem Mann hinter dem Ladentisch zu.

»Ach, guten Abend, Mrs. Maloney. Wie geht's denn?«

»Ich hätte gern Kartoffeln, Sam. Ja, und vielleicht eine Dose Erbsen.« Der Kaufmann drehte sich um und nahm eine Büchse vom Regal.

»Patrick ist heute so müde, dass er keine Lust hat, sich ins Restaurant zu setzen«, erklärte sie. »Wir essen sonst donnerstags immer auswärts, wissen Sie, und jetzt habe ich kein Gemüse im Haus.«

»Und was ist mit Fleisch, Mrs. Maloney?«

»Fleisch habe ich, danke. Eine schöne Lammkeule aus der Kühltruhe.«

»Aha.«

»Eigentlich lasse ich ja das Fleisch lieber erst auftauen, bevor ich's brate, aber es wird wohl auch so gehen. Meinen Sie nicht, Sam?«

»Wenn Sie mich fragen«, sagte der Gemüsehändler, »ich finde, dass es gar keinen Unterschied macht. Wollen Sie die Idaho-Kartoffeln?«

»O ja, die sind gut: Zwei Tüten bitte.«

»Sonst noch etwas?« Er neigte den Kopf zur Seite und sah sie wohlgefällig an. »Na, und der Nachtisch? Was wollen Sie ihm zum Nachtisch geben?«

»Hm … Wozu würden Sie mir denn raten, Sam?«

Der Mann schaute sich im Laden um. »Wie wär's mit einem schönen großen Stück Käsekuchen? Den isst er doch gern, nicht wahr?«

»Ja, das ist ein guter Gedanke. Auf Käsekuchen ist er ganz versessen.«

Als alles eingewickelt war und sie bezahlt hatte, verabschiedete sie sich mit ihrem freundlichsten Lächeln. »Vielen Dank, Sam. Auf Wiedersehen.«

»Auf Wiedersehen, Mrs. Maloney. Ich habe zu danken.«

Und jetzt, sagte sie sich auf dem Heimweg, jetzt kehrte sie zu ihrem Mann zurück, der auf sein Abendessen wartete.

Und sie musste es gut kochen, so schmackhaft wie möglich, denn der arme Kerl war müde. Und wenn sie beim Betreten des Hauses etwas Ungewöhnliches vorfinden sollte, etwas Unheimliches oder Schreckliches, dann würde es natürlich ein Schock für sie sein. Verrückt würde sie werden vor Schmerz und Entsetzen. Wohlgemerkt, sie *erwartete* nicht, etwas Derartiges vorzufinden. Sie ging nur mit ihren Einkäufen nach Hause. Mrs. Patrick Maloney ging am Donnerstagabend mit ihren Einkäufen nach Hause, um das Abendessen zu kochen.

So ist es recht, ermunterte sie sich. Benimm dich natürlich, genauso wie immer. Lass alles ganz natürlich an dich herankommen, dann brauchst du nicht zu heucheln.

So summte sie denn ein Liedchen vor sich hin und lächelte, als sie durch die Hintertür in die Küche trat.

»Patrick!«, rief sie. »Ich bin wieder da, Liebling.«

Sie legte das Paket auf den Tisch und ging ins Wohnzimmer. Und als sie ihn dort sah, auf dem Boden zusammengekrümmt, einen Arm unter dem Körper, da war es wirklich ein Schock. Die Liebe und das Verlangen nach ihm wurden von neuem wach, und sie lief zu ihm hin, kniete neben ihm nieder und weinte bittere Tränen. Es war nicht schwer. Sie brauchte nicht zu heucheln.

Ein paar Minuten später stand sie auf und ging zum Telefon. Die Nummer der Polizeistation wusste sie auswendig. Als sich der Wachtmeister vom Dienst meldete, rief sie: »Schnell! Kommen Sie schnell! Patrick ist tot!«

»Wer spricht denn da?«

»Mrs. Maloney. Mrs. Patrick Maloney.«

»Sie sagen, Patrick Maloney ist tot?«

»Ich glaube, ja«, schluchzte sie. »Er liegt auf dem Boden, und ich glaube, er ist tot.«

»Wir kommen sofort«, sagte der Mann.

Der Wagen fuhr gleich darauf vor. Sie öffnete die Haustür, und zwei Polizisten traten ein. Beide waren ihr bekannt – wie fast alle Beamten des Reviers –, und sie fiel hysterisch weinend in Jack Noonans Arme. Er setzte sie sanft in einen Sessel und ging dann zu seinem Kollegen O'Malley hinüber, der neben dem Leichnam kniete.

»Ist er tot?«, flüsterte sie.

»Ich fürchte, ja. Was ist geschehen?«

Sie erzählte kurz ihre Geschichte – wie sie zum Kaufmann gegangen war und Patrick bei der Rückkehr leblos auf dem Boden gefunden hatte. Während sie sprach, weinte und sprach, entdeckte Noonan etwas geronnenes Blut am Hinterkopf des Toten. Er zeigte es O'Malley, und der stürzte sofort zum Telefon.

Bald erschienen noch mehr Männer. Zuerst ein Arzt, dann zwei Detektive – den einen kannte sie dem Namen nach. Später kam ein Polizeifotograf und machte Aufnahmen; auch ein Experte für Fingerabdrücke traf ein. Es wurde viel geflüstert und gemurmelt neben dem Toten, und die Detektive stellten ihr Fragen über Fragen. Aber sie behandelten sie sehr freundlich. Sie erzählte wieder ihre Geschichte, diesmal von Anfang an: Patrick war nach Hause gekommen, und sie hatte genäht, und er war müde, so müde, dass er nicht zum Abendessen ausgehen wollte. Sie berichtete, wie sie das Fleisch in den Ofen geschoben hatte – »es ist immer noch drin« –, wie sie wegen der Kartoffeln und der Erbsen zum Kaufmann gelaufen war und wie sie Patrick bei der Rückkehr leblos auf dem Boden gefunden hatte.

»Welcher Kaufmann?«, fragte einer der Detektive.

Sie sagte es ihm. Er drehte sich schnell um und flüsterte dem anderen Detektiv etwas zu. Der Mann verließ sofort das Haus.

Nach einer Viertelstunde kam er mit einer Seite Notizen zurück. Wieder wurde leise verhandelt, und durch ihr Schluchzen hindurch drangen ein paar Satzfetzen an ihr Ohr: »... hat sich völlig normal benommen ... sehr vergnügt ... wollte ihm ein gutes Abendessen machen ... Erbsen ... Käsekuchen ... unmöglich, dass sie ...«

Kurz darauf verabschiedeten sich der Fotograf und der Arzt; zwei Männer traten ein und trugen die Leiche auf einer Bahre fort. Dann ging auch der Experte für Fingerabdrücke. Die beiden Detektive aber blieben da, die beiden Polizisten ebenfalls. Sie waren ausgesprochen freundlich zu ihr. Jack Noonan erkundigte sich, ob sie nicht lieber anderswo hingehen wolle, vielleicht zu ihrer Schwester oder zu seiner Frau, die sich gern um sie kümmern und sie für die Nacht unterbringen werde.

Nein, sagte sie. Im Augenblick sei sie einfach nicht fähig, auch nur einen Schritt zu tun. Hätten sie etwas dagegen, wenn sie hier bliebe, bis sie sich besser fühlte? Wirklich, im Augenblick könne sie sich zu nichts aufraffen.

Dann solle sie sich doch ein Weilchen hinlegen, schlug Jack Noonan vor.

Nein, sagte sie. In diesem Sessel sei sie am besten aufgehoben. Später vielleicht, wenn es ihr etwas besser ginge ...

Sie blieb also sitzen, während die Männer das Haus

durchsuchten. Gelegentlich stellte einer der Detektive ihr eine Frage. Manchmal sprach Jack Noonan ihr sanft zu, wenn er vorbeikam. Von ihm erfuhr sie auch, dass ihr Mann durch einen Schlag auf den Hinterkopf getötet worden war, durch einen Schlag mit einem stumpfen Gegenstand, höchstwahrscheinlich einem großen Stück Metall. Sie suchten die Waffe. Der Mörder, sagte Jack, habe sie vermutlich mitgenommen; er könne sie aber ebenso gut im Garten oder im Hause versteckt haben.

»Es ist die alte Geschichte«, schloss er. »Wenn man die Waffe hat, hat man auch den Täter.«

Später kam einer der Detektive und setzte sich neben sie. Vielleicht habe irgendein Gegenstand im Hause als Waffe gedient, meinte er. Würde sie wohl so freundlich sein und nachsehen, ob etwas fehlte – ein sehr großer Schraubenschlüssel zum Beispiel oder eine schwere Metallvase.

Metallvasen hätten sie nicht, antwortete sie.

»Aber einen großen Schraubenschlüssel?«

Nein, auch keinen großen Schraubenschlüssel. Höchstens in der Garage.

Die Suche ging weiter. Sie wusste, dass draußen im Garten noch mehr Polizisten waren, denn sie hörte ihre Schritte auf dem Kies, und manchmal sah sie durch einen Spalt zwischen den Vorhängen das Aufblitzen einer Taschenlampe. Es war schon ziemlich spät, fast neun, wie ihr ein Blick auf die Uhr zeigte. Die vier Männer, die die Zimmer durchsuchten, machten einen müden, leicht gereizten Eindruck.

»Jack«, sagte sie, als Wachtmeister Noonan wieder einmal vorbeikam. »Würden Sie mir wohl etwas zu trinken geben?«

»Natürlich, Mrs. Maloney. Von dem Whisky hier?«

»Ja, bitte. Aber nur ganz wenig. Vielleicht wird mir davon besser.« Er reichte ihr das Glas.

»Warum trinken Sie nicht auch einen Schluck?«, fragte sie. »Bitte, bedienen Sie sich doch. Sie müssen schrecklich müde sein, und Sie haben sich so rührend um mich gekümmert.«

»Hm …« Er zögerte. »Eigentlich ist es ja nicht erlaubt, aber einen kleinen Tropfen zur Stärkung könnte ich ganz gut brauchen.«

Nach und nach fanden sich auch die anderen ein, und jeder wurde überredet, einen Schluck Whisky zu trinken. Sie standen recht verlegen mit ihren Gläsern herum, fühlten sich etwas unbehaglich in Gegenwart der Witwe und suchten krampfhaft nach tröstenden Worten. Wachtmeister Noonan ging aus irgendeinem Grund in die Küche, kam sofort zurück und sagte: »Hören Sie, Mrs. Maloney, Ihr Ofen ist noch an, und das Fleisch ist noch drin.«

»Ach herrje«, rief sie. »Das hatte ich ganz vergessen.«

»Am besten drehe ich ihn wohl aus, was?«

»Ja, Jack, das wäre sehr nett von Ihnen. Herzlichen Dank.«

Als der Sergeant zum zweiten Mal zurückkam, sah sie ihn mit ihren großen, dunklen, tränenfeuchten Augen an. »Jack Noonan«, begann sie zaghaft.

»Ja?«

»Würden Sie mir einen kleinen Gefallen tun – Sie und die anderen?«

»Wir wollen's versuchen, Mrs. Maloney.«

»Nun«, fuhr sie fort, »Sie alle sind doch gute Freunde meines lieben Patrick gewesen, und jetzt bemühen Sie sich, den Mann zu fangen, der ihn umgebracht hat. Inzwischen werden Sie wohl schon schrecklichen Hunger haben, denn Ihre Essenszeit ist ja längst vorbei. Ich weiß, dass Patrick – Gott sei seiner Seele gnädig! – mir nie verzeihen würde, wenn ich Sie in seinem Haus nicht anständig bewirtete. Wollen Sie nicht den Lammbraten essen, der im Ofen ist? Ich denke, er wird gar sein.«

»Kommt überhaupt nicht in Frage«, wehrte Jack Noonan bescheiden ab.

»Bitte«, sagte sie flehentlich. »Bitte, essen Sie das Fleisch. Ich könnte keinen Bissen davon anrühren, weil es für Patrick bestimmt war, verstehen Sie? Aber für Sie ist das etwas anderes. Sie würden mir einen Gefallen tun, wenn Sie alles aufäßen. Hinterher können Sie ja weiterarbeiten.«

Die vier Polizisten widersprachen zwar, doch sie waren tatsächlich sehr hungrig, und nach einigem Hin und Her willigten sie ein, in die Küche zu gehen und sich zu bedienen. Die Frau blieb in ihrem Sessel sitzen. Durch die offene Tür konnte sie hören, wie sich die Männer unterhielten. Ihre Stimmen klangen dumpf, wie verschleiert, da sie den Mund voller Fleisch hatten.

»Noch ein Stück, Charlie?«

»Nein. Wir wollen lieber nicht alles aufessen.«

»Aber sie *will*, dass wir's aufessen. Wir tun ihr einen Gefallen damit, hat sie gesagt.«

»Na gut. Dann gib mir noch was.«

»Muss eine verdammt dicke Keule gewesen sein, mit der dieser Kerl den armen Patrick erschlagen hat«, bemerkte einer der Polizisten. »Der Doktor sagt, sein Schädel ist völlig zertrümmert. Wie von einem Schmiedehammer.«

»Na, dann dürfte es nicht schwer sein, die Mordwaffe zu finden.«

»Ganz meine Meinung.«

»Wer's auch getan hat – er wird so ein Ding nicht länger als nötig mit sich herumschleppen.«

Einer von ihnen rülpste.

»Also ich glaube ja, dass es noch hier im Haus oder im Garten ist.«

»Wahrscheinlich genau vor unserer Nase, was, Jack?«

Und im Wohnzimmer begann Mary Maloney zu kichern.

DORA HELDT

Reiseallergie

Zehn Euro ein Los.« Gerlinde stand mit glänzenden Augen vor mir und ließ die Papierröllchen in einer Kunststoffbox kreisen. »Reisen, Kosmetik, Taschen, unsere Werbepartner haben die schönsten Preise gestiftet. Komm, Christine, es ist sogar ein langes Wellness-Wochenende dabei.«

Ich musterte unsere Empfangsdame, die mich aufmunternd anschaute und versuchte, ihren aufgeregten Schluckauf zu unterdrücken. Gerlinde vertrug keinen Sekt, das vergaß sie auf jeder Feier, ganz besonders auf der Weihnachtsfeier. Da war sie immer so aufgeregt – wegen der Tombola. Sie hatte die ehrenvolle Aufgabe, bei den Werbepartnern unserer Zeitschrift Preise zu erbetteln, die Lose drucken zu lassen und anschließend auch noch die Preisverleihung zu vollziehen. Das machte sie jedes Jahr fix und fertig. Aber die Preise waren wirklich toll, das musste man ihr lassen.

»Ich nehme drei Lose«, sagte ich und suchte passendes Geld im Portemonnaie. »Ich will unbedingt das Fahrrad. Kannst du da was drehen?«

Unter Gerlindes strengem Blick fischte ich drei Papierröllchen aus der Box und warf dabei einen Blick auf die Bühne, auf der die Drei-Mann-Kapelle wieder zu ihren Instrumenten griff.

»Hier wird gar nichts gedreht.« Gerlinde zog beleidigt die Box wieder weg. »Da geht alles mit rechten Dingen zu. Das Fahrrad ist übrigens nicht der Hauptgewinn. Das ist dieses Mal die Reise.«

»Ich hasse Reisen«, antwortete ich. »Und mein Fahrrad ist letzte Woche geklaut worden. Vor der Redaktion. Übrigens unter deinen Augen, Gerlinde. Vom Empfang aus hättest du die Diebe sehen können.«

»Also bitte.« Gerlindes Empörung ging in den einsetzenden Takten von ›Last Christmas‹ unter. Ich hasse übrigens auch Weihnachtsfeiern.

Meine Kollegin Anna hatte Gerlindes Abgang beobachtet. »Jetzt ist sie beleidigt«, sagte sie. »Du musst sie nicht immer so provozieren. Sie ist doch die Einzige, die das hier alles zusammenhält, den ganzen Laden, die Weihnachtsfeier und die Tombola. Was hast du eigentlich gegen den Hauptgewinn?«

»Ein langes Wochenende in einem teuren Hotel?« Ich schüttelte angewidert den Kopf. »Lauter alte reiche Schachteln, arrogantes Personal, Handelsvertreter an der Bar, auf schick getrimmte Zimmer und eine ewig lange Anfahrt, schönen Dank auch.«

Genervt verdrehte Anna die Augen. »Du hast so viele Vorurteile! Das kommt davon, weil du nie verreist. Du kannst doch nicht immer deinen gesamten Urlaub zu Hause oder bei deinen Eltern verbringen. So was Langweiliges! Fahr doch mal weg.«

»Meine Eltern leben auf Sylt«, belehrte ich sie sanft. »Ein schöner Fleck Erde, für den ich noch nicht mal etwas bezahlen muss. Warum sollte ich woandershin? Ich habe da alles, was ich brauche. Und meine Eltern lassen mich weit-gehend in Ruhe.«

Anna sah mich verständnislos an. »Mein Gott, Christine. Du hast keine Ahnung, was dir alles entgeht.«

»Ja, ja, ich weiß schon. Wir hatten das Thema schon mehrmals«, unterbrach ich sie und griff zu meinem Wein-glas. »Ich habe jedes Mal schlechte Erfahrungen beim Ver-reisen gemacht. Lass mich doch einfach in Ruhe zu Hause bleiben oder auf die Insel fahren. Sollen doch die anderen durch die Weltgeschichte gurken.« Trotzig schaute ich an Anna vorbei. »Ach, sieh an, da kommt Gunther. Na, der hat auch schon einen im Kahn.«

Gunther war der Leiter unserer Reiseredaktion. Er warf sich mit Schwung auf einen Stuhl und strahlte uns an. »Na, ihr Süßen?«, nuschelte er. »Alles klar bei euch? Manno-mann, ich habe den Winter jetzt schon satt, dabei fängt er erst an. Aber ich hab meinen Urlaub schon gebucht. Costa Rica, Ende Januar. Das wär doch auch was für dich, Chris-tine, oder?«

»Ich habe Flugangst«, antwortete ich wie aus der Pistole geschossen. »Ich packe nicht gern Koffer, ich schlafe nicht gut in fremden Betten, ich habe keinen Orientierungssinn und verlauf mich an fremden Orten. Dafür habe ich eine schöne Wohnung und will nicht für viel Geld Reisen bu-chen, zu denen ich sowieso keine Lust habe. Noch Fragen?«

Anna und Gunther sahen sich nur an.

»Wir kommen zur Preisverleihung«, erklang Gerlindes aufgeregte Stimme plötzlich durch das Mikrofon. »Unsere Werbepartner haben uns wieder wunderbare Preise zur Verfügung gestellt. Ich bitte um Applaus.«

Während meine Kollegen frenetisch klatschten, wickelte ich meine drei Lose aus. ›Hauptsache dabei‹, las ich, also eine Niete. Das zweite Röllchen enthüllte ein tröstendes ›Nicht traurig sein‹. Alles klar, ich hatte noch nie etwas gewonnen. Der Erlös der Tombola ging an einen guten Zweck, das war der einzige Grund, hier mitzumachen. Auch wenn ich auf das Fahrrad spekuliert hatte. Das dritte Los wickelte ich ganz langsam aus und las: ›Herzlichen Glückwunsch. Sie haben die Siegernummer 3‹.

»Yes!«, rief ich und zeigte Anna das Los. »Drück mir die Daumen, dass es das Fahrrad ist.«

Anna hatte drei Nieten und sah mich neidisch an. Bevor sie etwas sagen konnte, meldete sich Gerlinde wieder zu Wort.

»Ich möchte euch an dieser Stelle ausdrücklich darum bitten, diese Preise, falls es Gutscheine sind, weder umzutauschen noch verfallen zu lassen. Das würde unter Umständen auf mich zurückfallen. Danke. So, dann beginnen wir. Die Gewinnernummern sind willkürlich geordnet, damit es spannend bleibt. Als Erstes haben wir einen Gutschein für eine Kosmetikbehandlung, je nachdem für Herren oder Damen. Der hat die Gewinnernummer zwei. Wem darf ich gratulieren?«

Unter freundlichem Applaus ging Gunther zur Bühne. Richtig begeistert wirkte er nicht. Gerlinde dagegen war in ihrem Element. Sie küsste den Gewinner und gratulierte ihm und fuhr dann fröhlich fort. Die Nummer fünf war ein Restaurantbesuch, die vier ein Kofferset, die eins das nagelneue Fahrrad. Anna schickte mir ein tröstendes Lächeln. Die Gewinnerin war Jutta aus der Buchhaltung. Und ich bildete mir ein, dass Gerlinde mir einen triumphierenden Blick zuwarf. Enttäuscht knüllte ich das Los wieder zusammen. Schade.

»Jetzt kommen wir zu einem ganz besonderen Preis.« Gerlinde wartete ab, bis Jutta das Fahrrad an die Seite geschoben hatte. »Das neu eröffnete Wellnesshotel ›Seesternchen‹ in Hörnum auf Sylt hat ein langes Wochenende gestiftet. Luxus pur von Donnerstag bis Sonntag. Und freuen kann sich die Gewinnernummer … drei.«

Mein Blick lag immer noch auf dem schönen Fahrrad, bis Anna mich anstieß.

»Christine, die Drei. Das bist du.«

Gerlinde sah sich ungeduldig um: »Wer hat denn das Los mit der Drei?«

»Hier«, brüllte Gunther und zeigte auf mich. »Christine. Unsere Reisemaus.«

»Nach Hörnum?« Ich schüttelte ablehnend den Kopf. »Was soll ich denn da? Kann ich nicht mit Jutta tauschen?« Langsam stand ich auf und ging Richtung Bühne zu Gerlinde, die mir mit schmalen Lippen den Umschlag überreichte.

»Glückwunsch«, sagte sie bemüht lächelnd und schickte leise hinterher: »Versuche gar nicht erst zu tauschen. Sonst werde ich mich nie wieder um diese Tombola kümmern.«

»Das ist Erpressung«, zischte ich zurück.

Gerlinde nickte und lächelte in Richtung unseres Chefs.

In den folgenden Wochen traf mich der Spott der gesamten Redaktion. Es gab tatsächlich niemanden, der mir nicht zu diesem Preis gratulierte. Es war allen bekannt, dass ich nicht gern verreiste, und nun ausgerechnet Hörnum. Meine Eltern lebten am anderen Ende der Insel. Da fand ich es auch schöner. Was sollte ich in diesem neu eröffneten Hotel herumsitzen, das ich nicht kannte? Ich hatte einfach keine Lust. Aber die Kollegen hatten ihren Spaß.

Zwei Tage vor dem Reisetermin saß ich in meinem Wohnzimmer und starrte zum hundertsten Mal auf den Hotelprospekt. Der war ja auch ganz schön. Sie konnten ja nicht wissen, dass ausgerechnet ich dieses Wochenende gewinnen würde. Das war einfach Pech. Für sie und für mich.

Resigniert warf ich den Prospekt auf den Tisch, im selben Moment klingelte das Telefon.

»Hallo, Christine, hier ist Pia.«

Die Stimme meiner Cousine klang belegt, entweder war sie erkältet oder verheult. In der nächsten Sekunde sollte ich es erfahren.

»Ich muss ein paar Tage hier weg. Ich habe mich mit Stefan gestritten. Kann ich Donnerstag zu dir nach Hamburg kommen?«

Also verheult. Ich zog den Prospekt näher zu mir.

»Ich, ähm, ich bin am Wochenende nicht hier. Ich muss Donnerstag leider weg.«

»Uh.« Pias Enttäuschung war deutlich zu hören. »Beruflich? Wo musst du hin?«

»Nach Sylt«, ich schluckte. »Ich habe …«

»Du kommst her?« Pia klang jetzt irritiert. »Ich habe Onkel Heinz heute getroffen, der hat aber nichts davon gesagt, dass du nach Hause fährst.«

»Ich fahre auch nicht nach Hause, ich fahre in dieses

neue Hotel nach Hörnum. ›Seesternchen‹. Meine Eltern wissen das gar nicht.«

»Ins Hotel nach Hörnum?« Pias Irritation wuchs. »Was machst du denn da? Du kannst doch Hotels nicht leiden. Und dieses neue Ding ist so ein riesiger Kasten. Das haben irgendwelche Berliner gebaut. Die haben noch nicht mal die Insulaner zur Einweihung eingeladen. Dein Vater findet das unmöglich.«

»Ich weiß.« Ich wedelte mir mit dem Prospekt Luft zu. »Ich habe das Wochenende bei unserer Weihnachtstombola gewonnen. Meine Kollegen bestehen darauf, dass ich den Gutschein einlöse. Erst wollte ich es meinen Eltern erzählen, aber dann kam mir die Idee, dass ich auch mal inkognito auf die Insel fahren könnte. Ich finde es ja selber komisch, auf der Insel woanders zu wohnen. Viel Lust habe ich nicht. Aber ich ziehe das jetzt durch und fertig. Und du verrätst mich bitte nicht.«

Pia schwieg.

»Ist das ein Doppelzimmer?«, fragte Pia zögernd.

»Ja, warum fragst du?«

»Kann ich mit?« Pias Stimme klang kläglich. »Ich muss hier wirklich weg. Und ich sage einfach, ich fahre zu dir nach Hamburg. Da kommt doch keiner aus der Familie drauf, dass wir beide auf der Insel fremdschlafen. Und vor allen Dingen soll Stefan das nicht wissen. Der soll mich ruhig vermissen.« Sie schniefte plötzlich laut. »Ich glaube, der hat eine andere.«

»Aber Pia, ich glaube nicht …«

Pia unterbrach mich sofort. »Das ist doch eine großartige Idee. Wir fahren da zusammen hin. Stefan denkt, ich wäre in Hamburg, und ich kann heimlich gucken, was er macht. Das ist super. Ich fahre mit dem Zug nach Niebüll, und wir treffen uns da und fahren zusammen wieder auf die Insel zurück. Das merkt kein Mensch.«

Das hörte sich alles gar nicht gut an. Als ob es nicht reichte, dass ich unlustig in ein Schickimicki-Hotel fahren musste, nein, jetzt sollten wir auch noch den Freund meiner Cousine beschatten.

»Pia, glaubst du wirklich ... ?«

»Ja.« Sie klang auf einmal sehr entschlossen. »Ich komme mit. Wir sagen es keinem, hörst du, sonst weiß Stefan das sofort. Auf dieser Insel wird zu viel getratscht. Und ich finde schicke Hotels schön. Also, Donnerstagmittag in Niebüll. Danke, Christine, ich freue mich.«

Sie legte auf, und ich nahm mir vor, nie wieder Lose für die Tombola zu kaufen. Dann machte ich mich auf den Weg zu meiner Nachbarin, um mir ihren Koffer zu leihen.

Der Zug nach Westerland war rappelvoll. Damit hatte ich nicht gerechnet, schließlich befanden wir uns in der Nebensaison und die Wettervorhersage war katastrophal, es war sogar von einer Sturmflut die Rede. Ich hatte den letzten freien Platz in diesem Wagen ergattert und hielt meine Beine krampfhaft übereinandergeschlagen, damit ich dem mir gegenübersitzenden dicken Typen, der eine Dose Bier nach der anderen trank, nicht ins Gehege kam. Er hatte zweimal versucht, mit mir ein Gespräch anzufangen, ich hatte die einzigen beiden Sätze gesagt, die ich auf Dänisch konnte. Es funktionierte: Er hielt mich tatsächlich für eine Dänin und ließ mich in Ruhe.

Kurz vor Niebüll hatte sich der Regen verstärkt und der Wind zugenommen. Das überraschte mich nicht, es gab einen kausalen Zusammenhang zwischen meinen früheren Urlauben und dem Wetter. Es war immer schlecht gewesen, wenn ich verreiste. Auf Sardinien hatte ich die kältesten Septemberwochen seit den Wetteraufzeichnungen erlebt, in Fuerteventura den schlimmsten Sandsturm seit Gedenken, auf Juist musste ich wegen Eisganges und Sturm meinen Silvesterurlaub bis Mitte Januar verlängern, und in Portugal wurde mein Hotel wegen der Waldbrände evakuiert. Dazu kamen diverse Allergien, zwei Lebensmittelvergiftungen, ein undefinierbarer Insektenstich, der mich fast ins Koma brachte, und der Diebstahl meiner Handtasche mit allen Papieren und dem gesamten Urlaubsgeld. Nach diesen Erfahrungen war für mich das Thema Reisen erledigt. Entweder ich zog die Katastrophen an oder die Katastrophen mich.

Und nun musste ich ausgerechnet auf meiner Heimatinsel Urlaub machen, begleitet von einer Sturmflutwarnung und einer liebeskummerkranken Cousine. Das Leben und die Weihnachtstombola waren nicht gerecht.

Kurz vor Niebüll goss es wie aus Kübeln, der Sturm riss an den Bäumen und die ersten Mitreisenden brachten ihre Bedenken zur Sicherheit des Zuges auf dem Hindenburgdamm zum Ausdruck. Ich hatte mich mittlerweile meinem Schicksal gefügt, Gerlinde kaum noch verflucht und eine sms meiner Cousine gelesen, in der stand, dass ich in Niebüll aussteigen müsste, da ihr Zug von der Insel wegen des Sturms Verspätung habe.

Nach drei Kaffee und einer Portion Pommes mit Ketchup traf der verspätete Zug aus Westerland ein. Ich ließ den Eingang nicht aus den Augen, nach drei Minuten wurde die Tür tatsächlich aufgerissen und Pia in ihrer dicksten Regenjacke, mit Mütze, Schal und Handschuhen, einen riesigen Koffer hinter sich herziehend, betrat die Bahnhofsgaststätte. Sie ließ den Koffer am Eingang stehen, schoss auf mich zu, umarmte mich kurz und sagte atemlos: »Beeil dich, der Zug zurück kommt in zwei Minuten. Das ist dann vielleicht der letzte, wir haben fast Windstärke 9, und irgendwann wird der Bahnverkehr eingestellt.«

Es war gar nicht so einfach, Pias monströsen Koffer in den Zug zu wuchten, wir schafften es mit vereinten Kräften und gerade im letzten Moment vor der Abfahrt.

»Was für ein Scheißwetter«, stöhnte Pia, während sie sich schwerfällig auf ihren Platz fallen ließ. »Ich hatte schon Angst, dass die Züge gar nicht mehr fahren.«

Von der Welt draußen war nichts mehr zu erkennen, ich sah nur auf die dicken Regentropfen, die an die Scheibe trommelten.

»Was um alles in der Welt hast du alles mit?« Pias Koffer war so schwer, dass überhaupt nicht daran zu denken war, dieses Teil auf die Gepäckablage zu hieven. Der Koffer stand zwischen uns und nässte vor sich hin.

»Ich habe Stefan gesagt, dass ich noch nicht weiß, wann ich wieder zurückkomme«, entgegnete Pia. »Er hat mich trotzdem zum Bahnhof gefahren. Ich hatte mir eigentlich überlegt, die Fahrt zu sparen und gleich in Westerland zu bleiben, aber Stefan hat mich bis zum Bahnsteig gebracht und mir auch noch den Koffer in den Zug gestellt. Und so musste ich fahren. Was ein Stress.«

Sie schloss kurz die Augen, dann riss sie sie wieder auf und grinste mich an. »Drei Tage Luxus umsonst, Christine. Vielen Dank. Also, ich freue mich.«

Ich sah sie lange an, dann deutete ich aus dem Fenster.

»Regen, Sturmflut, Dunkelheit. Und wir sitzen in Hörnum fest. Außerdem habe ich heute Nacht geträumt, dass wir meinen Eltern über den Weg laufen. Dir ist schon klar, dass mein Vater tödlich beleidigt wäre, wenn er mitkriegte, dass ich auf der Insel bin und mich nicht melde?«

»Du hast ihnen echt nichts erzählt?« Pia blickte bewundernd. »Das hätte ich dir nicht zugetraut. Du kannst doch so schlecht lügen. Ich habe meinen Eltern gesagt, dass ich das Wochenende mit dir verbringe, das stimmt ja sogar. Sie haben gar nicht gefragt, wo. Aber Onkel Heinz und Tante Charlotte kriegen doch gar nicht mit, dass wir in Hörnum sind. Und bei dem Wetter fahren sie bestimmt nicht durch die Gegend.«

Inzwischen fuhren wir über den Hindenburgdamm. Die Wellen klatschten bis an die Schienen. Vermutlich würde der Bahnverkehr tatsächlich bald eingestellt werden, und die Insel wäre abgeschnitten. Himmelherrgott, warum bloß hatte Jutta das Fahrrad gewonnen und ich diese blöde Reise?

Der Sturm riss uns fast um, als wir auf dem Bahnhofsvorplatz in Westerland eintrafen. Innerhalb weniger Minuten waren wir klatschnass.

»Es ist kein einziges Taxi da«, fluchte Pia und wischte

sich den Regen aus dem Gesicht. »Das glaube ich jetzt nicht! Los, dann nehmen wir den Bus, der steht da.«

Es waren kaum Menschen unterwegs, die Sturmwarnung hatte die meisten davon abgehalten, sich im Freien aufzuhalten. Mit gebeugten Köpfen beeilten wir uns, zum Bus zu kommen. Der Fahrer kassierte den Fahrpreis und guckte uns mitleidig an.

»Dann holt euch mal nichts weg«, sagte er. »Da habt ihr aber Glück gehabt. Das war der letzte Zug und dies ist der letzte Bus. Dann ist Schluss. Sturmflutwarnung. Der Koffer kann übrigens nicht im Gang stehen bleiben. Schiebt den zwischen die Sitze. Das Fahren ist schon schwierig genug, ohne dass hier die Koffer durch die Gegend fliegen.«

Außer uns saßen nur zwei alte Damen im Bus. Wir schoben Pias Monsterkoffer zwischen die Bänke und legten meine kleine Reisetasche daneben.

Meine Cousine sah mich vielsagend an. »Ich will ja nicht unken, aber kann es sein, dass es doch an dir liegt? Wir hatten hier seit fünf Jahren keine solche Sturmflut mehr. Und jetzt verbringst du hier einmal ein Wochenende in einem Hotel und zack. Irgendwie komisch, oder?«

Ich betrachtete meine durchweichten Schuhe und sehnte mich nach meiner schönen Wohnung in Hamburg. Ich hoffte nur, dass die Sauna im Hotel lange geöffnet war.

Das Hotel war zum Glück nicht sehr weit von der Bushaltestelle entfernt. Wir mussten uns nur knappe zehn Minuten gegen den Sturm stemmen, die reichten aber, damit das Wasser auch bis in die letzten Unterwäscheschichten vordringen konnte.

Pia hob kurz den Kopf und starrte mit zusammengekniffenen Augen Richtung Hotel. »Das sieht so dunkel aus«, rief sie mir zu, um den Sturm zu übertönen. »Ich glaube, die sind nicht ausgebucht.«

Mit letzter Kraft schleppten wir uns und Pias Koffer zur Eingangstür, die wie von Geisterhand aufging. In der schummrigen Rezeption stand eine junge Frau, die gerade hektisch mit einem Gasfeuerzeug Unmengen von Teelichtern anzündete. Meine Schuhe machten unanständig schmatzende Geräusche, als ich über die Fliesen ging. Pias Koffer hinterließ zwei nasse Linien.

»Guten Abend«, sagte ich und blieb vor dem Empfangstresen stehen. »Mein Name ist Christine Schmidt von der Zeitschrift ›Femme‹. Ich habe einen Gutschein für ein Wochenende für zwei Personen.«

»Ach je.« Fassungslos sah die junge Frau mich an. »Ich habe Sie ein paarmal versucht zu erreichen, aber anscheinend stimmte die Nummer nicht. Also, Frau Schmidt, wir haben ein kleines Problem.«

Das war klar. In meinen Urlauben gab es immer kleine Probleme. Ich war gespannt, welches es dieses Mal war.

»Kein Strom?«, fragte ich freundlich, um erst mal mit dem Offensichtlichen anzufangen.

»Ähm, ja«, antwortete sie zerstreut und blätterte in einer Liste. »Das auch. Also, seit einer Stunde. Irgendein Strommast ist umgeknickt, aber die Elektrizitätsgesellschaft ist schon dabei. Ich hoffe, dass es nicht so lange dauert. Nein, das Problem ist, dass wir an diesem Wochenende eine Tagung des Verbandes der Reiseveranstalter haben. Es gab ein Missverständnis bei der Buchung. Na, um es kurz zu machen, wir sind total ausgebucht. Es tut mir sehr leid.«

Sie sah uns unglücklich an, bevor sie fortfuhr. »Mein Chef kommt aber gleich, vielleicht findet sich irgendeine Lösung.«

»Die muss sich finden«, antwortete Pia und zeigte nach draußen. »Wir kommen nämlich heute Abend hier nicht mehr weg.«

Am Ende des Ganges öffnete sich eine Tür und eine Gruppe lärmender Männer drängte in das Foyer. »Wie soll man denn so arbeiten?«, »Gibt es nicht mal Kaffee?«, »Was ist denn das für ein Scheiß?«, »Habt ihr gehört? Weder Flugzeuge noch Fähren noch Autozüge. Frühestens morgen Mittag!«, »Wessen Idee war es eigentlich, die Tagung hier zu machen?«

Die Stimmung beim Verband der Reiseveranstalter war eindeutig gereizt. An der Spitze der Gruppe stand ein dicker Mann. Als er sich umdrehte, erkannte ich den Bierdosentrinker aus dem Zug wieder.

Zu Pia gebeugt sagte ich leise: »Sprichst du eigentlich ein bisschen Dänisch?«

Sie guckte nur erstaunt.

»Frau Schmidt?«

Hinter mir stand plötzlich ein Mann in elegantem Businessoutfit. »Guten Abend, mein Name ist Thomsen, ich bin der Geschäftsführer hier und … Pia?«

Erstaunt starrte er meine Cousine an, die sich jetzt erst umgedreht hatte. »Was machst du denn hier?«

»Ach nee, Jasper.« Lässig musterte Pia ihn. »Du bist hier Geschäftsführer? Seit wann das denn? Christine, das ist

Jasper Thomsen, wir sind zusammen zur Schule gegangen. Das ist meine Cousine Christine Schmidt. So, wie lange müssen wir denn noch hier rumstehen? Meine Schuhe lösen sich gleich auf.«

»Ist was passiert?« Der coole Geschäftsführer wirkte irritiert. »Ich meine, weil du hier Gast bist.«

»Das ist doch völlig egal.« Pia trat von einem Fuß auf den anderen. »Christine hat einen Gutschein für ein Luxuswochenende gewonnen, und den wollen wir jetzt einlösen. Jetzt, Jasper.«

»Tja.« Nervös kaute er auf seiner Unterlippe. »Frau Martin hat es ja schon gesagt, wir hatten einen Buchungsfehler und sind mit dem Seminar leider total ausgebucht. Was machen wir denn jetzt? Könnt ihr nicht …«

»Herr Thomsen?« Die aufgeregte Frau Martin verschaffte sich Gehör. »Die Straße in Rantum ist überflutet, es gibt keine Möglichkeit, nach Westerland zu kommen. Ich habe die anderen Hotels in Hörnum schon abtelefoniert, die sind auch alle wegen des Reiseveranstalterverbandes ausgebucht. Was machen wir denn jetzt?«

»Und ihr kommt im Moment ja auch gar nicht weg«, sagte Jasper und wirkte dabei deutlich überfordert. »Die einzige Möglichkeit ist das Personalzimmer. Frau Martin, ist das in Ordnung?«

»Ja«, antwortete sie zögernd. »Im Großen und Ganzen schon.«

Der Männertrupp, der im Gang stand, war immer noch aufgebracht und man rief nach dem Geschäftsführer. Jasper nickte uns zu und eilte von dannen. Wir sammelten unser Gepäck ein und folgten Frau Martin ins Personalzimmer.

Als wir schließlich alleine waren, blieben Pia und ich lange an der Tür stehen und betrachteten schweigend das Zimmer. Pia fasste sich zuerst. »Ich muss meine nassen Klamotten ausziehen«, sagte sie. »Und duschen. Was hat sie gesagt? Die Dusche ist die erste Tür rechts auf dem Flur, oder?«

»Ja«, ich nickte. »Neben dem Klo. Hast du die Bettwäsche gesehen?«

»Biber.« Pia strich kurz über die Decke. »Und diese Retromuster sind im Moment der letzte Schrei. Ich gehe mal duschen.«

Nachdem die Tür hinter ihr ins Schloss gefallen war, ließ ich mich auf das eine der beiden schmalen Betten sinken. Es war das schlimmste Zimmer, das ich je betreten hatte. Die Möbel sahen aus, als hätte man sie aus dem Kinderzimmer einer Zwölfjährigen geklaut, es fehlte nur ein Poster von Justin Bieber. Wahrscheinlich hatten wir noch Glück, dass die Beleuchtung aus Kerzenlicht bestand, bei Tageslicht war es vermutlich noch schlimmer.

Von wegen Luxuswochenende. Ich machte für alle Fälle Fotos, um sie später Gerlinde zu schicken. Sie würde sie für gefaked halten. Vom Flur hörte ich einen Schrei, der nach Pia klang. Jetzt hatte sie wahrscheinlich gemerkt, dass bei Stromausfall auch das Wasser kalt blieb. Ich hätte ihr das sagen sollen.

Später am Abend saßen wir im Kaminraum. Der Kamin verbreitete zwar eine gewisse Wärme und wir bekamen auch, dank eines Gasherdes, eine warme Suppe. Dafür teilten wir uns den Raum mit etwa fünfzig angetrunkenen Reiseverkehrskaufleuten. Mein dicker Zugbegleiter war auch wieder dabei und feuerte böse Blicke auf mich ab, weil ich seinen dänischen Kollegen, der sich mit mir unterhalten wollte, nicht verstanden hatte. Jetzt hatte auch er gemerkt, dass ich keine Dänin war.

Pia rief in der Zwischenzeit ihre Mutter an, die ihr munter erzählte, dass sie so froh sei, sie bei mir in Hamburg zu wissen. Der gesamte Süden der Insel hätte nämlich aufgrund der Sturmflut keinen Strom, nur im Norden sei alles in Ordnung. Pias Eltern saßen also gerade schön gemütlich mit meinen Eltern zusammen und spielten Karten. Im Warmen. Aber sie hätten Stefan getroffen, zufällig, der mit Berit zusammen auf dem Weg zum Feuerwehrhaus gewesen sei. Die Ärmsten hätten bei diesem Sturm natürlich Dienst.

»Berit?« Pia hatte entsetzt nachgefragt und mir anschließend erzählt, dass Berit anscheinend die einzige Frau bei der Freiwilligen Feuerwehr und außerdem die Exfreundin von Stefan war.

»Ich habe es doch gewusst«, sagte Pia wütend. »Ich kann nur hoffen, dass wir die Feuerwehr hier nicht brauchen werden.«

»Sie müssen uns doch nur retten, wenn wir auf dem Dach sitzen«, beruhigte ich sie. »Und so schlimm wird es nicht. Hat dein alter Schulfreund zumindest vorhin gesagt. Der Sturm lässt morgen nach. Und für das Hotel besteht keine Überflutungsgefahr.«

Die Sauna war natürlich auch außer Betrieb, genauso wie die Fernseher, sodass uns nichts anderes übrig blieb, als auf Kosten des Hauses ziemlich viel Rotwein zu trinken. Jasper Thomsen entschuldigte sich alle zehn Minuten für

113

die Fehlbuchung, für die Sturmflut und für die ganzen Unbequemlichkeiten und bemühte sich sehr um uns. Außerordentlich sogar, und ich fragte ihn irgendwann, ob er in meine Cousine verknallt sei. Das könnte im Moment ganz passend sein, weil doch Stefan jetzt mit Berit zusammen die Insel rettete.

Er sah mich etwas verwirrt an. Dafür küsste Pia ihn zum Abschied auf den Mund. Danach gingen wir mit der Taschenlampe in unser Personalzimmer. Jasper Thomsen sah uns lange nach.

Am nächsten Morgen war der Strom wieder da, der Sturm hatte sich abgeschwächt und wir waren verkatert. Nach dem Frühstück überlegte Pia, wie sie Stefan am geschicktesten zur Rede stellen könnte. »Am besten fahre ich zu Berit, ich könnte wetten, dass er auch da ist.«

»Mit dem Bus und deinem Monsterkoffer?« Ich köpfte das Ei mit einem gezielten Schlag. »Und was willst du ihm sagen?«

»Dass Schluss ist.« Pia sah mich triumphierend an.

»Und den Koffer lasse ich hier. Danach komme ich zurück und wir gehen in die Sauna.«

»Ist die Straße denn überhaupt wieder frei?«

»Nein, noch nicht.« Jasper Thomsen war an unseren Tisch getreten und hatte anscheinend unser Gespräch mitangehört. »Heute Mittag vermutlich. Und die Sauna ist leider auch noch nicht in Betrieb. Wir haben da offensichtlich ein Problem mit der Technik.«

Wie könnte es auch anders sein? Ich wischte mir über die Stirn. Irgendetwas juckte da.

»Hat dich was gestochen?« Pia ignorierte den Geschäftsführer und beugte sich vor. »Du hast da so kleine Beulen.«

Während sie das sagte, hatte ich das Gefühl, dass sich diese Beulen vermehrten. Jetzt besah sich auch Jasper mein Gesicht.

»Stimmt«, sagte er. »Das sieht nicht gut aus. Bist du auf etwas allergisch?«

Auf das Reisen, dachte ich mir, und im selben Moment spürte ich, dass sich immer mehr Beulen bildeten und mein Kopf ganz heiß wurde.

»Wir haben zufällig einen Gast hier, der Arzt ist«, Jasper gab sich mitfühlend. Wahrscheinlich wollte er Pia beeindrucken. »Soll er vielleicht mal draufgucken?«

Mittlerweile juckte es überall. »Das muss nicht sein«, antwortete ich schwach und rieb mir den Unterarm, auch da tauchten die Hubbel auf. »Bloß keine Umstände.«

»Aber das macht doch nichts«, sagte Jasper beflissen und machte sich auf die Suche nach jemandem, der sich mit Beulen auskannte.

Den restlichen Tag verbrachte ich unter der Retrobettwäsche im Personalzimmer. Der nette Arzt entpuppte sich als Kinderarzt. Er hatte sich am Kopf gekratzt, seine Brille abgesetzt und gesagt, dass er so etwas noch nie gesehen habe. Er würde auf eine allergische Reaktion tippen, hatte mir ein paar Tabletten gegen den Juckreiz dagelassen und mir empfohlen, auf mein Zimmer zu gehen. Erstens sähe ich momentan eher abschreckend aus und zweitens sei er sich nicht sicher, ob das Ganze nicht ansteckend sei. Ich solle auf keinen Fall in die Sauna, ins Schwimmbad oder in die Kälte gehen. Außerdem würde er vor scharfem Essen, Alkohol und Zucker warnen. Aber er wünschte gute Besserung.

Pia hatte mich skeptisch angesehen und plötzlich gemeint, dass sie überhaupt keine Lust hätte, sich anzustecken.

»Weißt du was? Du legst dich am besten ein bisschen hin und ich versuche, nach List zu kommen. Ich muss wissen, ob da etwas mit Stefan und Berit läuft. Das verstehst du doch, oder?«

Ich verstand es natürlich nicht, außerdem fand ich es ganz furchtbar, hier allein zu bleiben, aber ich schloss nur resigniert die Augen und wünschte mich in mein eigenes Bett. Ohne Beulenpest.

Einige Zeit später lag ich, mich unaufhörlich kratzend, immer noch in diesem scheußlichen Zimmer und stellte endlich fest, dass man die Zimmerantenne des klitzekleinen Fernsehers durchaus so drehen konnte, dass man einen Sender fast ohne Flimmern sehen konnte. Deshalb verfolgte ich zwei Stunden lang das Verkaufstalent eines jungen Mannes, der erst Damenblusen mit Applikationen und danach Zimmerspringbrunnen verkaufte. Ich bot nicht mit. Das wäre auch gar nicht gegangen. Es gab kein Telefon im Zimmer und ich hatte vergessen, mein Handy in den letzten Stunden aufzuladen. Jetzt war der Akku leer. Ich war gerade aufgestanden, um das Ladekabel zu suchen, als der Bildschirm plötzlich schwarz wurde und das Licht ausging. Der Strom war wieder weg. Ich konnte noch nicht einmal jemanden anrufen. Das war der Punkt, an dem meine Leidensfähigkeit erschöpft war.

Frau Martin stand, einem Nervenzusammenbruch nah, mit einem Handy am Ohr an der Rezeption. Als sie mich sah, hob sie abwehrend die Hand und ging einen Schritt zurück. »Es ist mir egal, wie Sie das hinkriegen, aber wenn hier in einer halben Stunde die Lichter immer noch aus sind, dann können Sie sich warm anziehen.«

Sie legte das Telefon weg und sah mich mitleidig an.

»Oje, das wird ja immer schlimmer mit Ihrer Allergie. Das ist gemein, wenn man so etwas ausgerechnet auf Reisen bekommt. Steckt das eigentlich an?«

Ich starrte sie nur an.

»Die Stromversorgung ist jetzt nicht wegen des Sturmes weg, sondern weil jemand von der Feuerwehr bei Aufräumarbeiten ein Kabel gekappt hat. Ich nehme an, dass es hier gleich wieder hell wird. Ach so, und nachher können Sie in ein anderes Zimmer ziehen, einige der Verbandsmitglieder reisen gleich ab. Und …«

Die aufgehende Tür wehte einen kalten Luftstrom ins Foyer zusammen mit einer Stimme, die mir bekannt vorkam.

»Hallo, Frau Martin, wir haben das Kabel gefunden, es ist … Christine? Was machst du denn hier? Du siehst ja grauenhaft aus.«

»Danke, Stefan. Und was machst du hier?«

Er tippte sich an das Revers seiner Feuerwehruniform.

»Ich bin im Dienst. Die Sturmflut hat einige Schäden angerichtet. Und außerdem wollte ich Pia sagen, dass unser Dach ein Loch hat.«

»Wieso Pia?«

Ich hatte mittlerweile wohl auch Beulen im Hirn, wieso wusste Stefan, dass Pia hier war?

117

»Ihr seid doch zusammen hier. Das hat mir Jasper gestern erzählt. Er fand es komisch, dass Pia hier ins Hotel geht. Ich eigentlich auch, aber das kann sie mir nachher ja auch selbst erklären. Da kommt sie ja.«

In diesem Moment kam Pia durch die Eingangstür geschossen, stutzte kurz und baute sich dann vor Stefan auf.

»Was willst du hier?«

Er lächelte sie entwaffnend an und antwortete: »Dir sagen, dass unser Dach einen Sturmschaden hat, der erst morgen repariert werden kann, und außerdem wollte ich mich entschuldigen. Es tut mir leid, dass wir uns gestritten haben. Das war nicht so gemeint.«

»Könntet ihr das bitte später unter vier Augen klären?« Meine Beulen juckten wie die Hölle. »Ich muss dringend zu einem Hautarzt. Bist du mit dem Auto hier, Stefan?«

»Ja, klar. Mit dem Feuerwehrbus. Ich kann dich fahren.«

»Ist die Straße ganz frei? Bis zum anderen Ende der Insel?«

»Ja.« Stefan nickte. »Schließlich haben wir die ganze Nacht gepumpt und frei geräumt.«

Fest entschlossen sah ich Pia an. »Dann fahre ich jetzt zum Arzt und danach nach Hause. Mir reicht es.«

»Aber wir haben jetzt ein schönes Zimmer für Sie.« Frau Martin winkte aufgeregt mit einem Schlüssel. »Der Gutschein gilt doch für drei Nächte inklusive Spa-Bereich und Frühstück. Sie müssen nicht abreisen. Ich kann den Gutschein ja auch nicht auszahlen.« Sie wirkte fast verzweifelt, vielleicht hatte sie Angst, dass ich in der ›Femme‹ eine vernichtende Kritik schreiben würde.

»Dann bleiben wir eben«, sagte Pia und drückte Frau Martin tröstend den Arm. »Stefan und ich, meine ich. Wenn das Dach sowieso kaputt ist, dann können wir ja nicht nach Hause.«

Genau in diesem Moment ging das Licht wieder an. Frau Martin guckte dankbar zur Decke und lächelte.

»Meinetwegen. Es ist ja alles bezahlt und gebucht.«

Meine Erleichterung war genauso groß. »Schön. Dann hole ich jetzt meine Tasche.«

Auf den Straßen waren kaum noch Sturmschäden zu sehen. Als Stefan vor der Praxis des Hautarztes hielt, fragte ich ihn noch kurz vor dem Aussteigen: »Wie ist denn das mit dem Kabel passiert?«

»Das hat Berit gekappt. Sie guckt nie richtig hin. Sie ist eigentlich nur bei der Feuerwehr, weil ihr Mann auch dabei ist.«

»War sie nicht mal deine Freundin?«

Stefan sah mich irritiert an. »Ja. Ich war damals neun. Und sie sieben.«

Manchmal fragte ich mich, warum Pia eigentlich immer so übertreiben musste.

In der Praxis sah die Sprechstundenhilfe mich nur kurz an. »Ach je. Tut es weh oder juckt es nur?«

»Es juckt.«

»Dann kommen Sie mal gleich mit.«

Sie stand auf und ging vor, im selben Moment ging die Tür hinter uns auf.

»Guten Morgen, ich muss … Christine?«

Ich drehte mich auf dem Absatz um und stand meinem Vater gegenüber. Sein Gesicht war von lauter Pusteln übersät. Wir sahen uns sehr ähnlich.

»Christine! Du hier? Das gibt es ja gar nicht. Mein Gott, du siehst aber nicht gut aus.«

»Auch nicht schlimmer als du.« Ich berührte vorsichtig die größte der Beulen. »Tut es weh oder juckt es nur?«

»Es juckt.« Er nahm meine Hand weg und sagte leise: »Ist aber nicht so schlimm. Stell dir vor, Mama und ich haben eine Reise gewonnen. Nach Hamburg. Musical und Hotel. Ich habe gar keine Lust. Da kommt mir diese Allergie gerade recht. Mama kann doch mit Tante Inge fahren. Und du? Wolltest du uns überraschen? Gut, dass du gestern nicht schon gekommen bist, wir hatten so einen Sturm.«

»Ich weiß.«

Später würde ich ihm alles erzählen. Aber jetzt lassen wir erst mal abklären, ob eine Reiseallergie erblich bedingt ist.

JÖRG FAUSER

Die Hand des Todes

Nacht in Triest. Ein rauher Herbstwind fegt durch die Gassen zwischen der Piazza Sant' Antonio und dem Canal Grande. Vom Porto Vecchio vernimmt man die dumpfen Klagelaute der Nebelhörner.

In einer dunklen Seitengasse zwischen der Via Dante und dem Corso Cavour liegt, halb versteckt zwischen Garagen, Schuppen und Spezereiläden, die Schmuggler-Bar Butterfly. Seit 48 Stunden spielen im Hinterzimmer vier Männer Stud-Poker: der Schmuggler Johnny Dollar, der Hochstapler Count Mavrokakis, der Weltenbummler Harry Gelb und der Kommissär der Triester Kriminalpolizei Arpis.

»Hundert, und noch hundert!«

»Ich erhöhe!«

»Noch etwas Kognak?«

»Ich erhöhe auf tausend!«

»Blotko, bring Kognak!«

Und Blotko, der Bar-Besitzer, bringt Kognak, Kaffee, Pasta Asciutta, Zigarren und wieder Kognak. Und sitzt an der Kassa und raucht.

»Wie lang jetzt, Blotko?«, fragt die rothaarige Maria. Seit 2 Tagen hat sie keinen Freier mehr beachtet.

Blotko wirft ihr aus blutunterlaufenen Augen einen angewiderten Blick zu.

Nemescu, der rumänische Spitzel, rührt in seiner leeren Mokkatasse. »Arpis ist übergedreht! Kommt, zu verhaften Johnny Dollar, spielt Poker Tag und Nacht! Und ich?« Und er führt die Tasse voll Luft an seine fetten Lippen.

Der Kommissär Arpis aber sitzt im Spielrausch. Gewiss will er den Schmuggler einkassieren. Zu dreist hat ihm Johnny auf der Nase herumgetanzt. Damit muss Schluss sein, Sapristi! Aber als ihm Nemescu hinterbringt, der Yankee habe sich mit Mavrokakis und Gelb, diesen zwielichtigen Halbweltfiguren, im Hinterzimmer des Butterfly zu einer Pokerpartie gesetzt, hält es Arpis nicht länger. Johnny Dollar gilt als gerissener Spieler. Doch Arpis wird es ihm zeigen. Den Gegner am Spieltisch zermalmen, seinen Ruf untergraben und dann erst festnehmen ist mehr nach dem Geschmack des Kommissärs, der sich auf seine sichere Pokerhand allerhand einbildet.

Und so spielen sie. Harry Gelb, ein Engländer mit teigigem Gesicht und ohne geregeltes Einkommen, wirft als Erster das Handtuch.

»Meine Herren, Sie gestatten! Ich steige aus!« Er steckt die leere Brieftasche ein, neigt knapp seinen Kopf und geht ächzend in die Bar. Der Kanonenofen bullert, Rauchschwaden treiben um den grünen Lampenschirm.

In der Bar fragt Maria: »Ist denn kein Ende abzusehen?« Sie begreift nichts, lebt wie im Spuk; statt bei ihr zu liegen oder wenigstens zu fliehen, spielt Johnny ausgerechnet mit dem Mann, der ihn hinter Gitter bringen will, seit 2 Tagen Poker. Der Wahnsinn der Männer, wer will ihn begreifen? Ein böser Traum!

Blotko plagen andere Träume. »Wenn der Kommissär

verliert … seine Beherrschung dazu … eine Schießerei … beide tot … mein Ruin ….« Und er verschüttet viel von dem Brandy im Glas.

Never mind«, sagt der Engländer kühl, »ich kenne Johnny besser.« Und er reibt die Handflächen aneinander und zwinkert Maria zu. Und drinnen fallen die Paare, stechen die Flöten, wechseln die Scheine.

Aber nicht mehr zum Count Mavrokakis. Der hat sich in einen Bluff verrannt und ist mit wehenden Haaren zugrunde gegangen. Der Count ist draußen.

Bleiben der Schmuggler und der Kommissär. Längst ist Mitternacht vorüber. Längst ist die Bar Butterfly geschlossen. Das rote Haar auf der Mahagoni-Theke, das grüne Seidenkleid übers Knie gerutscht, schläft Maria einen leichten und angstvollen Schlaf.

»Blotko! Kognak!« Blotko schreckt auf, watschelt ins Hinterzimmer. Kommt leichenblass heraus: »Ich wusste es doch! Er verliert! Santa Madonna, es wird böse enden!« Und er sinkt schlaff auf seinen Stuhl. Das Mädchen murmelt in ihrem Schlaf: »Ach, Johnny, lass doch die Dollars sausen …« Nemescu raucht dösend eine Havanna, die ihm der Count spendiert hat. Harry Gelb, wachsam, lutscht eine Pfefferminzpastille. Und drinnen spielen sie.

Arpis verliert tatsächlich, rasch hat sich die Beute, die er dem Count abgewonnen hat, verringert. Johnny Dollar hat fast immer das bessere Blatt.

Der Kommissär räuspert sich: »Wo ist die Ware, Johnny?«

Der teilt Karten aus, setzt: »50 Pfund, Kommissär.«

»Die 50 und noch 50. Chinesische Seide oder belgische Waffen?«

»Ich halte.« Und Johnny teilt Karten aus.

»Und wenn ich's aus dir rauspressen muss, ich setz dich fest, in flagranti ertapp ich dich, dann kannst du schmoren …«

»Herr Kommissär?«

»Hundert.«

»Die Hundert, und noch 300, Arpis.«

»Kommissär Arpis für dich! Und noch 500!«

»Ich halte mit.«

»Wie du willst. Ich setze tausend, hier, alles, was ich habe, zähl.«

Johnny zählt. »Das sind tausendachtzig. Okay, ich bringe die tausendachtzig und noch 5000.«

Stille. Sant' Antonio schlägt die Stunde. Und dumpf die Nebelhörner vom Porto Vecchio.

Der Kommissär springt auf, donnert: »Blotko! Nemescu! Mavrokakis! Herein mit euch!«

Sie drängen herein in den Dunst.

Nemescu, zitternd: »Herr Kommissär?«

»Leer deine Taschen!« Und zu den anderen: »Taschen leeren! Alle! Auch die Maria! Raus aus dem Strumpf damit! Ihr seid alle unter Arrest! Blotko, die Kasse her!«

Er ist vollends übergeschnappt, denken sie, und leeren ihre Portefeuilles, ihre Strümpfe, ihre Kassen. Nur der Count und der Engländer zeigen höflich ihre Zähne: »Sie haben uns alles abgewonnen, Herr Kommissär.«

Der rafft zusammen und zählt. »8613, Johnny Dollar … ich setze!«

Johnny zählt langsam Geld ab, fast alles, was vor ihm liegt. »8613, Herr Kommissär. Ich möchte sehen.«

Ein pfeifender Laut entfährt der Kehle des Kommissärs, er deckt seine verdeckte Karte auf: Kreuz As. Asse und Achten. Full House. Und hätte Johnny auch eine Farbflöte: er hätte verloren. Gemächlich lehnt sich der Schmuggler zurück, dreht sich eine Zigarette, blinzelt Harry Gelb zu. Die Maria lächelt. Verloren hat er alles, da wird der Kommissär ein Einsehen haben. Johnny dreht seine Karten um, dann sagt er zu Arpis: »Sie haben gute Nerven, Kommissär. Mit der Hand des Todes zu gewinnen, alle Achtung!«

»Hand des Todes? Was erzählst du da?«

»Ach, nicht der Rede wert, eine dumme Geschichte, Aberglaube …«

Und dabei langt er ganz sachte in seine Rocktasche, steht auf und geht, die Hand immer in der Tasche, in der der Lauf einer Pistole sich deutlich abzeichnet, zur Tür.

»Lauf zum Boot, Maria!« Sie läuft.

»Nemescu! Tu was!«, brüllt der Kommissär. Nemescu rührt sich nicht.

»Aber Herr Kommissär«, sagt Johnny Dollar lächelnd, »ich würde Sie doch nicht in den Rücken schießen … immer sachte, meine Herren … Harry, schließ die Tür hinter uns ab … Adieu, Arpis, und möge die Hand des Todes Ihren Schlaf nicht ruinieren …«

Und sie sind draußen. Johnny Dollar zieht seine Zahnbürste aus der Rocktasche und grinst: »Um seine Freiheit zu retten, Harry, muss man ein Spiel auch mal verlieren können!«

Und sie rennen zum Porto Vecchio.

JOEY GOEBEL

Es wird alles schlecht werden

Schon lange vor ihren Zusammenbrüchen hielt man in Moberly, Kentucky, Elena und Paul Bockelman für ein tragisches Paar, auch wenn man es natürlich rührend fand, wie sie zusammenhielten. Mutter und Sohn ließen sich nur selten blicken: Elena vielleicht einmal pro Woche, wenn sie sich bei Wal-Mart mit Lebensmitteln eindeckte. Wenn man in den Berneray Estates wohnte, der ältesten und in grauer Vorzeit besten Trabantenstadt Moberlys, sah man unweigerlich Paul auf dem Rasen vor dem Haus Zigaretten rauchen. Ältere Anwohner fuhren vorbei und sagten: »Dieser Bursche sieht immer so nobel aus«, weil er das Haus nie ohne schwarze Hose und das weiße Anzugshemd verließ und sein schwarzer Schopf immer zu einer Tolle gekämmt war, als wolle er irgendwo auftreten. Einige der Älteren verglichen ihn mit dem jungen Roy Orbison, nur ohne die Brille. Aufmerksame Beobachter sagten manchmal Dinge wie: »Er sieht immer aus, als sei er auf der Suche nach etwas«, und damit lagen sie nicht falsch. Manchmal schaute Paul sogar erwartungsvoll in den Himmel.

Elena in ihrem schwarzen Kimono und mit den grauen, mit Klammern zusammengesteckten Haaren blieb meist im Haus. Die Leute hatten immer gesagt, die Frau erinnere sie an Liz Taylor. Sie ging nie ungeschminkt und ohne Schmuck aus dem Haus und sah dann tatsächlich gut zwanzig Jahre jünger aus. Meist blieb sie jedoch in ihren vier Wänden und verkroch sich mit einer Zeitschrift in eine Wohnzimmerecke – ihre eigene private Ecke der Welt, wo sie sich ihren Schuldgefühlen hingab, weil sie glaubte, ihr Sohn habe ihre schwachen Nerven geerbt, so wie sie sich auch schuldig fühlte, weil er wie sie herzkrank war, Diabetes hatte und an chronischer Schlaflosigkeit litt.

Paul hatte ebenfalls Schuldgefühle, weil er glaubte, er sei die Ursache für den Zustand seiner Mutter, wegen der kumulativen Wirkung seines ständigen Versagens. Und so saßen der Sohn mittleren Alters und seine bejahrte Mutter herum und hatten wegen des Zustands des jeweils anderen Schuldgefühle, während sie an Beistelltischchen ihre Mahlzeiten einnahmen und sich über »das Rite-Aid-Mädchen« unterhielten, wie sie es nannten, jene quirlige junge Apothekenhelferin, an die sie während ihrer langen Genesungszeit alle beide so gern dachten.

Achtzehn Jahre vor ihren Nervenzusammenbrüchen hatte sich an dem Abend, als Paul seinen Masterabschluss in Musik erhalten sollte, die Welt in einem einzigen Moment entschieden gegen Paul und Elena Bockelman gewandt. Weil im Umkreis von dreihundert Kilometern um Moberly solche Abschlüsse nicht angeboten wurden, musste Paul auf die Universität von Kentucky gehen, dieselbe Uni, auf der schon seine Eltern studiert hatten – seine Mom Sozialarbeit, sein Dad Finanzwesen. Paul und seine Eltern fuhren in verschiedenen Autos zu der Abschlussfeier. Pauls Dad nahm seinen eigenen Wagen, weil er immer gern die Spitze übernahm, während sein Sohn mit Elena als Beifahrerin hinter ihm herfuhr. Ein Betrunkener überfuhr eine rote Ampel und raste in den Wagen von Pauls Dad. Paul und seine Mom, die unmittelbar dahinter fuhren, mussten mit ansehen, wie der Vater und Ehemann vor ihren Augen getötet wurde.

In den folgenden Jahren fügte sich nichts zum Guten. Elena verfiel in eine Art Duldungsstarre und schottete sich in einer Welt aus Kabelfernsehen (CNN, AMC) und Zeitschriften *(Woman's World, Star)* ab. Wenn sie angerufen wurde, rief sie nicht mehr zurück, worauf ihre Freunde und Verwandten sie irgendwann abschrieben; allerdings war der größte Teil ihrer Familie ohnehin entweder tot oder längst nach Florida verzogen. Sie hatte zwar eine Nichte, die gelegentlich mal nach ihr sah, doch diese Nichte hatte ihre eigenen Probleme. Kein Antidepressivum kam gegen Elenas oder Pauls Trauer an, auch wenn beide weiterhin Antidepressiva nahmen. »Aber Paul, Schatz, wir wissen ja nicht, wie viel schlimmer es uns *ohne* sie gehen würde.«

Ein paar Jahre nach dem Tod seines Vaters ermutigte Paul seine Mutter, sich wieder mit Männern zu verabreden, doch sie weigerte sich. Ihr Mann war nicht zu ersetzen. Mit ihrer Gesundheit ging es bergab. Sie bekam nun regelmäßiger Brustschmerzen und Herzrasen, unternahm aber nichts dagegen.

Ursprünglich hatte Paul für die Zeit nach seinem Abschluss geplant, dorthin zu gehen, wo die Arbeit war – egal, wo im Lande –, um seinem Traum zu folgen, seinen Lebensunterhalt als Jazzpianist zu verdienen, doch er ertrug die Vorstellung nicht, seine verwitwete Mutter alleinzulassen. Und so verließ er das elterliche Nest nicht. Er hörte auf zu musizieren und stellte sich ohne große Gegenwehr darauf ein, in Moberly zu sterben.

Die Stadt wurde seine Krankheit.

Anschließend machten die schwungvollen und neonbunten 1980er-Jahre Paul klar, dass er erstens im Erwerbsleben praktisch unbrauchbar und zweitens nicht liebenswert war. Selbst Vorstellungsgespräche für die niedrigsten Tätigkeiten führten zu Formbriefen mit gleichgültigen Absagen. Große romantische Gesten brachten gar nichts.

Das Leben schleppte sich dahin. Elena ging kurzerhand in Rente. Paul fand nur eine längerfristige Beschäftigung als Hotelrezeptionist, in der Nachtschicht des Ramada Inn am Highway 71. Dort lernte er 1990 die liebe, aber schwierige Frau kennen, mit der er dann eine vierjährige Ehe führte.

Sie war Sängerin. Als der Geschäftsführer des Ramada Inn erfuhr, dass Paul ein versierter Pianist war (was er, wenn überhaupt, nur selten erwähnte), brachte er ihn mit der hübschen Pam zusammen und ließ die beiden an zwei Abenden pro Woche in der Hotelbar auftreten. Zunächst weigerte sich Paul, bis Pam eines Abends zu ihm an die Rezeption kam und er sich in sie verliebte, denn sie hatte Pep und Anmut, zwei Eigenschaften, mit denen er nicht einmal ansatzweise aufwarten konnte.

Ihre Auftritte waren nicht gerade gut besucht, und nach einem halben Jahr ersetzte man sie durch eine Karaoke-Maschine. Doch Paul hatte seinen Spaß, auch wenn er statt seines geliebten Jazz Hits wie »Eternal Flame« spielen musste. Er ließ Jahre unterdrückter Musik aus seinem Körper strömen, und Pam fand seine Musik anziehend. Er spielte so gut, dass er dabei sogar schön wirkte.

Erstaunlicherweise liebte Pam Paul so sehr, dass sie einverstanden war, nach ihrer Heirat zu ihm ins Haus seiner Mom zu ziehen. Die ersten beiden Jahre funktionierte dieses Arrangement reibungslos. Das Haus war voller Musik. Jeden Abend spielte Paul auf dem Klavier seines Vaters und sang mit Pam, oft einigten sie sich auf Songs von Billy Joel. Sie luden sogar Freunde ein, überwiegend die von Pam, doch auch Pauls einzigen Freund, seinen Cousin, mit dem zusammen er als Kind auf Fahrrädern die ganzen Berneray Estates unsicher gemacht hatte. Alle diese Freunde mochten Pauls Mom wegen ihrer aufrichtigen Gastfreundschaft – »Hier. Ich mixe dir gern einen Cocktail.«

Geld wurde zum Problem. (»Ganz ehrlich, Pam, manchmal glaube ich, du sitzt bloß rum und überlegst dir, wie du mein Geld ausgeben kannst.«) Die Spannungen wurden noch dadurch verstärkt, dass ihre Wohnsituation vorübergehend sein sollte, Paul aber nicht wusste, wie sie es sich leisten konnten, aus dem Haus seiner Mutter auszuziehen, was er auch gar nicht wollte. Nach und nach traten an die Stelle der Musik im Haus der Bockelmans Beschimpfungen und der Krach, der entsteht, wenn mittelgroße Gegenstände auf Wände treffen (Kaffeekannen, gebundene Bücher). Das ging so weit, dass Elena in ihrem Zimmer blieb.

Das unglückliche Paar wartete mit der Trennung, bis das Haus zu einer brodelnden Brutstätte der Gehässigkeit wurde. Sofort nach ihrer Trennung ließ Pam sich mit Pauls Cousin ein, dem Neffen seines Vaters.

Paul hörte wieder auf zu musizieren. Wenn er sich zum

Spielen hinsetzte, fühlten sich seine Hände auf den Tasten mechanisch an, und sein Herz empfand rein gar nichts.

Besucher kamen keine mehr.

Nicht lange nach der Scheidung gewöhnte sich Paul das Zigarettenrauchen an. Seine Mom war entsetzt, wenn sie aus dem Wohnzimmerfenster schaute und sah, wie der Rauch von dem großen, schlanken Umriss ihres Sohnes aufstieg. Er machte einen düsteren Eindruck.

»Hast du gesehen, was ich da draußen gemacht habe?«, fragte er, als er das Wohnzimmer betrat, das vollgestopft war mit edlen Glasteilen, die Elena auf dem Antikmarkt von Moberly gekauft hatte.

»Nun, ja. Ich wollte aber nichts sagen.«

»Ich habe nicht gern Geheimnisse. Ich rauche jetzt.«

»Wie lange bist du schon Raucher?«

»Seit etwa zehn Minuten.«

»Warum fängst du plötzlich an zu rauchen?«

»Dad hat geraucht.«

»Und?«

»Also, Mom, das gibt zwar keiner von uns gern zu, aber ich *bin* ein erwachsener Mann.«

»Ich will mich nicht mit dir streiten. Du kannst rauchen, bis du im Gesicht blau anläufst, Schatz. Aber natürlich bin ich neugierig, warum du dich mit vierzig plötzlich entschließt, mit dem Rauchen anzufangen.«

»Weil ich mich dauernd so schrecklich fühle und jetzt gerade alles versuchen würde, damit ich mich besser fühle. Auch wenn es nur eine Minute anhält. Auch wenn es mich umbringt.«

»Es *wird* dich umbringen.«

»Ich *weiß*. Das weiß ich.«

»Jede Zigarette bringt dich dem Tod näher.«

»Dessen bin ich mir durchaus bewusst, Mutter.«

Paul wandte sich ab und roch an seinen Fingerspitzen. Elena schloss die Augen, legte den Kopf in den Nacken und atmete tief durch.

»Rauch bitte nur nie im Haus.«

»Ich kann mich gerade noch beherrschen.«

Er hatte das Gefühl, sich seinen Entschluss zu rauchen von einem älteren Erwachsenen genehmigen lassen zu müssen. Er verspürte plötzlich den Drang, auf eine der Antiquitäten im Wohnzimmer einzuschlagen. Doch er tat es nicht. Dann blickte er in das Nebenzimmer auf das Klavier, an dem er, seine Frau und sein Cousin so oft gesungen hatten. Am liebsten hätte er die Tasten rausgerissen. Doch er musste es weiter vor sich hin gammeln lassen. Er hatte so viele Jahre damit verbracht, alles vor sich hin gammeln zu lassen. Genau wie seine Mutter.

»Sieh mal«, sagte Paul. »Es gibt noch einen Grund, warum ich das mache. Weißt du noch, wie wir uns gefragt haben, ob schon vor unserer Trennung zwischen Pam und Brock etwas im Gange war?«

»Ja.«

»Nun, jedes Mal, wenn er vorbeikam – also, bestimmt ist es dir aufgefallen. Er ging drei- oder viermal raus, um zu rauchen, und fast jedes Mal ging Pam mit ihm raus und rauchte auch.«

»Oh, das habe ich bemerkt. Ich war es wirklich leid, dass sie wieder reinkamen und nach Rauch stanken.«

»Das tut mir leid. Aber natürlich habe ich *nicht* geraucht, trotzdem, ich bin mit ihnen rausgegangen und habe mich unterhalten, bis ich es irgendwann leid war, draußen in der Hitze oder Kälte zu stehen, ihren Qualm einzuatmen, bis ich schließlich einfach im Haus blieb, wenn sie rausgingen. Jedenfalls glaube ich, dass sich zwischen ihnen allmählich bei all den Zigaretten etwas entspann. Ich glaube, damit fing es an.«

»Wahrscheinlich hast du recht.«

»Jedenfalls fiel mir kürzlich auf, dass das nicht neu ist. Mein Leben lang habe ich mit angesehen, wie alle um mich herum einander durch Rauchen näherkamen. Als würden sie die Pausentaste des Lebens drücken, rausgehen und ganz plötzlich reden können – das heißt, *richtig* reden. Sich auf den Augenblick konzentrieren, ohne jede Ablenkung wie das Fernsehprogramm. Und das ist mir entgangen, weil du mir eingeimpft hast, nicht zu rauchen.«

»Bei deinen gesundheitlichen Problemen wäre ich eine *Rabenmutter* gewesen, wenn ich dir das nicht eingeimpft hätte.«

»Nein. Ich mache dir keinen Vorwurf. Du hattest recht. Und doch … Vielleicht hilft es mir dabei, jemanden kennenzulernen. Statt dauernd im Haus zu bleiben, verstehst du? Es ist ein Vorwand, um rauszugehen.«

»Schatz, wenn du glaubst, dass es dir dabei hilft, jemanden kennenzulernen, dann tu, was immer du für nötig hältst. Von mir wirst du kein Wort hören. Mach es nur nicht in meiner Gegenwart.«

»Versprochen. He, ich wollte dich fragen, welche Zigarettenmarke Daddy geraucht hat.«

»Salem-Mentholzigaretten. Die riechen nicht so schlimm. Ich habe ihm deswegen oft ins Gewissen geredet. Früher rauchte er die Sorte, die so stark und schrecklich roch, aber irgendwann brachte ich ihn dazu, auf etwas Milderes umzusteigen.«

»Was hat er vor den Salems geraucht?«

»Weiß ich nicht mehr. Warum nimmst du nicht einfach auch Salems?«

»Na schön.«

Nicht lange nach Pauls Scheidung bekam Elena so häufig Brustschmerzen, dass Paul sie eines Tages in die Notaufnahme des Moberly Baptist Hospital fahren musste. Schwestern brachten sie in ein Zimmer, wo sich über eine Stunde lang niemand um sie kümmerte. Im Verlauf dieser Stunde führten ihre Brustschmerzen dazu, dass Elena ihr Bett einnässte. Paul eilte ins Schwesternzimmer, erklärte, was passiert war, und fragte dann, ob seine Mom frische Bettwäsche bekäme oder in ein neues Bett verlegt werden würde.

Eine weitere halbe Stunde verging, ohne dass sich jemand um Elena kümmerte. Pauls stille Wut ging in ein Crescendo über; er würde nicht tatenlos dasitzen und seiner Mutter beim Sterben zusehen.

»Ich habe versucht, höflich zu Ihnen zu sein, merke aber, dass Sie darauf nicht angemessen reagieren. Also werde ich mein Anliegen jetzt so formulieren, dass Sie es verstehen. Da drin liegt meine Mutter. Sie hat mir hier in diesem Krankenhaus das Leben geschenkt. Jetzt liegt sie da in einer Pfütze ihrer eigenen Pisse. Wir sind seit fast zwei Stunden hier. Gehen Sie bitte da rein, und helfen Sie dieser Frau.«

Die junge Schwester folgte Paul in das Krankenzimmer seiner Mutter, wobei sie sich permanent beklagte, dieses Zimmer gehöre nicht zu ihrem Arbeitsbereich. Es kam zu einer heftigen Auseinandersetzung zwischen Paul und ihr, sie auf einer Seite des Bettes, Paul auf der anderen, seine Mutter bleich und verschwitzt dazwischen. Paul brüllte die Schwester mit »Arschgesicht« an. Die Schwester ließ ihn von der Security aus dem Gebäude bringen. Elena rief: »Nein! Nicht! Er ist ein guter Junge!«

Niemand war bei Elena, als der Herzinfarkt kam.

Weil man leicht argumentieren konnte, die Szene habe ihren Zustand verschlimmert, reichte Elena gegen Moberly Baptist Klage ein. Ein Jahr später stimmte das Krankenhaus einem außergerichtlichen Vergleich zu, doch der Stress des Rechtsstreits trug zu ihrem Nervenzusammenbruch bei. Schon lange vor ihrem Weinanfall im Wal-Mart waren die Zeichen unübersehbar. Sie hatte gar keinen Appetit mehr, sagte, jedes Geräusch sei so laut, dass es ihr »durch Mark und Bein« gehe, und sie hatte solche Angst davor, das Bett zu verlassen, dass sie sogar Paul bat, sich neben sie zu legen und ihre Hand zu halten.

Was seinen eigenen Zusammenbruch anging, so glaubte Paul, der habe schon sein Leben lang auf ihn gewartet, und als er erlebte, wie seine Mutter einen hatte, schien ihm das endlich zu gestatten, sich dem Druck zu beugen. Er war nicht mehr in der Lage, das zu haben, was man gemeinhin einen guten Tag nennt. Dann kam ein Zwischenfall im Ramada Inn, bei dem er zu einem zornigen Gast in aller Ruhe sagte: »Wenn Sie es nicht schaffen, nett zu mir zu sein, werde ich Sie auf dem Parkplatz mit meinem Chrysler überfahren. Dann zerplatzen Ihre Organe unter meinen Reifen, und ich lache dabei.«

Einen Monat nach dem Zusammenbruch seiner Mutter, Paul war inzwischen einundvierzig, bekam er bei der Arbeit plötzlich grundlos Angst. Es fiel ihm schwer, Eingaben am Computer durchzuführen, die er schon Hunderte Male gemacht hatte. Sein Selbstvertrauen verließ ihn so gründlich, dass er jedes Mal in Panik verfiel, wenn er hörte, wie sich im Eingangsbereich die Automatiktüren öffneten. Als er schließlich eines Nachts nicht schlafen konnte, stolperte er in die Küche. Elena fand ihn um vier Uhr morgens am Küchentisch sitzend, erstarrt, mit verzweifelter Miene, nachdem er sämtliche Schranktüren und Schubladen aufgerissen hatte. »... *weiß* es einfach nicht. *Weiß* nicht, warum. Sei *still!* Tut mir leid, dass ich dir gesagt habe, du sollst still sein.«

Das konnte er weder seiner Mutter noch seiner Psychiaterin oder seinem Therapeuten erklären. Er gestand sich ein, dass sein Verstand eine Art geheimnisvolle Niederlage erlitten hatte und dass er, Paul, jetzt Ruhe brauchte. Widerwillig nahm er das Angebot seiner Mutter an, sie beide mit dem Geld aus ihrem Vergleich mit dem Krankenhaus durchzubringen.

Von nun an verließen Elena und Paul das Haus fast nur noch zu ihren Arztterminen. Mit siebenundsiebzig fühlte sich Elena am Steuer immer noch fit, doch Paul bestand darauf, sie zu ihren Terminen zu fahren, und betonte, das sei das mindeste, was er für sie tun könne, wenn man bedenke, was sie alles für ihn tue.

Wenn sie nicht zu einem ihrer Arzttermine fuhren, suchten sie die Rite-Aid-Apotheke in der Rain Street auf.

Elena glaubte, Paul habe bei dem Rite-Aid-Mädchen eine Chance, obwohl sie neun Jahre jünger als Paul war und besser aussah als er, dessen Kiefer nicht besonders ausgeprägt, dessen Gesicht nicht klassisch schön war und der den unsicheren Blick eines Menschen hatte, der sich ohne Ende Sorgen macht. Elena brach unter der grellen Beleuchtung der Apothekenfiliale als Erste das Eis bei Jillian. Sie hatte soeben miterlebt, wie sie sich um einen jungen Mann mit Lockenkopf kümmerte, dem das Lithium ausgegangen war.

»Mein Sohn und ich kommen seit Jahren hierher, und für mich sind Sie die beste Fachverkäuferin, die sie hier je hatten. Sie sind ein ausgesprochen liebenswerter Mensch.«

Mit ihrem brünetten Bubikopf mit Fransen ähnelte Jillian der Schauspielerin Phoebe Cates aus den Achtzigern. Sie war klein und niedlich und lächelte ständig, auch wenn ihrem Lächeln eine Spur Nervosität anhaftete, als wisse sie nicht, was sie sonst mit ihrem Mund tun sollte. Dennoch, nervös oder nicht, sie war von mädchenhafter Quirligkeit, wenn sie in dem kleinen Bereich hinter dem Tresen herumhuschte, im Computer nachschaute und nach den Tüten mit den orangen Arzneifläschchen griff.

»Oh, danke sehr! Das bezweifle ich aber. Oft genug habe ich das Gefühl, gar nicht zu wissen, was ich mache.«

»Das hätte mein Sohn auch so gesagt. Er kommt hier ständig her. Paul Bockelman?«

»Na klar. Der sich immer so elegant kleidet, stimmt's?«

»Aber ja! Ich muss ihm unbedingt erzählen, dass Sie das gesagt haben. Er ist zurzeit arbeitslos, darum kleidet er sich immer flott, um … Er nennt es, den äußeren Schein wahren.«

Das ging auf den Vorschlag von Pauls Therapeutin zurück, sich trotz seiner Arbeitslosigkeit weiterhin schick zu kleiden, weil sie wollte, dass er alles unternahm, um seine Selbstachtung zu steigern.

»Es wäre ihm peinlich, wenn er wüsste, dass ich Ihnen das sage«, fuhr Elena fort, »aber er war ein Ausnahmetalent am Klavier. Ich meine, er *ist* ein Ausnahmetalent am Klavier. Mit sechs hat er schon Duke Ellington gespielt. Als Jugendlicher ist er in der Carnegie Hall aufgetreten.«

»Das ist erstaunlich. Ich spiele auch Klavier, aber nicht so gut.«

»Singen Sie?«

»Ich *kann* singen. Auf der Highschool war ich im Chor.«

»Liebes, dürfte ich Sie um Ihren Nachnamen bitten?«

»Na klar.«

»Und wenn wir schon mal dabei sind, auch noch um den Mädchennamen Ihrer Mutter.«

Dank ihrer profunden historischen Kenntnisse über Moberlys Familien berichtete Elena Paul aufgeregt, aus welch gutem Elternhaus Jillian kam. »... ihre Großtante wäre also Ruby Lowder, die mit *deiner* Tante Iona zur Schule ging. Ach, es gibt so viele Verbindungen zwischen uns und ihr!«

Paul entmutigte seine Mom nur ungern; es war nett, sie lächeln zu sehen. Er fand, die meisten Menschen seien attraktiver, wenn sie die Stirn runzelten, aber nicht seine Mom.

»Und ihr Cousin wäre dann dieser Winston Herman – du weißt schon, den sie in der Stadt den Einsiedler nennen? Aber auch er stammte aus einer guten Familie. Ich kannte ihn, als er noch klein war. Und dann ist er –«

»Mutter, es tut mir leid, aber hörst du bitte auf damit? Wie könnte ich eine Zukunft mit jemandem haben, der weiß, was für einen Medikamentencocktail ich einnehme?«

»Das wird sie nicht stören. Wahrscheinlich nimmt sie die Hälfte davon selbst auch.«

»Eine dieser Arzneien wird als Antipsychotikum eingestuft. Sie weiß also, dass ich bekloppt bin.«

»Sei still. Du weißt, ich kann es nicht leiden, wenn du dich so nennst.«

»Na, schließlich *hatte* ich einen Nervenzusammenbruch.«

»Davon bin ich nicht überzeugt. Ich glaube, was dir passiert ist, rührte daher, dass dir zu lange nichts Gutes widerfahren ist.«

Paul stöhnte auf.

»Erzähl ihr nicht, dass du einen Nervenzusammenbruch hattest. Und was die Medikamente betrifft, wenigstens weiß sie so schon *zu Beginn* der Beziehung, dass du … ich meine, wenn sie dich dennoch akzeptiert, obwohl sie über all deine Arzneien Bescheid weiß, dann wissen wir, dass sie die Richtige für dich ist. Jetzt … müssen wir einige Dinge vorausplanen. Wann musst du wieder ein Rezept einlösen?«

Während der stundenlangen Wartezeit in Arztpraxen, bis ihre Namen aufgerufen wurden, nach all den Nebenwirkungen und Weinkrämpfen bestand nun immerhin die leise Hoffnung, dass der Kosmos endlich ein Einsehen hatte und zuließ, dass in dieser Zeit verstreuter Papiertaschentücher und allgemeinen Verfalls etwas Neues geschah. Elena hätte den ganzen Tag von Jillian erzählt, wenn Paul das zugelassen hätte. Was Paul anging, so gaben ihm die Gedanken an diese Frau viel mehr Auftrieb als die kleinen Pillen, die sie beruflich verteilte.

Während ihrer Genesungszeit hatten Mutter und Sohn bis zwölf Uhr mittags geschlafen, dann in ihren identischen Fernsehsesseln gesessen und schweigend bis eins CNN gesehen, weil keiner von beiden die Kraft hatte zu reden. Paul sah sich an, wie die putzmunteren Journalisten über Bill Clinton und Bob Dole sprachen, und staunte: Wie schafften die das? Wie konnten sie jeden Morgen aufstehen, sich vor eine Kamera setzen und so intelligente Sachen sagen? Seine eigenen Gedanken waren so unzusammenhängend – er fühlte sich schon gut, wenn er es schaffte, einen Satz zu beenden. Wie konnten sie funktionieren, während alle Augen auf ihnen ruhten, und nicht durchdrehen? Wie funktionierte *überhaupt* jemand? Wie hatte er sich je vor ein Publikum setzen und Klavier spielen können? Wer *war* dieser Typ? Wie konnten Menschen jeden Morgen aufstehen und zur Arbeit gehen? Wer *waren* diese Leute? Ach, wie sehr er sie bewunderte, diese arbeitende Bevölkerung. Er vergötterte sie sogar, so groß waren seine Bewunderung und seine Ehrfurcht.

Wenigstens konnten Elena und Paul zeitgleich das Leben im Krankenbett erleben. Gemeinsam ließen sie das Frühstück ausfallen und das Mittagessen gemeinsam über sich ergehen. Elena musste oft würgen. Gewöhnlich hielten beide am mittleren oder späten Nachmittag ein Nickerchen. Tagsüber ging Paul immer zum Rauchen nach draußen, und ein paarmal in der Woche, gegen vier Uhr nachmittags, hörte er die Band des jungen Birkhall spielen. Die Birkhalls wohnten zwei Häuser weiter, und die Mutter des Jungen hatte Elena aufgefordert, es sie wissen zu lassen, falls es mal zu laut würde. Es *war* ziemlich laut, doch Paul freute sich mittlerweile auf die Nachmittage, an denen die Band übte. Er erkannte inzwischen sogar die verschiedenen Stücke und hatte ein paar Lieblingssongs. Er hatte mit dem Jungen nicht gesprochen, seit der ein kleines Kind war, doch falls sich die Gelegenheit ergeben sollte, wüsste er, was er sagen würde: Spiel ruhig weiter, Junge, und lass dich von keinem davon abhalten.

Am frühen Abend zwang Paul sich zu seinem täglichen Spaziergang durch seine Wohngegend, manchmal eine Rauchfahne hinter sich herziehend. Elena konnte keine Spaziergänge unternehmen, brachte aber meist genug Energie auf, um Mittagessen zu kochen (Schweinekoteletts, Teriyaki-Steak). Abends sahen sie sich an, was gerade im Fernsehen lief. *Frasier* war eine ihrer Lieblingsserien.

Keiner von beiden fühlte sich vor neun oder zehn Uhr abends so richtig munter. Manchmal sahen sie sich gemeinsam David Lettermans Talkshow an, manchmal jeder in seinem eigenen Zimmer. Wenn Dave fertig war, lasen beide oder sahen bis ein oder zwei Uhr nachts fern, in der Hoffnung, vor vier Uhr früh einzuschlafen. Wenn Elena nicht schlafen konnte, dachte sie daran, wie ihr Mann in demselben Zimmer geschlafen hatte, und manchmal dachte sie an die Stelle, wo Paul wohl gezeugt worden war. Paul schlief in dem Zimmer, wo er schon immer geschlafen hatte. Wenn er nicht schlafen konnte, dachte er darüber nach, dass sich nie etwas änderte, denn wie schon als Jugendlicher starrte er an die Decke, zeichnete mit den Händen Klavierakkorde in die Luft und stellte sich für ihn unerreichbare Frauen vor. Er vermutete, dass Jillian in diese Rubrik gehörte.

Während all dieser Tristesse hatte sich Paul um Jillian bemüht. Er präsentierte sich als spöttischer Außenseiter – »Sie sind nicht aus Moberly, stimmt's? Sie haben nämlich nicht diesen dümmlichen Blick« – und fand heraus, wie er ihr Informationen entlocken konnte, ohne zudringlich zu wirken: »Irgendwie erscheint es mir ungerecht, dass Sie mich jedes Mal nach meinem Geburtstag fragen, ohne mir Ihren zu verraten.« Er erfuhr, dass sie Tori Amos und Sushi mochte. Und schließlich erfuhr er, dass sie auch geschieden war und einen fünfjährigen Sohn hatte.

»Kinder gehören zu den wenigen Dingen, die ich auf dieser Welt mag«, sagte Paul.

Jillian kicherte. »Sie sind schrecklich.« Paul schaute nervös zu dem Apotheker hinüber. Er wusste nie so recht, ob Jillians Kollegen ihre Gespräche mithörten.

»Ich war mal eins. Ein Kind, meine ich. Damals ging's mir so viel besser. Es ging bergauf.«

»Es könnte für Sie immer noch bergauf gehen.« Dieses Lächeln, dachte er. Vielleicht brauche ich gar nicht mehr. Es könnte für mich immer noch bergauf gehen.

Am liebsten hätte er über den Tresen gegriffen und sie einfach umarmt, sie mit Macht an sich gedrückt in ihrem hellblauen Diensthemd und das Plastik-Namensschild an ihrem Brustkorb auf seiner Brust gespürt. Doch so etwas machte man nicht.

Im Oktober bat Paul Jillian schließlich um ein Date. Sie sagte ja, und auch wenn er und Elena sich nicht trauten, es laut auszusprechen, so waren doch beide der Ansicht, diese erste Verabredung könnte sie nach Jahren der Trauer, Enttäuschung und scheinbar endloser Krankheit endlich auf ganz andere Gedanken bringen.

In der Woche vor Pauls Date bemerkte Elena, dass er immer häufiger nach draußen ging, um zu rauchen.

»Wenn du so oft rauchen musst, weiß ich nicht, ob dieses Date wirklich das Richtige für uns war. Macht es dich nervös?«

»Ja. Tja – aufgeregt wäre wohl das passendere Wort. Ich empfinde eine gewisse Unruhe.«

»So geht es mir auch, seit du sie gebeten hast, mit dir auszugehen, auch wenn das eine gute Nachricht war. Du weißt ja, was mir einer meiner Ärzte gesagt hat – oder habe ich es in *Woman's World* gelesen?«

»Es stand in *Womans World.*«

»Da stand, die durch gute Nachrichten verursachte Aufregung ist für den Körper genauso belastend, wie wenn etwas Schlimmes passiert.«

»Das glaube ich«, sagte Paul und widerstand dem Impuls, ihr zu sagen, dass sie das im Laufe seines Lebens schon hundertmal erzählt hatte. Eine andere ihrer Lieblingsgeschichten war: »Ich weiß, dass es dir gerade schlimm vorkommt, aber du musst dir dein Leben als ein großes Bilanzbuch vorstellen, wo in einer Spalte all die guten und in der anderen Spalte die schlimmen Dinge stehen. Und wenn du dir diese Bilanz ansiehst, wirst du sehen, ob du's glaubst oder nicht, dass die gute Spalte deutlich länger ist als die schlechte.« Paul nickte dann und gab zu, das sie recht hatte, doch innerlich nahm er das Bilanzbuch, setzte es in Brand und pinkelte lange und gründlich auf die Asche seines Lebens.

Bei all ihren gemeinsam durchlittenen Krankheiten lag da ihr Unterschied. Paul war Pessimist, aber Elena hatte den wahren Glauben – nicht unbedingt an Gottes großen Plan, aber den wahren Glauben an die eine Behauptung, die jede Mutter irgendwann und in jeder Sprache gegenüber den leidenden Söhnen der Welt geäußert hat: »Alles wird gut werden.«

Selbst in den finstersten Momenten ihrer Zusammenbrüche glaubte Elena, alles werde sich irgendwie wieder zum Guten wenden. Sie glaubte, als Mutter sei es ihre Pflicht, mit aller Macht dafür zu sorgen, dass es ihrem Sohn gutgehe, obwohl sich ihr nur selten die Gelegenheit dazu bot.

»Das Leben besteht aus Bergen und Tälern«, sagte sie auch gern und ergänzte: »Das haben mir meine Eltern immer gesagt. Und es sind mehr Berge als Täler.«

Die Tage vor Pauls Verabredung stellten einen solchen Berg dar. Es herrschte nicht gerade eitel Freude im Bockelman'schen Haushalt, aber es herrschte Übermut. Paul summte dann und wann ein paar Takte von Thelonius Monk oder Dave Brubeck. (Sein Vater hatte ihn mit Jazz großgezogen.) Schon als er noch ein Kind war, hatte Elena bemerkt, dass Paul summte, wenn er sich besonders wohl fühlte. Sie verriet ihm nie, dass ihr das aufgefallen war, weil sie befürchtete, dann würde er befangen werden und damit aufhören. Als sie ihn in dieser Woche summen hörte, hätte sie fast geweint, weil es schon so lange her war, dass sie dieses Geräusch gehört hatte. Doch er rührte immer noch kein Klavier an, der arme Kerl.

In dieser Woche floss Elena über vor hektischer Energie, die an Manie grenzte, wenigstens sah Paul das so. Sie blieb lange auf, um zu putzen, und er konnte sich nicht erinnern, dass das Haus seit dem Tod seines Dads so sauber gewesen war. Dann war da ihr, wie er es nannte, Gemecker: Wann lässt du dir die Haare schneiden? Such dir ein Hemd aus, das du tragen willst, damit ich es bügeln kann. Hast du im Restaurant einen Tisch reserviert? Lass mich am Vortag deine Schuhe wienern.

Das alles störte Paul zwar gewaltig, doch er freute sich auch, seine Mutter in einem anderen Zustand als depressiv zu erleben. Seit Jillians Zusage standen Paul und Elena zu vernünftigen Zeiten auf, und statt auf die Glotze zu starren, unterhielten sie sich vormittags.

»Wir sind beide hochsensible Menschen. Das ist mir bei unserem Telefonat klargeworden.«

»Klingt, als wärt ihr füreinander geschaffen.«

»Es könnte so oder so ausgehen. Es könnte toll oder auch eine Katastrophe werden.«

»Jetzt müssen wir nur erst mal dieses erste Date absolvieren. Und solange du einfach du selbst bist, kann nichts schiefgehen.«

»Das ist ein schlimmer Rat, Mutter.«

Elena lachte. »Wieso?«

»Ich kann mich selbst nicht leiden.«

»Sag so was nicht. Du weißt, wenn du das sagst, fährt es mir durch Mark und Bein.«

»Außerdem *kann* ich bei ihr nicht ich selbst sein. Unter uns gesagt, leider haben wir ihr den Eindruck vermittelt, ich wäre ein funktionierendes Mitglied der Gesellschaft.«

»Das bist du. Du gehst spazieren.«

Paul lachte sich schlapp, was dazu führte, dass Elena, die gerade eine Scheibe Brot in den Toaster steckte, auch ein wenig lachen musste.

»Nicht jetzt sofort, aber gib mir irgendwann heute die Hose, die du Freitag tragen willst, damit ich sie bügeln kann.«

»Meine Hose muss nicht gebügelt werden.«

»Ich hab sie seit einer halben Ewigkeit nicht mehr gebügelt.«

»Sie ist gut so.«

»Du brauchst die Falte in der Mitte.«

»Sie hat bereits eine Bügelfalte in der Mitte.«

Elena lachte. »Das sagst du nur, damit ich die Finger davon lasse.«

»Mom, niemand achtet auf die Hose eines Mannes! Heutzutage achtet keiner mehr auf irgendwas.«

»Aber Jillian vielleicht doch.«

»Warum?«

»Sie achtet womöglich auf Indizien dafür, dass es dir nicht gutgeht.«

»Wenn heutzutage ein Mann Bügelfalten in der Hose hat und sein Hemd perfekt gestärkt ist, bringt das vielleicht jemanden auf die Idee, es könnte *wirklich* etwas nicht mit ihm stimmen. Ich weiß, dass Dad an eurem ersten Date wahrscheinlich perfekt aussah, aber … Nun, offenkundig bin ich nicht Dad. Ich bin ein Fiasko. Das kann ich ruhig zeigen.«

»Du bist kein Fiasko, aber wenn es dich so sehr stört, bügle ich deine Sachen eben nicht. Ich will doch nur helfen.«

»Du weißt doch, dass sie am Ende ohnehin absagt. Aber in Ordnung. Ich hol die blöde Hose.« In seiner schwarzen Hose und dem weißen Anzugshemd stapfte er los in sein Kinderzimmer.

Eine Stunde bevor Paul Jillian abholen sollte, bekam seine Mutter Brustschmerzen. Zuerst leugnete sie das, aber Paul hörte ein leichtes Stocken in ihrer Stimme, als hielte sie etwas davon ab, mit so viel Luft wie sonst zu sprechen.

»Wahrscheinlich liegt es daran, dass du im Keller mit all dem Zeug herumhantiert hast.«

»Nein. Ich hatte die Schmerzen schon vorher.«

»Wie lange hast du sie denn schon?!«

»Och, weiß ich nicht. Seit heute Morgen.«

»Hat unser Streit sie verursacht?«

»Nein.« Paul glaubte ihr nicht. Schuldgefühle überkamen ihn. An diesem Morgen hatte Elena verkündet, sie wolle ein paar alte Möbel und »hübsche Sachen« aus dem Keller nach oben holen, falls Paul irgendwann abends Jillian mit nach Hause bringen wolle. Paul erwiderte, er werde Jillian nicht mit nach Hause bringen und falls doch, sei das Haus in diesem Zustand gut genug. Das führte zu einem Streit, der sich hochschaukelte, bis Paul nachgab. Er und seine Mom trugen Arme voller Sachen die Kellertreppe rauf, vieles davon hatte Pauls Dad gehört.

»Ich sage ab«, verkündete Paul, während er im Wohnzimmer den Blutdruckmesser suchte.

»Neiiin! Wage es nicht, dem Mädchen abzusagen.«

»Ich kann dich hier nicht so allein lassen!«

»Mir geht's gut.«

»Du weinst.«

»Gar nicht wahr.«

»Ich sehe eine Träne in deinem Augenwinkel. Kommt das von den Schmerzen?«

»Nein. Hier. Ich nehme eine Nitrotablette. Versprichst du mir jetzt, dass du deinen Abend wie geplant verbringen wirst?«

»Ich …« Paul dachte gründlich darüber nach. Er wusste, dass Nitroglyzerin fast sofort wirkte, dennoch würde er warten und sich vergewissern müssen, dass seine Mutter wohlauf war. Er sollte Jillian in fünfundfünfzig Minuten abholen; falls er das Date absagte, musste das möglichst rasch geschehen.

Er brachte seiner Mom ein Glas Wasser und sagte: »Ich kann das nicht machen. Ich kann nicht weg. Wir verschieben den Termin einfach.«

»Paul, wenn du das tust, wird sie dich *hassen*. Du hast gesagt, sie musste für ihren Sohn extra einen Babysitter besorgen. Du *musst* sie treffen.«

»Nein. Es sollte einfach nicht sein.«

»Hör mir mal zu. Mir geht's gut. Du gehst jetzt duschen. Ich habe dir deine Handtücher hingelegt. Bitte. Wenn du mir helfen willst, dann tu, was ich sage. Wage es nicht, meinetwegen abzusagen. Was glaubst du, wie ich mich dann fühlen würde?«

Schließlich traf Paul genau rechtzeitig um halb sechs Uhr abends vor Jillians Wohnung ein. Als sie die Tür öffnete, sah er sie zum ersten Mal in etwas anderem als ihrer Dienstkleidung. Ihm gefiel, was er sah: eine weiße Rüschenbluse, einen Faltenrock und den Bob, dessentwegen er am liebsten ihren Kopf in beide Hände genommen hätte. Ihn überkam die beste, erlesenste Sorte Nervosität.

»Keine Bange«, sagte er ihr. »Ehe du dich's versiehst, ist das alles vorbei.«

Sie lachte und tätschelte seine Schulter, woraufhin ihn ein Schauer durchfuhr. Sie gingen zu seinem Wagen, den er zum ersten Mal seit seiner Scheidung gewaschen hatte.

Um Viertel vor sechs hörte Elena, die inzwischen im Bett lag, dass sich vor dem Haus etwas rührte. »Mom, bist du angezogen?«

»Ja! Was machst du hier?!«

»Ich habe jemanden mitgebracht.«

Im Eiltempo warf sich Elena in einen Hosenanzug mit Blümchenmuster und ging dann langsam durch den Flur in Richtung Wohnzimmer. Sie hörte Jillian fragen: »Ist das dein Dad?«

»Ja.«

»Was für ein gutaussehender Mann.«

Als Elena das Wohnzimmer betrat, betrachtete Jillian gerade die Fotos auf dem Kaminsims und stellte sich auf die Zehenspitzen, um besser sehen zu können. Paul lächelte. Elena lächelte auch. Es war so lange her, dass jemand zu Besuch gekommen war. Und da war Jillian, dachte Elena, und tat genau das, was sie tun sollte: Sie bewunderte die Familienfotos auf dem Kaminsims.

»Ach hallo, Jillian!«

»Hallo! Wie geht's Ihnen?« Jillians Quirligkeit versetzte Elena sofort in bessere Stimmung.

»Gut! Und Ihnen?«

»Ich habe ihr von deinen Brustschmerzen erzählt«, sagte Paul. »Echt, wie geht's dir?«

»Gut! Ehrlich. Mir geht's gut.«

»Wir haben es besprochen und beschlossen, einfach hierzubleiben und eine Pizza zu bestellen.«

»Heißt das … meinetwegen?«

»Nur für alle Fälle«, sagte Paul. »Es war übrigens Jillians Idee.«

»Oh, das ist wirklich lieb von euch, aber ich fühle mich gut. Ihr könnt ruhig ausgehen. Ich würde mich schrecklich fühlen, wenn ich wüsste, dass ich euch den Abend verdorben habe.«

»Den haben Sie uns keineswegs verdorben«, sagte Jillian, ein Muster an Aufrichtigkeit. »Ich habe Paul erzählt, wie nervös ich in Restaurants werde. Ich würde genauso gern hier essen.«

»Genau so ist er auch.«

»Und mit Brustschmerzen ist nicht zu spaßen«, ergänzte Jillian.

»Oh, die habe ich andauernd«, sagte Elena.

»Ach *ja*?«, sagte Paul.

»Geht bitte aus.«

»Wir gehen nirgendwohin.«

»Nun, wenn ihr hierbleibt, lasse ich euch nicht Pizza essen. Ich habe zwei Steaks, die ich euch zubereiten kann.«

»Nein, Mutter. Du legst dich jetzt hin, und ich komme vorbei und sehe hin und wieder nach dir.«

»Nein. Ich mache die Steaks, und dann lasse ich euch in Ruhe. Ihr werdet von mir keinen Mucks hören.«

»Du brauchst nicht zu kochen.«

»Nein, wirklich, Mrs. Bockelman.«

»Nein. Das ist meine Schuld. Ich kann euch wenigstens euer gemütliches Abendessen retten.«

Elena ging Richtung Küche.

»Mom, bitte.«

»Wie mögen Sie Ihr Fleisch, Jillian?«

»Äh –«

»Wenn du das tust, machst du den Zweck unseres Kommens zunichte.«

»Weißt du, wie einfach es ist, ein Steak zu braten? Lass mich das bitte machen. Ich habe Mais und diese Brötchen, die du magst.« Elena entnahm dem Kühlschrank bereits Lebensmittel.

»Ich fasse es nicht«, sagte Paul. »Hier. Lass mich das machen.«

»Du brätst das falsch.« Paul und Jillian lachten.

»Vielen Dank auch.«

»Du weißt genau, dass ich das nur so sage. Lass mich das für euch tun.«

»Nein«, sagte Paul. »Hör jetzt auf.« Er blickte von seiner Mom zu Jillian und wieder zu seiner Mom und wusste offensichtlich nicht, was er sagen sollte. »Das ist –«

»Du zeigst Jillian in der Zwischenzeit das Haus«, sagte Elena und zog ein paar Steaks aus dem Kühlschrank.

»Nein. Hör damit auf.«

»Doch, führ sie rum, sofort.«

»Nein.«

Während sich seine Mutter in den Kühlschrank beugte, sah Paul hilflos Jillian an, die lächelnd die Augen verdrehte, was ihn störte, und ehe er wusste, was er sagte, fuhr er sie an: »Na, sie will uns *wirklich* helfen.«

»Das weiß ich doch«, sagte Jillian, die nicht mehr lächelte. »Ich will ihr nur keine Umstände machen.«

»Klar«, sagte Paul, der immer zappeliger wurde. »Ja. Tut mir leid. Ich, äh …«

»Er ist ein guter Junge, Jillian.« Paul, dem zweiundvierzigjährigen Jungen, war das sichtlich peinlich. »Will mir nie zur Last fallen. Aber ich will nicht schuld daran sein, dass euer Essen ruiniert ist.«

»Inzwischen ist es tatsächlich schon ziemlich ruiniert.«

»*Paul*«, mahnte Jillian. »Es ist nicht ruiniert.«

»Siehst du, es ist nicht ruiniert«, sagte Elena. »Warum gehst du nicht eine Zigarette rauchen?«

»Es tut mir leid«, sagte Paul. »Es tut mir leid, dass ich das gesagt habe. Mom, du bringst mich nur so – «

»Es tut mir auch leid«, sagte Elena. »Zeig ihr das Haus. Oh – warum spielst du nicht etwas auf dem Klavier?«

»Du weißt doch, dass ich nicht mehr *spiele*. Warum schlägst du so was überhaupt vor? Willst du mich absichtlich *ärgern*?«

»Vielleicht sollten wir das ein andermal machen«, sagte Jillian.

»O Gott«, sagte Paul. »Jetzt will sie gehen. Siehst du, was passiert, wenn wir andere Leute in unsere Probleme mit reinziehen, Mom? Wir vergraulen sie.« Paul lachte nervös.

»Ich will nur keine Probleme machen«, sagte Jillian und umklammerte ihre Handtasche.

»Das tun Sie nicht, Liebes. Er wird nur so nervös.«

»Oh, das kenne ich auch von mir«, sagte Jillian.

»Siehst du. Das kennt sie von sich. Wir gleichen uns wie ein Ei dem anderen.«

»Aber wenigstens hat sie Arbeit«, sagte Paul und wischte sich den Schweiß von der Stirn.

»Mach dir deswegen keine Sorgen«, sagte Jillian. »Du findest bestimmt einen Job.«

»Ich hab nicht mal gesucht. Als erwachsener Mann funktioniere ich nicht, und mehr gibt's dazu nicht zu sagen. Doch die gute Nachricht ist, seit du und ich, nun ja, etwas füreinander empfinden, spüre ich, wie ein Teil meiner Kraft zurückkommt und ich das Gefühl habe, wieder losziehen und arbeiten zu können.«

»Das ist ja toll«, sagte Jillian, doch es klang nicht ehrlich.

»Ein größeres Kompliment kann ich dir nicht machen. Verstehst du, wie ich das meine?«

»Ja.«

»Ich will damit sagen, du sorgst dafür, dass ich wieder funktionieren will.«

»Das ist lieb.«

»Ja. Du wusstest nicht, dass du dich mit einem romantischen Mistkerl eingelassen hast, oder? Du sorgst dafür, dass ich wieder funktionieren will.« Wieder lachte er nervös. Elena und Jillian lächelten ihn an. »Ich gehe wohl jetzt doch mal rauchen. Nein. Ich werde jetzt Klavier spielen.«

Jillian folgte Paul und stand irritiert lächelnd an seiner Seite, während er den Klavierdeckel hochklappte und auf dem Schemel Platz nahm.

»Das ist eine Eigenkomposition von mir. Als ich jung war, habe ich noch Musik geschrieben.«

Und eine Weile machte er alles richtig. Man hätte nie geglaubt, dass er seit über zwei Jahren keine Note mehr gespielt hatte. Es war eine bittersüße Melodie, und er spielte sie voller Anmut, seine Finger so tüchtig wie die Hände jedes arbeitenden Mannes. Bis er einen falschen Akkord anschlug.

Er hieb mit der Faust dreimal auf das eingestrichene C und die Tasten drum herum.

»Paul?«, rief Elena fragend aus der Küche, während die Steaks brutzelten.

»Tut mir leid«, sagte Paul und schaute zu Jillian auf.

»Aber nein. Spiel einfach weiter, wenn du willst.«

»Siehst du, womit du's hier zu tun hast? Siehst du, wie sehr mir die Medikamente helfen, die du mir gibst?«

»Das tut mir leid.«

»Nein. Mir tut es leid. Ich dachte, ich wäre so weit. Es ist drei Jahre her. Dass ich gespielt habe, meine ich.«

Jillian nickte. Sie wirkte so traurig. »Wenigstens hast du es versucht.«

»Ja. Wenigstens habe ich es versucht. Entschuldige mich. Ich muss jetzt eine rauchen.«

Zehn Minuten nachdem sie gegessen hatten, sagte Jillian, sie sollte jetzt wohl gehen. Sie sagte, womöglich brauche ihr Sohn sie.

»Kann ich auch eine haben?«

»Eine von denen?«, fragte Paul und hielt seine Schachtel Salems hoch.

»Ja.«

Paul lachte.

»Du musst sie mir anzünden, weil meine Arthritis so schlimm ist.«

»Ist das dein Ernst?«

»Ja. Warum denn nicht?«

Paul steckte sich zwei Zigaretten in den Mund und zündete beide an. Er reichte ihr die Zigarette.

»Was hat dich denn dabei geritten?«

»Wollte nur mal sehen, wieso so ein Aufhebens darum gemacht wird. Hatte keine mehr seit den ersten Dates von deinem Daddy und mir.« Sie nahm einen Zug und hustete. »Hast du was von ihr gehört?«

»Nein. Es ist aus. Wir müssen die Apotheke wechseln.«

»Oh, ich schätze mal, dass du wieder von ihr hören wirst.«

»Nein, Mom. Es ist vorbei. Sie ruft mich nicht zurück. Ich habe ihr sogar einen Brief geschrieben. Keine Antwort.«

»Blöde Kuh.«

»Ich kriege keine mehr ab.«

Elena schwieg.

»Ich habe nur solche Schuldgefühle, weil ich *dich* enttäuscht habe«, sagte Paul. »Ich weiß, wie viel dir das bedeutet, dass ich eine Partnerin finde.«

»Du hast mich nicht enttäuscht. *Ich* fühle mich schuldig, weil ich dein Date versaut habe.«

»Das stand von Anfang an unter keinem guten Stern. Ich glaube, ihr Entschluss stand von vornherein fest. Und wer kann es ihr verübeln, bei den Unmengen an Medikamenten, die ich bei ihr kaufe? Manchmal glaube ich, ich sollte hierbei bleiben und alles andere sein lassen.« Er hielt seine Zigarette hoch.

»Aber du weißt ja nicht, wie viel schlimmer dein Zustand *ohne* deine Arzneien wäre.«

»Das sagst du ja immer. Beim letzten Termin bei meiner Psychiaterin habe ich sie gefragt, was sie davon hielte, wenn ich meine gesamten Medikamente absetzen würde, und sie sagte genau das Gleiche wie du eben. Mein Therapeut war derselben Ansicht, und normalerweise sind die nie einer Meinung.« Mutter und Sohn atmeten genau im selben Moment den Rauch aus. »Da fällt mir ein: Mein Therapeut vertrat die Theorie, dass – nun, keine Ahnung, ob da irgendwas dran ist, aber es fehlte nicht viel, und ich hätte in seinem Sprechzimmer auf der Stelle losgeheult.«

»Echt? Was hat er gesagt?«

»Wir kamen auf Daddy zu sprechen, und er sagte, er habe bei vielen seiner Patienten erlebt, die ein Trauma erlitten haben, an dem ein Elternteil beteiligt war, dass der Sohn oder die Tochter *beschließen* zu versagen oder *beschließen* zu leiden, weil sie sich so dem Elternteil näher fühlen können. Er meint damit, dass alles, was ich durchgemacht habe – all die seelischen Qualen, das ganze … *Elend*, das ich im letzten Jahr durchgemacht habe, dass mein Unterbewusstsein auf diese Weise sagen will: ›Ich bin bei dir, Dad. Du musstest so leiden, daher leide ich jetzt auch. Ich bin bei *dir*, Dad.‹«

»Was haben seine Patienten unternommen, um darüber hinwegzukommen?«

»Das habe ich ihn nicht gefragt.«

Als sie ihre Zigaretten aufgeraucht hatten, ließ sich Elena noch eine geben. Paul zündete noch zwei an.

Passanten in den Berneray Estates sahen regelmäßig eine

ältere Frau und einen Mann in mittleren Jahren auf dem Rasen vor dem Haus Zigaretten rauchen. »Sie sind immer so hübsch gekleidet«, sagten die Leute dann. Manchmal stand die Frau draußen und rauchte, auch ohne den Mann.

JEAN-PAUL DIDIERLAURENT

Macadam

Der Regen war noch mal stärker geworden, als die junge Frau auf den Parkplatz gefahren war. Seit fünf Minuten prasselte er in andauerndem Staccato auf das Autodach. Hinter dem Regenvorhang schien der Asphalt mit der Luft zu verschwimmen, grau in grau.

Eine Zeitlang hatte Mathilde gehofft, dass der Typ vielleicht kneifen würde, dass er sie nach reiflicher Überlegung und nach allen Regeln der Kunst schlichtweg versetzen würde. Ihre geheime Hoffnung zerplatzte dann aber, als sie den gelben Kombi erblickte, der in der Nähe des Eingangs zum Restaurant geparkt war.

Nun wartete sie also im behaglichen Wageninneren darauf, dass der Regen nachließ. Dabei wusste sie wohl, dass der Regen nur ein Vorwand war um die bevorstehende Begegnung hinauszuschieben. Aus Angst zögerte sie den Moment hinaus, in dem sie sich von ihrem Sitz losreißen musste, um den Parkplatz zu überqueren. In ihrem Kopf schwirrten zahllose Fragen.

Wie würde er reagieren?

Würde er in Lachen ausbrechen?

Beleidigt abhauen, ohne ein Wort oder einen Blick für sie?

Sich lautstark beklagen, dass man ihn verarscht habe?

Abwarten, dass sie zu ihm an den Tisch kam und eine Erklärung abgab – eine Gelegenheit, um ihr seine Enttäuschung zu zeigen –, nur um sie dann stehen zu lassen?

Oder würde er bleiben?

Aber wozu?

Einfach aus Neugier?

Um eine ungewöhnliche Erfahrung zu machen und seinen Kumpels von der irre komischen Geschichte erzählen zu können, die er erlebt hatte?

Um mit ihr zu spielen wie die Katze mit der Maus?

Doch der einzige Weg, es herauszufinden, war hineinzugehen.

In etwa zwanzig Metern Entfernung leuchteten die Fenster des Restaurants. Zwanzig Meter, die sie im Schein der Straßenlaternen hinter sich bringen müsste, zwanzig Meter, auf denen sie die Blicke ertragen müsste, die sich unweigerlich auf ihren Körper heften und wie Stiche in ihr Fleisch dringen würden.

Mathilde erschauderte.

Seit dem Unfall ertrug sie die Blicke der anderen nur noch an ihrem Arbeitsplatz.

Auch heute war wieder die gesamte Menschheit an ihr vorbeigezogen. Männer, Frauen, Alte, Junge, Dünne, Dicke, Schwarze, Weiße, Rotgesichtige, Braungebrannte, Höfliche, Schwächlinge, Schweigsame, Schüchterne, Aufreißer, Angeber, Unbeholfene, Vollidioten, Witzbolde, Proleten, Schlafmützen und Hektiker. Die waren die Schlimmsten. Wollten immer, dass die Schranke hochging, sobald der erste Euro bezahlt war.

Mathilde war das scheißegal. Sie konnte nun mal nicht hexen. Egal, ob ihre Kunden es eilig hatten oder nicht, sie musste Schritt für Schritt dem Dialogskript folgen, das sich die klugen Köpfe der Autobahngesellschaft »Autoroutes Paris-Rhin-Rône (APRR)« ausgedacht hatten: den Kunden begrüßen, höflich den für das Befahren des heiligen Asphaltstreifens zu bezahlenden Betrag nennen, sich genauso höflich beim Fahrer bedanken, sobald die Summe einkassiert war, und während die verdammte rot-weiße Schranke hochfuhr, dem Fahrer im Namen der APRR noch eine gute Fahrt wünschen. Wortwechsel, die die Referenzzeit nicht überschreiten durften, die zu Jahresbeginn vom Bereichsleiter in ihrem Feedbackgespräch festgelegt worden war und in ihrem Fall genau vierzehn Sekunden betrug.

Dem letzten Monatsbericht zufolge war sie noch mehr als drei Sekunden von dieser Zielvorgabe entfernt.

Besagte Zielvorgabe konnte Mathilde aber mal kreuzweise. Wenn es sich ergab, fügte sie einen kurzen zusätzlichen Satz ein, lächelte länger als nötig, streckte frechen Kindern gleichfalls die Zunge raus, nickte freundlich, wenn man ihr zuwinkte, streifte mit den Fingerspitzen die Hände, die ihr das Ticket hinhielten, berührte Handflächen, wenn sie das Wechselgeld gab, verhakte sich in Blicken, bevor sie davonflogen. Die junge Frau legte ein Verhalten an den Tag, das ihre Gesamtleistung schmälerte, das war ihr bewusst.

Die neue Mathilde scherte sich jedoch nicht um Anweisungen von oben. Die neue Mathilde verlangte nach menschlichem Kontakt, nach Blicken oder Berührungen, egal wie flüchtig sie auch waren. Und dann waren drei Sekunden ja nicht die Welt. Wenn es ihnen nicht gefiel, dass das Signallicht der Nr. 12 ein wenig länger rot war als das der anderen, mussten sie es ihr nur ins Gesicht sagen.

Aber niemand sagte ihr, Mathilde, noch etwas ins Gesicht, nicht einmal der Bereichsleiter, der vor dem Unfall keine Gelegenheit für einen anstößigen, anspielungsreichen Witz ausgelassen hatte, während er ihre Brüste fixierte, und der sie jetzt mied wie die Pest. Nie hätte Mathilde geglaubt, dass sie eines Tages die gute alte Zeit vermissen würde, in der dieser Perversling ihren Hintern anstarrte, sobald sie ihm den Rücken zudrehte. Jetzt spielte Mathilde sogar mit, wenn ein Fahrer versuchte, sie anzumachen. Klimperte eifrig mit den Wimpern, kokettierte, mimte das scheue Reh. Sie genoss den Moment, und dann ließ sie den schönen Prinzen mit einem schnellen Hochziehen der Schranke verschwinden. Wenn du wüsstest, mein Hübscher, dann würdest du dir die Spucke sparen, dachte sie trübsinnig.

Wenn der Wagen losfuhr, blieb manchmal eine durch das geöffnete Fenster geworfene Beleidigung zurück. Mathilde empfing diese kleinen Zornblasen wie ein Geschenk. Inzwischen wagte es nämlich niemand mehr, sie außerhalb der paar Kubikmeter stickiger Luft, in der sie ihren Arbeitstag hindurch schmorte, zu beleidigen. Draußen hatte sie höchstens Anspruch auf Mitleid, Anteilnahme oder bestenfalls Gleichgültigkeit. Mit jedem »Nutte«, »frigide Kuh«, »Schlampe« oder »Beamtenfotze«, das ihr von Zeit zu Zeit ins Gesicht geschleudert wurde, fühlte sie sich deshalb lebendiger, vielleicht noch mehr als nach einem freundlichen Lächeln oder einem netten Wort.

Als sie vor fünf Monaten die Arbeit wiederaufgenommen hatte, war die Kabine Nr. 12 sogleich *ihre* Kabine geworden. Da sie am einfachsten zugänglich war, hatte sich das automatisch so ergeben. Eine Art schweigende Übereinkunft zwischen ihren Kollegen, von denen keiner je Anstoß daran nahm.

Die Kabine war ihr Lieblingsort geworden, und das obwohl sie alles andere als heimelig war. An heißen Tagen hatte der Ventilator zu ihren Füßen selbst auf stärkster Stufe Schwierigkeiten, die überhitzte, zwischen den Blechwänden angestaute Luft zu kühlen. Im Winter schaffte es der stotternde Heizlüfter nie ganz, die Kälte des Nordwinds zu vertreiben, wenn der in eisigen Böen unter das Vordach fuhr. Ganz abgesehen von den Auspuffgasen und Benzindämpfen, die zu jeder Jahreszeit arglistig zu ihr hochkrochen, ihren Hals reizten und in ihren Augen brannten, und dem andauernden Gehupe und Geknatter, das ihrem Trommelfell zusetzte.

Dies war der Preis, den sie zahlen musste, um die andere Mathilde draußen zu lassen. Die Mathilde, die ihre Wohnung so wenig wie möglich verließ, die bei jedem Telefonklingeln zusammenzuckte, die ihre freien Tage zurückgezogen im Schlafanzug zu Hause verbrachte, die Nase in ein Buch und den Kopf in den Sand gesteckt. Diese andere existierte nicht mehr, sobald sie in der Kabine Nr. 12 an der Mautstation von Villefranche-Limas saß. Hier, während der sieben Stunden ihres Arbeitstages, wurde sie wieder die Mathilde von vorher. Die Mathilde, die sich aufhübschte und vor sich hin summte und die die alte Jogginghose zu Hause ließ. Hier in der Nr. 12 war sie die Königin, eine Königin, die von ihrem Thron aus tagtäglich die bunte Masse von Untertanen an sich vorbeiziehen ließ und dabei mitunter ihr Spiegelbild auf der glatten Seitenfläche der Lieferwagen betrachtete – das Bild einer vom Lichtschein umgebenen Mona Lisa, die sich selbst zulächelte.

Der gelbe Kombi war vor zwei Monaten in der hypnotisierenden Schlange von Fahrzeugen aufgetaucht. Ein junger Handelsvertreter, wie Mathilde täglich Dutzende vorbeiziehen sah. Anzug, Krawatte, gepflegter Haarschnitt. Aber das offene und warme Lächeln, das er ihr schenkte, hatte nichts Aufgesetztes, und Hitze war in Mathildes Wangen gestiegen.

Der gelbe Kombi und sein Insasse waren am nächsten Tag wiedergekommen. Und am übernächsten. Jeden Tag nahm der Mann die Autobahnauffahrt, fädelte sich in die Reihe vor der Kabine Nr. 12 ein und schenkte ihr dieses Lächeln, das sein Gesicht erhellte und ihr Herz höher schlagen ließ.

Nach einer Woche hatte er auf das »Guten Tag, Monsieur« von Mathilde entgegnet, er heiße Jean-François. Sie musste unweigerlich losprusten, wie ein alberner Teenager. Als sie ihm entschuldigend versicherte, dass er wirklich nicht wie ein Jean-François aussehe, hatte er lachend erwidert, er habe nicht gewusst, dass man wie ein Jean-François aussehen könne.

»Und wie sollte ich Ihrer Meinung nach dann heißen?«

Nach kurzem Zögern hatte sie »Vincent« gesagt. Ja, ihrer Meinung nach sah er wie ein Vincent aus.

Laut lachend gestand er, dass Vincent als zweiter Vorname in seinem Pass eingetragen war.

»Mathilde steht Ihnen ausgezeichnet«, fügte er mit einem Blick auf das Namensschild noch hinzu, bevor er, gedrängt durch das Hupkonzert hinter ihm, Gas gab.

Seither lebte Mathilde nur noch für diese kurze Begegnung, die jeden Tag ihr Dasein versüßte. Wenn der Zeitpunkt nahte, da der gelbe Kombi vorbeifahren würde, ertappte sie sich dabei, wie sie in der Schlange Ausschau nach ihm hielt. Und sobald in der Ferne der sonnengelbe Fleck auftauchte, ging der Puls der jungen Frau schneller. Hör auf, dir was vorzumachen, Schätzchen, schalt sie sich immer, du hast zu viele Schundromane gelesen. Doch dann hatte er ihr vor zwei Tagen mit dem Geldschein einen kleinen Brief zugeschoben. Eine Einladung zum Essen am Freitagabend, wenn es ihr passe. Und wie es ihr passte. Freitag oder auch an jedem anderen Tag, wann immer er wollte, nachts, tagsüber, das ganze Leben passte es ihr. Ohne Zögern hatte sie leise geantwortet, dass sie seine Einladung gerne annehme, und mit feuerroten Wangen die Schranke geöffnet.

So, Schätzchen, jetzt ist die Stunde der Wahrheit gekommen, dachte Mathilde, während sie ein letztes Mal ihr Makeup im Rückspiegel überprüfte. Im Laufe ihrer Rehabilitation hatte sie alle Bewegungsabläufe neu lernen müssen. Diese waren, wenn auch zunächst zögerlich, bald wiedergekommen. Die Augen mit Mascara betonen, den Lidschatten mit der Spitze des Zeigefingers verteilen, die Lippen aneinanderreiben, um das Rot gleichmäßig zu verteilen. Sich schminken ist Teil der Therapie, hatten sie ihr in der Rehaklinik stets vorgebetet. Sich mit dem neuen Aussehen anfreunden, sich seinen Körper wieder aneignen. Die Therapeuten hatten lauter solche Ausdrücke parat.

Nachdem sie die Autotür aufgeschoben hatte, griff Mathilde in einer Verrenkung hinter den Sitz, um den Rollstuhl herauszuholen. Nach monatelangem Training kam ihr dieser Vorgang fast normal vor. Ausklappen, Sitz runterdrücken, verriegeln, ein geordneter Ablauf, der sich mehrmals am Tag, unter einem metallischen Klappern, das sie über alles verabscheute, wiederholte. Ächzend umklammerte sie den Haltegriff über der Tür und kippte ihren Körper aus dem Wagen, während sie sich mit der anderen Hand auf die Armlehne des Rollstuhls stützte.

Der Regen war schwächer geworden. Mathilde stellte sich die Handtasche auf den Schoß, atmete tief ein und steuerte das Restaurant an.

Hinter ihr zeichneten die Räder des Rollstuhls zwei Kielspuren in den nass glänzenden Asphalt.

Der Raum war in in kunstvoll gedämpftes Licht getaucht, halblautes Stimmengewirr verwob sich mit sanfter Hintergrundmusik aus den Lautsprechern.

Jean-François saß gleich am ersten Tisch rechts vom Eingang. Ein Jean-François, dessen Mund beim Anblick des Rollstuhls und der verkümmerten Gliedmaßen, zu denen die Beine der jungen Frau geworden waren, zu einem überraschten O erstarrt war.

Seine Fassungslosigkeit würde bald der Abscheu und Ablehnung weichen, daran zweifelte Mathilde keinen Augenblick. Sie hätte kein Rad über diese Schwelle setzen sollen. Sie ärgerte sich über sich selbst. Wollte der Welt ins

Gesicht brüllen, dass sie nichts dafürkönne, dass die Miss Körperbehindert, zu der sie nun mal geworden war, ihre Wünsche für Realität gehalten hatte. Dass das alles sei, was ihr noch bleibe, ihre Träume, und dass es ihr leidtue, Jean-François, wirklich leid, dass sie ihn hinters Licht geführt habe, dass sie jedoch ihr Glück habe versuchen wollen. *Voilà.*

Aber Mathilde sagte nichts von alledem. Als der junge Mann in Lachen ausbrach, senkte sie den Kopf, blockierte das rechte Rad und schob das linke an, um eine scharfe Kehrtwendung zu machen. Mit Tränen in die Augen und zugeschnürter Kehle rollte sie durch die Tür und in Richtung ihres Autos, wobei ihre Hände die Stahlbögen mit Hochgeschwindigkeit rotieren ließen, ungeachtet des Regens, der nun wieder in Strömen fiel.

»Warten Sie, Mathilde! Meine Güte, warten Sie doch!«

Am Ende des Parkplatzes hielt sie atemlos inne. Das Herz schlug ihr bis zum Hals. Die Reifen quietschten unangenehm in ihren Ohren, als sie herumschwang.

Jean-François stürmte mit aller Kraft heran.

Jean-François, der mit dem schönen Lächeln, das sie so gernhatte, auf sie zukam, während die Räder seines Rollstuhls die Pfützen zerschnitten und herrliche Fontänen in die Luft spritzten.

FRIEDRICH GERSTÄCKER
Pech!

Es war im Herbst des Jahres 1850, daß ich, eben im Begriff, mich von San Francisco nach den Sandwichs-Inseln einzuschiffen, einen kleinen Abstecher nach Sausalita an der Bai machen wollte. Ich mußte aber um Mittag wieder zurück sein und deshalb das erste, ziemlich früh dahin abgehende Boot benutzen, dessen Abfahrt auf sechs Uhr angezeigt worden. In San Francisco gab es damals freilich noch keine Stadtuhr, nach der sich die Zeit hätte regeln lassen. Jeder Kapitän fuhr nach seinem eigenen Taschenchronometer, und als ich auf dem lang ausgebauten Werft hinauslief, um das Boot nicht zu versäumen, stieß es gerade von seiner Landung ab und dampfte in die Bai hinaus.

Ich rannte, so rasch ich konnte, auf dem Werft hinaus bis zur Spitze desselben und winkte. Der Kapitän des kleinen Dampfers »Jenny Lind« mochte es wohl nicht der Mühe wert halten, »eines einzigen lumpigen Passagiers wegen« noch einmal anzulegen. Er stand oben auf Deck und drehte allerdings, durch andere aufmerksam gemacht, den Kopf nach mir um, rührte sich aber sonst nicht weiter, und ich sah bald, daß ich meine Zeit verpaßt hatte.

»Ich habe doch schändliches Pech!« rief ich – in Gedanken wahrscheinlich etwas laut – vor mich hin, als ich noch

am äußersten Rande des Werftes stand und dem davon-
dampfenden Boote nachsah.

»So? – Sie haben Pech?« sagte da eine Stimme neben mir,
und als ich mich danach umwandte, bemerkte ich einen
kleinen dicken Mann, mit einer Reisetasche um und ohne
Hut, auf einer der dort aufgestapelten Kisten sitzen und
eben im Begriff, Feuer zu schlagen, um sich eine Zigarre
anzuzünden, aber sein Schwamm wollte nicht brennen. Er
hatte dabei einen eigenen, resignierten Zug um den Mund
und hämmerte an seinem Steine langsam hin, als ob er
schon im voraus wisse, daß er doch kein Feuer bekomme.

»Allerdings,« rief ich, noch immer ärgerlich über den
Kapitän des Dampfers, der mich doch jedenfalls schon
auf dem Werft mußte gesehen haben, wie ich dem Boote
zulief, – »ich kann jetzt eine ganze Stunde warten, bis ein
zweites abgeht.« – Dabei holte ich aber doch mein eigenes Feuerzeug aus der Tasche und reichte ihm die rasch
fangende Lunte, die er nahm und seine Zigarre damit anzündete.

»Sie wissen gar nicht, was Pech ist,« erwiderte er dabei
in Zwischenräumen, während er an seiner Zigarre zog –
»soll ich's Ihnen sagen? Sie haben eine Stunde Zeit, und
ich wahrscheinlich eine ganze Woche, also versäumen wir
beide nichts.«

»Und haben Sie wirklich so viel Pech hier in Kalifornien
gehabt?« lachte ich, denn der kleine Mann machte viel eher
einen komischen als wehmütigen Eindruck – »wahrscheinlich nichts gefunden in den Minen?«

»Ich bin noch gar nicht oben gewesen,« sagte er.

»Also wollen Sie jetzt hin?«

»Glauben Sie,« fragte er mich, ohne meine Frage gleich zu beantworten, »daß jemand dort oben in einer selbstgegrabenen Grube verschüttet, oder im Walde angefallen, beraubt und totgeschlagen, oder von einem stürzenden Baum zerquetscht werden, oder beim Übersetzen über einen Fluß ersaufen könnte? Halten Sie das für möglich?«

»Weshalb soll es nicht möglich sein,« lachte ich, »alle derartigen Dinge sind wenigstens schon vorgekommen, aber –«

»Nun gut,« unterbrach mich der Kleine, »wenn es überhaupt möglich ist, so passiert mir das alles dort oben, darauf können Sie sich verlassen, und ich denke deshalb gar nicht daran, das Schicksal noch länger herauszufordern. Ich will wieder nach Hause – vorausgesetzt nämlich, daß ich nicht unterwegs ersaufe, was allerdings die größte Wahrscheinlichkeit für sich hat.«

»Aber ich begreife gar nicht –«

»Nun hören Sie,« erzählte der Kleine – »erstlich heiße ich Meier, was schon an und für sich ein Unglück ist. ›Gott tröste, wer Meier heet,‹ sagte schon die alte Frau in Bremen, die auch Meier hieß und alle Augenblicke wegen anderer Meier vor Gericht mußte – und in Deutschland selber war ich berühmt meiner Unglücksfälle wegen. So 'was wie Kalifornien ist aber doch noch nicht dagewesen, und ich wollte meinem Schöpfer danken, wenn ich nur erst wieder hinaus wäre – aber es geht nicht.«

»So wollen Sie wirklich ernstlich wieder fort, ohne die Minen auch nur einmal gesehen und Ihr Glück versucht zu haben?«

»Glück – bah!« versetzte der Kleine, »und Sie würden

mir selber abraten, wenn Sie alles wüßten. Denken Sie, von Deutschland lief ich mit dem Schiff ›Undine‹ aus – schon ein ominöser Name, denn die Undine ist ein Wasserweib und will gar nicht an Land. Unsere wollte auch nicht. Erstlich machte unser Kapitän den Versuch, durch die Maghellansstraße zu laufen, wie er sagte, wir krochen aber und lagen auch einmal achtzehn Tage still mit Wassereinnehmen und Windstille, und als wir endlich wieder in offene See kamen, kriegten wir eins auf die Mütze. Der Sturm wehte uns die Masten über Bord, und an der chilenischen Küste ging denn auch die ›Undine‹ wieder dahin, wohin sie eigentlich gehörte, unter Wasser. Glücklicherweise verloren wir bei dem Schiffbruch keinen einzigen Mann, denn sonst wäre ich das gewesen; ein anderes Schiff nahm uns an Bord und schaffte uns nach Valparaiso, von wo wir unsere Reise nach diesem gesegneten Lande ohne weiteren Unfall fortsetzten, als daß ich einmal durch die gerade geöffnete Luke in den unteren Raum fiel und mir das Gesicht aufschlug. Doch das hatte nichts zu bedeuten, und wie wir endlich hier landeten, schiffte ich mich augenblicklich auf einem der Bai-Dampfer ein, um damit nach Sacramento zu fahren.

»Jawohl – abends um sechs dampften wir hier ab, und ich lag gerade bequem in meiner Koje und schlief, als das Schiff plötzlich einen Stoß bekam, daß ich wie ein Sack von meinem Bett herunter und auf die scharfe Ecke von einer Schiffskiste geworfen wurde. Ein furchtbarer Tumult entstand dabei an Bord, und als ich mich wieder aufraffte und an Deck stürzte, fand sich denn, daß ein anderer, aus den Minen kommender Dampfer gerade in uns hineingelaufen war, so daß dessen Bugspriet unsere Maschine eingerammt hatte. Wir sanken übrigens rasch, und viel Besinnen half nicht – alles klammerte sich an den andern Dampfer an und kletterte hinüber, und es sollen damals nur sehr wenige Leute verunglückt sein. – Glückliche Menschen – sie hatten's überstanden!

»Der von oben herunter kommende Dampfer war übrigens artig genug, eine kleine Weile zu warten, bis er alle aufgefischt hatte, die noch um ihn herumschwammen, dann ließ er seine Maschine wieder arbeiten und brachte uns hierher zurück.

»Das war so weit gut; meine Kleider und mein weniges Reisegepäck hatte ich allerdings eingebüßt, aber mein Geld doch wenigstens in einem Gurt um den Leib geschnallt. Die Expedition des verunglückten Dampfers machte uns auch Passage auf einem andern, dem ›Sagamore‹, aus.«

»Der ist ja in die Luft geblasen!«

»Nun natürlich,« sagte der Kleine. »Noch waren wir nicht abgefahren, oder fuhren eben ab – ich kann mich nicht einmal mehr genau darauf besinnen, – als es plötzlich einen Schlag gab, als ob die ganze Welt in Stücken ging. Zugleich war alles in weißen Qualm gehüllt, und ich fühlte nur, daß ich einen Schlag gegen den Kopf bekam und ins Wasser geworfen wurde. Was weiter mit mir vorging, weiß ich nicht; irgend jemand muß mich aber doch wieder herausgeholt haben, und als ich zur Besinnung kam, lag ich in einem großen Saal, wo eine Unmasse von Betten standen, und auf meine Frage sagte mir der eine Wärter: ich läge im Hospital und dürfe meinem Gott dafür danken. Das Unglück auf dem ›Sagamore‹ sei, nach dem Platzen des Kessels, ganz entsetzlich gewesen, und Hunderte von Menschen wären verbrüht, zerstückt oder ertrunken. Also sollte ich noch dankbar dafür sein, daß ich einen Hieb gegen den Schädel gekriegt und wie ein Sack ins Wasser geworfen war; aber der Kopf tat mir weh, es dämmerte auch schon, oder mir flimmerte es vielleicht nur so vor den Augen – kurz, ich schlief wieder ein, und als ich das nächste Mal aufwachte, schrien sie ›Feuer!‹ um mich her, der ganze Saal war hell, und wie ich mich danach umdrehe, sehe ich die Flamme durch die Tür hereinschlagen und oben an der Decke hinschießen.«

»Und dabei waren Sie auch, als das Hospital abbrannte?« rief ich lachend.

»Natürlich war ich dabei,« brummte der Kleine – »und wie wurden wir hinausgeschleppt, so daß einige, die wohl auf dem ›Sagamore‹ arg zugerichtet sein mochten, jammerten und schrien. Na, wir verbrannten wenigstens nicht und ich erholte mich zuletzt doch wieder.«

»Dann wird das Schicksal aber jetzt wohl einmal müde geworden sein, Sie zu verfolgen,« sagte ich.

»Meinen Sie? und deshalb ist wohl jetzt gerade die Cholera hier in San Francisco ausgebrochen?« sagte der kleine Mann – »aber ich denke gar nicht daran, sie hier abzuwarten, denn ich kriege sie heilig. Ich nahm auch vorgestern schon Passage auf einem Schiff, um damit nach den Vereinigten Staaten zu gehen, auf der ›Betsy‹, die nach New York bestimmt war.«

»Auf der wollen Sie fort?«

»Will ich? – ja, hinaus aus der Bai ist sie gesegelt und hat meinen Koffer mitgenommen. Heute morgen sollte ich an Bord sein, und wie ich eben ans Werft komme, höre ich,

daß sie den guten Wind, der mir auch noch meinen Pana-
mahut hinterher gejagt hat, benutzt habe, um auszulaufen.
Jetzt sitz' ich wieder auf der wohlriechenden Heide und
kann hinterher fahren, wenn ich meine Sachen wieder haben will.«

»Das ist wirklich eine wahre Kette von Unglücksfällen.«

»Ja, und da soll man sich nicht ärgern, wenn man andere
Menschen von Pech reden hört! Sie haben sich zu beklagen? – Da kommt schon Ihr anderer Dampfer, der heute
eine halbe Stunde früher als gewöhnlich fährt, nur weil Sie
darauf warten. Wenn ich mit fortgewollt hätte, wäre der
Kessel geplatzt – oder er platzte vielleicht unterwegs –«
und dabei blies er den Rauch seiner Zigarre in dichten Wolken von sich.

Es war aber in der Tat, wie er sagte. Das zweite nach
Sausalita bestimmte kleine Dampfboot lief heute – aus
irgend einer unbekannten Ursache – eine reichliche halbe
Stunde vor seiner Zeit, und ich konnte es benutzen, schüttelte meiner neuen Bekanntschaft nur die Hand und sprang
an Bord.

An dem nämlichen Abend kehrte ich zurück und schlen-
derte nach Dunkelwerden, mit nichts auf der Welt zu tun,
über die Plaza und an den Spielhöllen vorüber, die hier in
glänzender, lichtstrahlender Reihe lagen und durch rau-
schende Musik ihre Opfer anzulocken suchten. Da entstand
vor einem der größten Salons, dem Eldorado, ein Tumult,
und ein Schuß fiel. Ich sprang hin, um zu sehen, was es da
gebe. Es war die alte Geschichte – einer der Spieler hatte
betrügen wollen und wurde dabei erwischt; als er aber ent-
floh, feuerte der Betrogene einen Schuß hinter ihm drein,

traf aber natürlich nicht den, auf den er gezielt, sondern einen harmlos vor dem Haus gerade Vorübergehenden.

Der Mann hatte die Kugel ins Bein bekommen und war gestürzt. Einzelne sprangen zu, um zu sehen, ob er vielleicht gefährlich verwundet sei. Ich drängte mich auch hindurch, und wenn mir der arme Teufel nicht so leid getan, hätte ich laut auflachen mögen – es war richtig Herr Meier.

Landsleute nahmen sich übrigens seiner an und schafften ihn fort, und ich habe ihn von da an nie wieder gesehen, oder auch nur von ihm gehört. Einige Zeit später aber, an dem nämlichen Tage, an welchem ich selber Kalifornien verließ, traf die Kunde ein, daß ein nach New York bestimmtes Schiff an der Küste gestrandet, die Mannschaft und Passagiere aber gerettet seien. Ich zweifle keinen Augenblick, daß Meier dort an Bord gewesen ist.

MARTIN SUTER

Lobsigers Schicksalsabend

Kurz vor vier erhält Lobsiger den Anruf, auf den er seit fast einem Jahr gewartet hat. »Falls Sie und Ihre Frau am Freitag nichts vorhaben«, sagt Klopfsteins Stimme, »wir machen eine kleine Einladung und würden uns freuen, wenn Sie dabeisein könnten.«

Als er auflegt, stößt Lobsiger, der sonst ein eher zurückhaltender Typ ist, ein lautes »Hossa!« aus. Die Privateinladung bei Klopfstein bedeutet, daß er in der engsten Wahl für die Gebietsleitung ist. Wenn er diese Hürde nimmt, ist die Sache geritzt.

Isabelles Reaktion ist weniger euphorisch. »Und was, bittesehr, soll ich anziehen?« ist ihre erste Frage, nachdem sie die sensationelle Neuigkeit – auf seinen Wunsch sitzend – erfahren hat. Vielleicht hätte er nicht sagen sollen: »Du wirst doch irgend etwas anzuziehen haben.« Und sie vielleicht nicht: »Irgend etwas schon, ich dachte nur, es sei wichtig.« Jedenfalls ist von jetzt an der Wurm drin. Da nützt es auch nichts, daß sie sich vor dem Einschlafen zu einem »Du, das mit der Einladung bei Klopfsteins ist wirklich super« aufrafft. Er weiß: Die Sache ist ab jetzt negativ besetzt.

Es ist ein offenes Geheimnis, daß Klopfsteins Frau ein gewichtiges Wort mitzureden hat, wenn es um die Besetzung von oberen Kaderstellen geht. Die Privateinladung, so geht das interne Gerücht, diene einzig der Begutachtung des Kandidaten und seines Ehepartners. Lobsiger ist zwar nicht überzeugt, daß das stimmt, aber um ganz sicherzugehen, flicht er eine Andeutung in dieser Richtung in die Frühstücksunterhaltung mit Isabelle ein. Das hätte er besser bleiben lassen. Von nun an tönt es nur noch: »Glaubst du, Frau Klopfstein findet Chanel 19 nicht zu aufdringlich?« Und: »Geht das, oder ist es für Frau Klopfstein zu tief ausgeschnitten?«

Lobsiger, der nach elf Jahren Ehe ein Liedchen von Isabelles Unberechenbarkeit singen kann, hält sich zurück.

Aber auch er besitzt Nerven. Besonders eine Stunde vor dem vielleicht wichtigsten Abend seines Lebens. Als Isabelle die Nase fertig gepudert hat und fragt: »Geht es so, oder muß ich sie mir operieren lassen?«, rastet er aus und brüllt: »Den ganzen Kopf solltest du dir operieren lassen!«

Isabelle faßt sich mit beiden Händen an den Kopf und verstrubbelt für 214 Franken plus Trinkgeld Waschen-Schneiden-Tönen-Stylen. »Besser so?« fragt sie, und ihre Augen blitzen haßerfüllt unter den irreparablen Schäden ihrer Frisur.

Zum ersten Mal versteht Lobsiger, daß es Männer gibt, die ihre Frauen umbringen. Er holt mit der Linken weit aus und schaut auf seine Armbanduhr. »Ich gebe dir genau zehn Minuten, um das wieder in Ordnung zu bringen«, befiehlt er schneidend.

»Sonst?« fragt Isabelle und verschränkt die Arme vor ihrem neuen 1840-Franken-Gucci, dessen Ausschnitt in dieser Pose Frau Klopfstein tatsächlich etwas tief vorkommen dürfte.

Einen Moment starrt Lobsiger sprachlos in Isabelles Décolleté wie in den Abgrund seines Karriereendes. Dann sagt er, so vernünftig wie möglich: »Ach komm, Isabelle, so kannst du doch nicht gehen.«

»Wer sagt denn, daß ich gehe …?«

*

Lobsigers Ehe hat schon manche Krise durchgemacht in den elf Jahren ihres Bestehens. Da war die Sache mit den Seychellen, als Lobsiger Isabelle mit der Idee überraschte, zwei Wochen auf einer Trauminsel zu verbringen, und ihr verheimlichte, daß Mauri vom Controlling auch dort sein würde. Dann der Jubiläumsball, an dem Isabelle den ganzen Abend wie ein Sahnetörtchen in zweitausend Franken Tüll auf einem unbequemen Stuhl am Direktionstisch saß und zuschaute, wie Lobsiger Herrn Dr. Kernig Gesellschaft leistete (dem senilen Kernig in den Arsch kroch), weil dieser nicht tanzte. Und dann war da natürlich noch Lobsigers toupiertes Gift, wie Isabelle Frau Arrigoni noch immer nennt, obwohl er außer einem DNS-Profil praktisch jeden Entlastungsbeweis beigebracht hat.

Aber keine dieser Krisen besaß auch nur annähernd die apokalyptische Dimension von dieser. Achtzehn Minuten bevor sie bei Klopfsteins zum Überspringen der letzten Hürde des Gebietsleitungs-Parcours erwartet werden, verweigert Isabelle. Die Haare stehen ihr in von Gelspray verklebten Büscheln vom Kopf, die Pumps (»Gehen die, oder findet sie Frau Klopfstein vielleicht zu nuttig?«) hat sie weggekickt, und jetzt beginnt sie einen Wattebausch mit Démaquillage zu tränken, in der Absicht, sich ein Dreiviertelstunden-Make-up in drei Minuten vom Gesicht zu schmieren.

Lobsiger packt sie bei den Handgelenken und stammelt: »Und was sag ich Klopfsteins?«

»Sag ihnen doch einfach, mir sei nicht gut.«

»Wenn es dir so schlecht geht, daß du nicht einmal zu Klopfsteins kannst, dann müßte ich doch korrekterweise auch zu Hause bleiben.«

»Dann geh halt auch nicht.«

Statt einer Antwort verdreht Lobsiger die Augen, daß ihn die Augäpfel schmerzen.

»Dann sag halt, ich sei tot. Herzschlag. Vor Freude über die Einladung.«

Lobsiger erwägt kurz, sich rückwärts fallen zu lassen und in voller Länge hinzuschlagen. Aber er begnügt sich dann doch damit, Isabelles Handgelenke ein wenig zu schütteln.

»Wenn du nicht sofort losläßt, schreie ich!« schreit Isabelle.

Lobsiger läßt augenblicklich los. »Okay. Können wir jetzt?«

Isabelle seufzt und schüttelt den Kopf. »Begreif endlich, ich komme nicht mit.«

Kopfschütteln kann Lobsiger auch. »Begreif du endlich, es geht um unsere Zukunft.«

Sie stehen sich gegenüber und schütteln den Kopf und schütteln den Kopf, bis Isabelle schließlich sagt: »Es geht um *deine* Zukunft. *Ich* lasse mich scheiden.«

Jetzt kommt Lobsigers beachtliches taktisches Geschick zum Tragen. Ohne lange zu überlegen, sagt er: »Und wieviel Alimente kann ich dir bezahlen, wenn ich den Gebietsleiter nicht bekomme?«

Isabelle legt den Wattebausch auf den Schminktisch und überlegt. Schließlich sagt sie: »Aber sobald du Gebietsleiter bist, lassen wir uns scheiden, abgemacht?«

»Abgemacht«, antwortet Lobsiger und gibt Isabelle einen Kuß.

*

Obwohl sie inzwischen vierzehn Minuten verspätet sind, hält sich Lobsiger auf der Fahrt zu Klopfsteins gewissenhaft an die Verkehrsvorschriften. Er will den Waffenstillstand nicht gefährden, sein Fahrstil gab auch schon in weniger vorbelasteten Situationen Anlaß zu grundsätzlichen Ehekrächen. Aber als er vor einer Ampel, die gerade auf Gelb gewechselt hat, vom Gas geht, ruft Isabelle: »Das schaffst du noch, mein Gott, du fährst doch sonst nicht so memmenhaft!«

Lobsiger räubert praktisch bei Rot über die Kreuzung und wirft Isabelle einen verstohlenen Blick zu. Daß seine Frau durch die Aussicht auf Scheidung dermaßen motiviert ist, irritiert ihn nun doch ein wenig. »Wir werden sowieso die ersten sein«, sagt er. Ein Satz, mit dem sonst sie ihn zur Weißglut bringt.

Isabelle reagiert nicht. Sie hat die Sonnenblende heruntergeklappt und mustert sich im Beifahrerspiegel. Sie hat in den wenigen Minuten, die ihr für die unlösbar scheinende

Aufgabe geblieben sind, ihre Frisur zu retten, wahre Wunder vollbracht: die Haare geduscht und naß mit Gel zurückgekämmt. Lobsiger findet, es sehe fast besser aus als vorher, hütet sich aber, es laut zu sagen.

Vor Klopfsteins Haus stehen ein paar Autos, von denen Lobsiger zwei kennt: Kindlers Alfa und Wermüllers BMW. Oberste Führungsebene. Er holt tief Luft, parkt seinen Volvo, steigt aus und nimmt den Blumenstrauß vom Rücksitz. Isabelle bleibt sitzen. Er öffnet ihre Tür und fragt: »Was ist jetzt schon wieder?«

Sie reicht ihm die Hand und läßt sich mit einem anmutigen Lächeln aus dem Wagen helfen. »Könnte ja sein, daß sie uns schon vom Fenster aus beobachten«, raunt sie ihm zu.

Arm in Arm gehen Lobsigers den Plattenweg zu Klopfsteins Hauseingang hinauf. Bevor er auf die Klingel drückt, zischt sie: »Damit das klar ist: Du bekommst die Gebietsleitung und ich die Scheidung.«

Von da an mimt Isabelle Lobsiger die liebende Gattin. Als Klopfstein die Tür öffnet, läßt sie sich dabei ertappen, wie sie ein letztes Mal den Sitz von Lobsigers Krawatte prüft. Während der Vorstellungstour durch den Stehcocktail sucht sie immer wieder seine Hand. Sie füttert ihn neckisch mit Käse-Blätterteig-Gebäck. Und obwohl sie mit den hohen Absätzen praktisch gleich groß ist wie er, schafft sie es, immer wenn er spricht, bewundernd zu ihm hinaufzuschauen – wie Nancy Reagan zu ihrem Ronnie während der Vereidigung.

Als die Tischordnung von Frau Klopfstein sie auseinanderreißt, sucht Isabelle immer wieder Lobsigers Blick und schickt ihm verstohlene Küßchen über die Gemüseterrine. Und beim Kaffee weiß sie es einzurichten, daß sie neben ihn auf das Sofa zu sitzen kommt. Und ihre Hand auf sein Knie zu liegen.

»Und?« fragt Klopfstein seine Frau, als sie schließlich dem Ehepaar Lobsiger nachschauen, wie es eng umschlungen den Weg zum Gartentor hinunterschlendert.

Mit einem wehmütigen Lächeln antwortet sie: »Der Streß der Gebietsleitung wäre das Ende dieser schönen Beziehung.«

ZOË JENNY

Auf der Heimfahrt

In Valencia blieb der Wagen stehen. Die Nacht war hereingebrochen, und die Scheinwerfer jagten über den Asphalt, an dem dunkelblauen Buick vorbei, der mitten auf der Straße stand und sich nicht mehr rührte. Tom konnte vom Rücksitz aus sehen, wie ihr Vater verzweifelt versuchte, den Motor wieder anzulassen. Er trat jetzt heftiger auf das Gaspedal, aber der Motor erstarb bei jedem Versuch unter einem immer leiser werdenden Röcheln.

Jane hatte sich hinten im Laderaum des Wagens mit Decken und Kissen einen Schlafplatz eingerichtet. Als sie erwachte, stand ihr halblanges blondes Haar zerwühlt vom Kopf ab. Tom gab ihr mit der Hand ein Zeichen, dass sie weiterschlafen solle, doch Jane dachte nicht daran, kletterte neben ihren Bruder auf den Rücksitz und blickte neugierig aus dem Fenster. Draußen donnerten die Lastwagen dicht an ihnen vorbei, und ihr Wagen schwankte wie ein Boot im Wellengang großer Dampfer.

»Wir müssen den Wagen an den Straßenrand stellen«, rief Vater zu Tom gewandt. Tom stieg nach vorn, setzte sich hinters Lenkrad, und während er auf den rechten Straßenrand zuhielt, schob Vater von hinten den Wagen.

Tom fühlte die Kraft, die er in den Armen brauchte, um das Lenkrad zu halten. Er war froh, dass er Vater jetzt helfen konnte, dass er gebraucht wurde. Während sich seine kleinen Hände um das harte Leder des Lenkrads klammerten, stellte er sich vor, ein Kapitän zu sein, der sein Schiff durch ein Unwetter steuern musste. Das Hupen der vorbeifahrenden Autos waren die Wogen, die sich am Schiffsbug brachen. Er wäre gerne noch lange so am Steuer sitzen geblieben und bedauerte, dass der Wagen sicher am Straßenrand stand und Vater ihn wieder auf den Rücksitz schickte.

Durch die Windschutzscheibe sahen Tom und Jane Vaters Rücken kleiner werden und an der Straßenecke verschwinden. Er wollte eine Telefonkabine suchen und den Abschleppdienst rufen. Der Gehsteig war leer, die Geschäfte alle geschlossen, mit eisernen Rollläden, die bis an den Boden stießen. Um das gelbliche Licht einer Straßenlaterne schwirrten Mücken und Falter. Tom beobachtete, wie einige, die zu nahe ans Licht flogen, an der Glühbirne kleben blieben und verbrannten.

Die Hitze staute sich im Wageninnern, aber Vater hatte ihnen verboten, das Fenster zu öffnen, bevor er wieder zurück war. Jane war inzwischen wieder eingeschlafen. Sie hatte ihren Kopf auf Toms Schulter gelegt, er spürte, wie der Schlaf ihren Körper schwer machte und wie sie langsam von ihm weg zurück in den Sitz rutschte. Tom drückte sich ans Fenster, machte sich so klein wie möglich, damit Jane die ganze Sitzfläche für sich hatte. Er war froh, dass sie schlief und keine Fragen stellte. Manchmal hätte er gern mit jemandem über all die Dinge gesprochen, die ihn verwirrten, aber mit Jane, die vier Jahre jünger war als er, konnte er das nicht. Sie hatte auch in jener Nacht geschlafen. Am Morgen, als sie erwachte, war sie immer noch dieselbe Jane, während Tom wusste, dass sich alles verändert hatte und er nie mehr derselbe sein würde.

Jane wollte das Zelt am Strand direkt am Meer haben. Vater hatte ihr lange erklären müssen, dass das nicht gehe, weil sie sonst von der Flut mitgerissen würden. Jane hatte das schließlich stirnrunzelnd zur Kenntnis genommen, und Vater hatte ihr versprechen müssen, das Zelt so nah am Wasser wie nur irgend möglich aufzustellen. Tom und Vater errichteten das Zelt dann zwischen zwei Zypressen, während Jane vergnügt um sie herumtanzte. Sie drehte sich wild wie ein Kreisel um sich selbst, Tom blickte ihr fasziniert zu. »Sie hat wieder ihren Anfall«, sagte er zu Vater, der stumm lächelte. Jane fiel oft, wenn sie versöhnt war nach einem Streit, in eine Art von Freudentaumel. Sie tanzte dann oder sang laut, nur für sich selbst, als ob sie in sich Schleusen vor Glück öffnen konnte und sich in Rausch versetzen.

Es war ein geräumiges Zelt, in dem alle drei Platz hatten, mit einem Fenster und einem Vordach, unter dem sie einen Klapptisch aufstellten. An diesem Tisch saß Vater den ganzen Tag und schrieb auf lose Blätter, die er abends sorgfältig faltete und in einen Briefumschlag steckte. Tom beobachtete, wie er morgens jeweils den Brief vom Vortag zerriss und wieder von vorn anfing. Abends gingen sie in das Restaurant, das zum Campingplatz gehörte, und setzten sich in den kleinen Garten. Jane, die keine fünf Minuten still sitzen konnte, schüttete gewöhnlich irgendwann während des Essens ihre Cola über den Tisch. Dann ärgerte sich Tom, weil sie immer alle Aufmerksamkeit auf sich zog, und er verstand nicht, warum die Leute ihr trotzdem zulächelten und winkten, obwohl sie doch die Cola verschüttete und den ganzen Tisch verklebte. Wenn Vater besonders gut gelaunt war, gingen sie nach dem Essen noch an der Eisdiele vorbei, die sich in der Nähe ihres Zeltplatzes befand. Dann liefen sie nebeneinander, Jane in der Mitte, jeder versunken sein Eis essend, in stillschweigender Einheit. Einmal kam ihnen auf dem Weg eine junge Frau entgegen, und Tom bemerkte, wie sie mit ihrem Blick schon von Weitem Vater fixierte. Als sie auf derselben Höhe waren, lachte sie Vater an und grüßte auf eine Art, die Tom irritierte. In diesem Augenblick musste er an Mutter denken, und er wusste, wenn sie jetzt hier gewesen wäre, hätte die Frau Vater nicht auf diese Weise angeschaut. Tom hätte der Fremden am liebsten ins Gesicht gespuckt. Es war das erste Mal, dass Mutter in den Sommerferien nicht dabei war, in den Wochen, bevor sie weggefahren waren, hatten die lauten, wütenden Stimmen aus dem Elternschlafzimmer ihn mitten in der Nacht aus dem Schlaf gerissen. Tagsüber taten die Eltern so, als ob nichts geschehen wäre, aber Tom entgingen nicht die feindseligen Blicke, die sie sich während des Essens über den Tisch hinweg zuwarfen.

Sobald Tom und Jane im Zelt in ihre Schlafsäcke gekrochen waren, küsste Vater sie auf die Stirn und ging noch mal zum Restaurant zurück, um dort an der Bar allein etwas zu trinken. Jane, die sich tagsüber beim Spielen verausgabt hatte, war jeden Abend so erschöpft, dass sie sofort einschlief. Aber Tom wälzte sich unruhig im Schlafsack hin und her und lauschte den seltsamen Nachtgeräuschen draußen. Dem Rascheln im Gebüsch und dem Gesang der Zikaden, die laut zirpten, als führten sie aufgeregt ein Gespräch, zu dem er keinen Zugang hatte. Manchmal trug der Wind die Stimmen und die Musik aus der Bar bis ans Zelt. Dann musste Tom an Vater denken, dass er jetzt dort war, wo die Musik herkam, und er versuchte sich ihn vorzustellen, wie er mit leicht gebeugtem Oberkörper an der Theke stand und mit jemandem redete, aber er konnte sich ihn nur alleine vorstellen, wie ausgeschnitten aus der Umgebung.

Und dann versuchte er, ihn sich zusammen mit Mutter vorzustellen, wie sie an der Theke standen und aus demselben Glas tranken. Aber aus irgendeinem Grund, den er selbst nicht verstand, löste sich Mutters Gestalt in seinen Gedanken jedes Mal auf.

In jener Nacht kam Vater später zurück als sonst. Tom wachte auf, als er den Eingang zum Zelt öffnete. Im Mondlicht, das durch das Fenster ins Innere fiel, konnte Tom Vaters Umrisse erkennen. Ein scharfer Geruch von Alkohol ging von ihm aus. Er stand mitten im Zelt, ohne sich zu rühren, und starrte auf seine Kinder. Dann drehte er sich abrupt um und ging hinaus. Tom schlüpfte aus dem Schlafsack und blickte ihm nach. Mit schwankenden Schritten schlug Vater den Weg zum Meer ein. Schnell stand Tom auf, verließ, ohne sich etwas anzuziehen, im Pyjama das Zelt. Der Mond schien hell, und Tom folgte Vaters Fußspuren im Sand. Sie führten in einer Schlangenlinie zu den Dünen, hinter denen der flache weite Strand lag. Auf dem Kamm der Düne versteckte sich Tom hinter einem Busch aus Silbergras. Mit beiden Händen schob er das Gras ein wenig auseinander und beobachtete, wie Vater über den Strand direkt aufs Wasser zuging. Das Meer war unruhig in dieser Nacht und schleuderte wie im Zorn seine Wellen an Land. Als Vater mit den Schuhen das Wasser berührte, blieb er kurz stehen und ging dann langsam weiter. Tom sah Vaters Körper, je weiter er ins Meer hineinging, kürzer werden und langsam darin versinken. Er wollte schon hinter dem Gebüsch aufspringen und ihn rufen, als Vater plötzlich wieder auftauchte. Er hatte kehrtgemacht und kam wieder zum Strand zurück. Die triefenden Kleider klebten an seinem Körper, er hielt den Kopf gesenkt, und Tom konnte erkennen, wie er den Mund auf- und zumachte, als würde er etwas vor sich hin murmeln. Dann, mit der Plötzlichkeit eines aufgescheuchten Tieres, sprang er ins Wasser zurück, und diesmal drehte er sich nicht um. Es ging erstaunlich schnell. Tom sah seinen Kopf hinter jeder Welle kleiner werden. Er rannte die Düne hinunter dem Meer entgegen und schrie in das Tosen der Brandung. Doch seine Stimme wurde verschluckt vom Brausen der sich brechenden Wellen. Tom starrte auf die weite, vor ihm liegende dunkle Wasserfläche, die sich hob und senkte, als würde sie beben, aber Vaters Kopf konnte er darin nirgends mehr entdecken. Er wusste nicht, in welche Richtung er laufen sollte, und so rannte er ziellos am Strand hin und her und rief immer lauter aufs Meer hinaus, bis ihm vor Anstrengung schwindlig wurde: Er sah den Mond und die Sterne sich im Wasser spiegeln, in der Gischt zersplittern und sich auflösen. Als folgte er seinen eigenen Rufen, rannte er schließlich ins Meer hinein. Das Wasser klatschte ihm wie eine unwirsche kalte Hand ins Gesicht. Eine Welle hob ihn auf, als wäre sein Körper ohne Gewicht, und trug ihn ein paar Meter vorwärts. Er wollte rufen, stattdessen schluckte er Wasser und ruderte wild mit den Armen, er fühlte, wie die Nässe den Stoff seines Pyjamas schwer machte.

Tom konnte immer noch stehen, als er hinter einer Welle etwas Weißes aufblitzen sah. Es war Vaters Arm, der näher kam. Tom kletterte rasch aus dem Wasser, er wusste nicht, ob Vater ihn bemerkt hatte, wie er die Düne hinauf, zurück hinter das Gebüsch rannte. Er spürte das Herz bis in seinen Hals schlagen und warf sich erschöpft auf den Sand. Er steckte den Kopf zwischen die salzigen Knie und wollte weinen, aber er zitterte nur und biss sich ins Handgelenk. Vater lag, beide Arme zur Seite gestreckt, mit dem Gesicht nach unten am Strand. Tom erkannte einen von Vaters Schuhen im Wasser. Er wusste nicht, wie lange er so dagesessen hatte, bevor er ins Zelt zurückkehrte. Aber eine ganze Weile hatte er seine Zähne ins Handgelenk gebohrt, um sich zu beruhigen, und auf Vaters Schuh gestarrt, den die Wellen in regelmäßigem Rhythmus mit sich forttrugen und wieder anspülten.

Als Tom am nächsten Morgen erwachte, stand die Sonne bereits im Zenit. Sein Handgelenk schmerzte, er hatte es sich blutig gebissen. Durch das Zeltfenster sah er Vater, der wie immer unter dem Vordach am Tisch saß, den Kopf in die Hand gestützt hielt und schrieb.

Sie redeten nicht über das Geschehene, und Tom war überzeugt, dass Vater ihn gar nicht gesehen hatte. Er trug das Geheimnis in sich, als etwas, das ihn schwerer und einsamer machte. Nachdem er aufgestanden war, ging er mit Jane zum Schwimmen ans Meer hinunter. Er konnte die Stelle nicht wiederfinden, der Strand war überfüllt mit Menschen. Das Salzwasser brannte in seiner Wunde. Als Jane neugierig fragte, was er denn da am Handgelenk habe, erzählte er ihr von Monstern, die nachts ins Zelt gekrochen wären und ihn gebissen hätten, aber glücklicherweise hätte er sie vertreiben können, bevor sie sich auch an ihr zu schaffen machten. Jane kreischte fröhlich auf: »Du Lügner, du Lügner!« Tom hätte ihr fast den Kopf unter Wasser gedrückt oder ihr den Mund zugehalten. »Sei still. Sei nur still«, sagte er böse. Erschrocken über seine Reaktion, stieg Jane aus dem Wasser und mischte sich unter eine Gruppe von Kindern, die gerade an einer Sandburg bauten.

Tom schwamm auf dem Rücken und blickte in den Himmel. Das Geschrei am Ufer lag weit hinter ihm. Während er mit kräftigen Ruderbewegungen das Wasser um sich verdrängte, musste er an Mutter denken, und dass sie, wenn sie nach Hause zurückkehrten, vielleicht schon fort wäre.

Jane lag jetzt zusammengerollt auf dem Rücksitz. Tom hatte die Decke aus dem Laderaum geholt und über sie gelegt. Er nahm ihre schlafende Hand in die seine. Heute Morgen, kurz bevor sie abfahren wollten, war sie noch einmal zum Strand hinuntergerannt. In einem kleinen Korb sammelte sie Muscheln, die die Wellen ans Ufer gespült hatten. Als sie zurückkam, teilte sie fröhlich mit, dass sie den Korb mit den Muscheln Mutter mitbringen wolle. Darauf riss Vater ihr den Korb aus der Hand und packte ihn schnell in einen Koffer.

Tom hatte die Augen schon geschlossen und war gerade dabei einzuschlafen, als er Vaters Stimme hörte. Er kam mit einem Mechaniker zurück, der einen Werkzeugkasten bei sich trug. Tom stieg aus dem Wagen, und gemeinsam mit Vater sah er dem Mann zu, der unter der Motorhaube mit Schraubenschlüsseln hantierte. Es war jetzt ein wenig kühler geworden, Vater legte den Arm um Toms Schulter. Kurz darauf ließ der Mechaniker die Motorhaube zufallen. Endlich konnten sie weiterfahren.

Als Vater sich hinters Steuer setzte, fragte er Tom, ob er nach vorn kommen wolle. Es war das erste Mal, dass Vater ihm anbot, im Auto neben ihm zu sitzen. »Morgen früh sind wir zu Hause«, sagte Vater, ohne ihn anzuschauen. Sie fuhren durch die Nacht, und Tom fixierte die beiden weißen Lichtkegel, die die Scheinwerfer in der Dunkelheit auf den Boden warfen.

Autos kamen ihnen entgegen, die kurz aus dem Dunkel auftauchten und wieder verschwanden. Hinter sich hörte er leise Jane im Schlaf murmeln. Morgen früh sind wir zu Hause, dachte Tom, und obwohl ihm vor Müdigkeit die Augen zufallen wollten, nahm er sich vor, nicht einzuschlafen, wach neben seinem Vater sitzen zu bleiben, so lange, bis sie da waren.

PATRICIA HIGHSMITH

Zum Versager geboren

Manche Männer sind für den Erfolg geboren, wie die Funken nach oben fliegen. Manche machen das erste Geld als Fünfjährige mit Limonaden für Pfennigbeträge, legen sich zurück, was sie als Fünfzehnjährige beim Gebrauchtwagenhandel verdienen, und wenn sie fünfzig sind, rauschen die Tausender nur so herein, die sie mit Erdöl machen, mit Baumwolle, Windeldiensten, tiefgefrorenen Käsesnacks – kurz: mit allem, woran sie ihre goldenen Hirne verwenden, und wenn auch noch so oberflächlich.

Winthrop Hazlewood gehörte nicht zu ihnen. Winnie war der geborene Versager. Auf dem Foto, das ihn zusammen mit seinem älteren Bruder (der bereits als Zehnjähriger erfolgsgewohnt aussah) in einem Ziegenwägelchen zeigt, sieht er schon als Fünfjähriger wie ein Versager aus; das Foto steht heute noch auf dem Klavier in Winnies Haus in Bingley, Vermont. Ein anderes Bild auf dem Klavier zeigt Winnie als Einundzwanzigjährigen mit den anderen Absolventen seines College; er ist der fünfte von links in der letzten Reihe, unaufdringlich und mit Armesündermiene, als schäme er sich allen Ernstes, mit auf das Foto geraten zu sein.

Doch Winnie hatte ein Ziel, schon mit einundzwanzig. Er wollte eine Gemischtwarenhandlung eröffnen. Es war bezeichnend für ihn, daß er nie von einem »Warenhaus«, sondern immer von einer »Gemischtwarenhandlung« sprach. Winnie wollte in einer Kleinstadt leben. Er wollte das Gewerbe erlernen, indem er als Lehrling in einem Warenhaus in seiner Heimatstadt Bennington arbeitete, und danach einen eigenen Laden eröffnen. Im siebten Lehrjahr wurde seine Verlobte Rose Adams sein ewiges Lehrlingsdasein leid und verfrachtete ihn von seiner Stelle und von Bennington nach Bingley-on-the-Dardle, wo er seinen eigenen Worten zufolge schon immer hatte leben wollen. Winnie hatte ein paar Dollar gespart, und Rose bekam von ihrem Vater tausend Dollar als Mitgift und zusätzliche tausend Dollar für den neuen Laden. Winnie brauchte über fünf Jahre, um Mr. Adams die tausend Dollar samt Zinsen zurückzuzahlen. Mittlerweile war Winnies erstes und einziges Kind Mary geboren und im zweiten Lebensmonat gestorben. Der Arzt sagte, Rose dürfe nie wieder ein Kind bekommen. Winnie war tief enttäuscht, denn er liebte Kinder, doch Rose ließ er seine Enttäuschung nie merken. Er war ein Mensch, der sich in sein Schicksal fügte.

Winnie hatte sich einen Laden gewünscht, der hauptsächlich Männerkleidung verkaufte, und zwar Arbeitskleidung, weil Bingley eigentlich ein Bauerndorf war und Dinge wie Bänder, Knöpfe, Nägel und Hämmer, Dinge, wie man sie jeden Tag benötigte, wie Winnie sagte. Rose brauchte nicht lange, um zu begreifen, daß es schon zwei Läden in Bingley gab, die diese Artikel führten, und daß dem Ort ein gutsortiertes Textiliengeschäft fehlte. Winnie befolgte ihren Rat und führte hinfort alles von Kattun- bis zu schweren Wollstoffen. Er führte auch Kurzwaren, Seife, Schreib-

waren, Spielzeug, Überschuhe, Wasserfilter und Bohner-
wachs. Die letztgenannten Artikel variierten, weil Winnie
mit Vorliebe Sonderposten jeglicher Art kaufte, die Vertreter ihm anboten. Und die Geschäfte gingen zäh, wie Rose
immer wieder betonte, weil niemand wissen konnte, was
Winnie gerade im Sortiment führte. Kam man, um einen
zweiten Karton Seife zu kaufen, hatte er keinen mehr vorrätig; das war nicht der Weg, sich Stammkundschaft zu
sichern. Die Frauen in Bingley nähten alle, doch sie waren
einfach nicht zahlreich genug, um Winnie reich zu machen.
Winnie war zweiundfünfzig und ein müder, spindeldürrer
alter Mann, bevor er sein zweistöckiges Haus an der Inde-
pendence Street abbezahlt hatte.

Und selbst das war nur möglich um den Preis, den Laden
nicht anstreichen oder das Dach decken oder den Keller ab-
dichten zu lassen oder irgend etwas zu tun, wie es einem
ehrbaren Warenhaus anstand. Genau wie Winnie sah der
alte, mittelgroße arme Schlucker von einem Laden auf der
Flußseite der Main Street weit älter aus, als er war. Der
rötliche Anstrich war zu einem fleckigen Braun verwittert,
und fast alle der vergoldeten Buchstaben auf dem Laden-
schild von HAZLEWOOD'S GENERAL MERCHANDISE waren
abgeblättert, so daß man den Namen nur entziffern konnte,
wenn man ihn bereits kannte. Trotzdem war der Laden aus
Bingley nicht mehr wegzudenken, und die meisten Frauen
kauften ihr Nähzubehör nirgendwo anders, nicht einmal in
Bennington. So niedrig der Pegelstand von Winnies Konto
auch sein mochte, erreichte er doch nie ganz Ebbe, und
Winnie und Rose hatten zu essen, wenn auch nicht viel,
wollte man nach Winnies Aussehen schließen. Er hatte die

Figur eines mageren Vierzehnjährigen; er war nicht groß und ging gebeugt. Sein Gesicht war glattrasiert und völlig nichtssagend – eine Nase, die nichts weiter war als eine Nase, ein Mund, sanft wie ein Schafsmaul, und ruhige, aber müde graue Augen, die unter völlig gewöhnlichen braunen Augenbrauen hervorsahen. Sein Vater war früh kahl geworden, doch Winnies glattes, braungraues Haar wuchs hartnäckig so dicht wie eh und je, links gescheitelt und ihm ein wenig in die Stirn hängend, wie man es seit seiner Kindheit an ihm gewohnt war. In einer größeren Stadt wäre Winnie den wenigsten aufgefallen, doch in Bingley kannte ihn jeder, und jeder sprach ihn auf der Straße an, so als wäre er in einer Kleinstadt wie Bingley gerade wegen seiner Gewöhnlichkeit etwas Besonderes. Mit der Buchhaltung seines Ladens war er bis neun Uhr abends und später beschäftigt; um diese Zeit brachten die jungen Männer von Bingley ihre Mädchen von dem Siebenuhrfilm im Orpheus nach Hause. Alle sagten Winnie im Vorbeigehen guten Abend, und wenn im Hinterzimmer des Ladens noch Licht war, sagten sie: »Vermutlich ist Winnie noch bei der Arbeit, der arme Kerl.« Und wenn sie ihn nicht sahen und kein Licht war, bemerkten sie, daß Winnie offenbar ausnahmsweise früh nach Hause gegangen war. Kurzum, Winnie war in Bingley kein Niemand, kein Rädchen in einer Maschine, wie es viele Großstadtbewohner waren. Doch er war sich sehr wohl bewußt, daß er es nicht halb so weit gebracht hatte wie die meisten in Bingley, obwohl er doppelt soviel arbeitete wie die meisten.

Neben der Pech- oder zumindest nicht gerade Glückssträhne, die ihn jahrelang begleitete, widerfuhren Winnie einige Schicksalsschläge, die wirklich außergewöhnlich waren. So, als sein älterer Bruder in Bingley auftauchte, fünfzig Jahre alt und bankrott. Das letztemal hatte Winnie von Richard gehört, als dieser mit mexikanischen Minen an der Börse eine Viertelmillion Dollar gemacht hatte. Richard hatte Winnie einen triumphierenden Brief geschrieben und ihm mitgeteilt, er stehe im Begriff, sich ein Dorf in Mexiko zu kaufen und sich dort zur Ruhe zu setzen. Der Richard, der in Bingley auftauchte, war ein Schatten seiner selbst. Er hatte all sein Geld in eine Silbermine gesteckt, in der nichts gefördert wurde, hatte mit Verlust verkauft und den Verkaufserlös in einem Casino in Mexico City verspielt. Richard bat Winnie um Arbeit in seinem Laden. Winnie sagte, Richard könne ohne weiteres bei ihm wohnen, aber im Laden könne er ihn nicht brauchen. Es gab nicht genug Arbeit, und die Einnahmen waren zu gering, als daß er jemandem ein Gehalt zahlen konnte. Doch Richard ließ nicht locker.

»Verstehst du was von Buchhaltung?« fragte Winnie.

»Selbstredend! Klar verstehe ich was davon. Zahlen waren doch schon immer mein Spezialgebiet, stimmt's?« Richard wedelte dabei unbestimmt mit den Händen, und ein Schatten seines munteren Lächelns spielte auf seinen Zügen.

»Einen Buchhalter könnte ich schon brauchen«, sagte Winnie. »Aber ich kann dir nicht mehr zahlen als – sagen wir, fünfundzwanzig Dollar die Woche.«

Richard war einverstanden. »Ich helf dir auch beim Bedienen«, sagte er.

Rose war außer sich. »Richard, der dir nie einen Cent gegeben hat!« sagte sie zu Winnie.

»Nun ja, ich hab ihn nie um einen gebeten«, erwiderte Winnie.

»Ich wette, er kann nicht mal zwei und zwei zusammenzählen! Er hat noch nie was anderes gekonnt als sich herumtreiben und großspurige Reden schwingen!« Rose hätte noch ganz andere Dinge gesagt, wenn sie nicht in gewisser Hinsicht froh gewesen wäre, daß Winnie einen Buchhalter einstellte, selbst einen schlechten. Es schmerzte sie, daß man in Bingley darüber sprach, daß Winnie keinen einzigen Verkäufer in seinem Laden hatte und sommers wie winters so spät nach Hause kam, weil er nach Ladenschluß noch die Buchhaltung machen mußte. Rose hatte ehrgeizige Pläne gehabt, als sie nach Bingley gekommen waren. Nach und nach hatte sie sich von den meisten verabschiedet, doch noch immer ersehnte sie sich einen Kühlschrank und eine neue Nähmaschine, die elektrisch betrieben wurde. Aber wenn sie Richard jetzt jede Woche fünfundzwanzig Dollar auf die Hand zahlen mußten, konnte sie diese Träume bis auf weiteres begraben.

Richard hatte kein Händchen für die Buchhaltung, nicht einmal für das Rechnen. Er saß den ganzen Tag über seinen Schreibtisch hinten im Laden gebeugt und tat so, als schreibe er, während er nur die Ränder der Seiten vollkritzelte und Pläne schmiedete, wie er an Geld kommen und dem trübseligen Bingley den Rücken kehren könne. Statt Winnie beim Verkaufen zu helfen, pflegte Richard bei den seltenen Anlässen, wenn sich mehr als ein Kunde blicken ließ, zu verschwinden, entweder auf die Toilette oder zur Hintertür hinaus. Er versuchte, in Bingley Bekanntschaften zu knüpfen, und war nicht daran interessiert, daß jedermann wußte, daß er für seinen Bruder arbeitete. Wenn Richard sich der Ladentheke näherte, dann nur, um sich eine neue Krawatte auszusuchen oder sich ein frisches Paar Socken zu besorgen.

So kam es, daß Winnie schon bald seine Buchhaltung wieder selbst machte und um zehn Uhr abends durch kniehohen Schnee nach Hause stapfte, vor Erschöpfung so vornübergebeugt, daß er kleiner und unbedeutender aussah als je zuvor. Doch er sagte Rose nie etwas davon, daß Richard sich als Tunichtgut entpuppt hatte, und zahlte ihm weiterhin fünfundzwanzig Dollar in der Woche fürs Nichtstun. Rose verlangte nur zehn Dollar für Kost und Logis, und Richard aß mehr als sie und Winnie zusammen. Richard nahm zu, und die Farbe kehrte in sein Gesicht zurück.

»Ich glaube nicht, daß er noch lange bei uns bleiben wird«, sagte Winnie.

»Hat er gesagt, wann er geht?« fragte Rose hoffnungsvoll.

»Nö, aber so was spüre ich.«

»Wenn er geht, durchsuchst du ihn besser rechtzeitig«, warnte ihn Rose.

Doch das hätte gar nichts genützt, denn Richard verabschiedete sich eines schönen Tages – von Winnie und Rose zum Bahnhof begleitet und mit einem Lunchpaket aus gebratenem Hühnchen und Biskuitkuchen versehen – im Besitz von Wertgegenständen, die er nicht am Körper trug: siebenhundertfünfzig Dollar, die er von Winnies Firmenkonten an eine Bank in New York City überwiesen hatte. Winnie entdeckte den Verlust erst einen Monat später. Und er sagte Rose nichts davon.

Das war kurz vor Weihnachten; jedes Jahr, seit er in Bingley lebte, hatte Winnie um die hundert Dollar für eine Weihnachtsfeier und Geschenke für die Kinder des Waisenhauses ein paar Meilen außerhalb der Stadt beiseite gelegt. Diese Feiern kosteten ihn obendrein jedesmal seine Spielzeugvorräte. Und auch in diesem Jahr gelang es ihm, trotz der von Richard unterschlagenen siebenhundertfünfzig Dollar hundert Dollar Bargeld zusammenzukratzen, um Süßigkeiten und Plätzchen zu kaufen und den Pferdeschlitten zu mieten, in dem er die Waisenkinder zu sechst und zu acht spazierenfuhr. Rose schimpfte nicht, daß Winnie dieses Geld für die Kinder ausgab. Sie war glücklich, wenn sie sah, wie sein verhärmtes, müdes Gesicht strahlte, sobald er mit den Zügeln in der Hand umringt von Kindern im Schlitten saß und der Wind den Pelz seiner Waschbärfellmütze glattblies, während er die Pferde zungenschnalzend zu einem munteren Trab anspornte. Rose wußte, wie sehr ihm eigene Kinder fehlten.

Im Winter des Jahres, das Richards Kommen und Gehen gesehen hatte, gab es starken Schneefall und frühes Tauwetter, das alle überraschte und Winnie ganz besonders. Waren im Wert von dreitausend Dollar – Woll- und Baumwollstoffe, Drillichhemden, Nägel und was sonst noch an den Kellerwänden gelagert war – wurden durch Schimmel und Rost verdorben. Das Tauwetter war nicht allein schuld. Winnies Keller war schon immer feucht gewesen. Winnie hatte ihn neu zementieren lassen wollen, doch er hatte nie das Geld dafür erübrigen können. Und jetzt war es zu spät. Winnie erwartete einen Wutanfall bei Rose, die ihm seit Jahren eingeschärft hatte, er solle den Keller reparieren.

Doch Rose legte ihm nur wortlos den Arm um die Schulter und tätschelte ihm den Arm. Ihre unermüdliche Geduld mit ihm berührte ihn so sehr, daß ihm die Tränen kamen.

»Sei nicht traurig, Rose. Ich mache es dieses Jahr wieder gut«, versprach Winnie.

Einige Monate später erzählte ein Vertreter aus New Haven ihm von einer Ladung Baumwolle aus Indien, die er für weniger als einen Drittel ihres wahren Werts haben konnte, und Winnie dachte, der Moment sei gekommen, seine Verluste wettzumachen. Der Vertreter hatte eine Stoffprobe dabei.

»Nur eintausend Dollar«, sagte der Vertreter. »Die einzige Schwierigkeit ist die, daß die Fracht nicht versichert ist. Die indische Firma ist in Konkurs gegangen und hat keinen Cent mehr.«

Winnie dachte darüber nach. Er beschloß, keinen Fehler zu machen. »Ich werde sie von hier aus versichern«, sagte er. »Wie bald kann ich mit der Sendung rechnen?«

»Sie ist schon unterwegs. Sie soll in drei Wochen via Suez und Gibraltar ankommen. Die Papiere sind nicht indossabel.«

Winnie konnte keinen Vorteil in nicht indossablen Papieren sehen, wie es der Vertreter zu tun schien. Der einzige Vorteil war der niedrige Preis, und sogar Winnie war gewieft genug zu begreifen, warum er so niedrig war.

»Wollen Sie es wagen? Besiegeln wir das Abkommen mit etwas Barem?«

»Ja«, sagte Winnie. Er gab dem Vertreter fünfundsiebzig Dollar in bar und den Rest als Scheck, ausgestellt auf seine Bank in Bingley, die ihm ein Darlehen einräumte.

Auf den Tag drei Wochen nach dieser Transaktion erhielt Winnie ein Schreiben des Vertreters, das besagte, der Frachter *Bena-Li* aus Kalkutta mit Kurs auf Gibraltar habe im Mittelmeer Feuer gefangen und sei gesunken. Rose nötigte ihn, der Sache nachzugehen. Der Vertreter antwortete nicht auf Winnies Brief, aber die New Yorker Hafenbehörde bestätigte, daß ein Schiff besagten Namens zum genannten Zeitpunkt im Mittelmeer gesunken war. Die Fracht bestand aus Rohbaumwolle, Bambus und Tee. Stoffballen wurden nicht erwähnt.

»Ich bin mir sicher, daß es nie das kleinste bißchen Stoff gegeben hat«, sagte Rose. »Warum hatte der Vertreter nur ein kleines Stückchen, das er dir zeigen konnte?«

Winnie wußte, daß sie vermutlich recht hatte. Er stand mitten im Wohnzimmer und schämte sich so entsetzlich, daß ihm die Worte fehlten.

»Weißt du, was du meiner Meinung nach tun solltest? Einmal richtig Urlaub machen«, sagte Rose. »Fahr nach Maine zum Fischen. Weißt du noch, wie du dir immer gewünscht hast, zum Fischen nach Maine zu fahren?«

Winnie konnte sich kaum noch daran erinnern. Seit Jahren war es ihm nicht in den Sinn gekommen, Urlaub machen zu wollen. Er konnte sich nicht erinnern, wann er zum letztenmal Urlaub gehabt hatte. »Das habe ich nicht verdient, Rose.«

»Aber es würde dir wirklich guttun. Sperr den Laden einfach zu und fahr, Winnie. Noch in diesem Monat!«

Winnie sagte, in der zweiten Julihälfte wäre es vielleicht möglich. Dann im August und dann im September, und es wurde nie etwas daraus. Er machte sich Sorgen wegen des Darlehens, das er der Bank zurückzahlen mußte. Winnie arbeitete weiterhin von sieben Uhr morgens bis zehn Uhr abends, räumte die Warenbestände auf, nahm Kleingeld ein, orderte Nachbestellungen in vorsichtigen Mengen und rechnete am Ende des Tages seine Einnahmen von 6,25 Dollar, 11,19 Dollar und manchmal nur 3,10 Dollar zusammen.

Eines Abends faßte er den Sofaschoner auf der Rücklehne seines Lehnstuhls an, und er zerfiel ihm unter den Fingern zu Staub. Besser gesagt, er löste sich auf wie Rauch. Er ließ die gewichtlosen Reste in den Papierkorb fallen. Sie waren so leicht, daß er bezweifelte, daß Rose sie überhaupt bemerken würde, wenn sie das nächste Mal den Korb ausleerte.

Fünf weitere Jahre vergingen, und trotz so mancher kleinen Aufs und Abs belief Winnies Kontostand sich noch immer auf etwa hundertfünfundsiebzig Dollar, genau wie damals, nachdem Richard mit den siebenhundertfünfzig Dollar durchgebrannt war. Das einzige, was sich veränderte, war Roses Haar, das immer grauer wurde, und das Gefühl in Winnies Beinen, wenn er im Winter abends nach Hause trottete und die Füße anhob, um durch den Schnee vorwärts zu kommen. Von Winter zu Winter kam er sich erschöpfter vor.

Und eines Tages im April, als Winnie einundsechzig Jahre alt war, erhielt er ein Schreiben einer Anwaltskanzlei in New York. Es besagte, Oliver Hazlewood, ein Onkel Winnies, sei gestorben und habe ihm testamentarisch hunderttausend Dollar vermacht. Es würde ein Jahr dauern, bis das Testament Rechtskraft erlangte, doch nach Abzug von Steuern und Unkosten würde Winnie achtzigtausend Dollar erhalten.

Winnie und Rose nahmen diese Nachricht sehr gelassen auf, weil keiner von ihnen sich vorstellen konnte, daß sie wirklich wahr sein könnte. Tagelang erwähnten sie das Geld nicht einmal. Schließlich brach Rose das Schweigen und sprach vom alten Oliver Hazlewood, dem sie bei ihrer Hochzeit zum einzigen Mal begegnet war. Rose sagte, es sei sehr nett von ihm gewesen, Winnie so großzügig zu bedenken, denn soweit sie wisse, habe Winnie ihm nicht sonderlich nahegestanden, oder? Winnie sagte, er habe seinem Onkel überhaupt nicht nahegestanden und er sei sehr gerührt, daß Onkel Oliver ihm so viel Geld hinterlasse.

Etwas später begannen sie sich darüber zu unterhalten, was sie tun wollten, wenn sie das Geld bekamen. Sie wollten in Florida Urlaub machen. Oder vielleicht in Kalifornien. Möglicherweise würden sie sich sogar in Florida oder Kalifornien ein Haus kaufen.

»Das würde bedeuten, den Laden aufzugeben«, sagte Winnie.

Beide saßen eine Minute lang sprachlos da und versuchten sich ein Leben ohne den Laden vorzustellen.

»Wir sind wer, Rose. Jetzt wollen wir das, was uns vom Leben bleibt, in vollen Zügen genießen«, sagte Winnie tapfer.

Rose versuchte sich vorzustellen, wie sie das, was ihr vom Leben blieb, in vollen Zügen genoß. Limonade in einer Hängematte. So viele neue Kleider, wie sie wollte. Bridgepartys mit Tee und Süßigkeiten, wie sie es aus Romanen kannte. Aber Rose spielte nicht Bridge. Seereisen …

Sie konnte so vieles tun, daß ihr schwindelig wurde, sobald sie daran zu denken begann.

Sie beschlossen, Laden und Haus zu verkaufen, sobald das Geld im kommenden Mai kam, mit dem Zug gemütlich die kanadische Grenze entlangzufahren, die sie schon immer hatten sehen wollen, und dann nach Kalifornien zu ziehen. Wohin genau, wußten sie nicht, aber sie hatten von entzückenden kleinen Ortschaften an der Küste südlich von Los Angeles gehört. Bis der nächste Sommer sich einstellte, würden sie genauer wissen, welcher Ort ihren Wünschen am ehesten entsprach.

Weihnachten kam, und Winnie war so knapp bei Kasse wie eh und je, doch er mietete den Schlitten, belud ihn mit Geschenken für die Waisenkinder und fuhr wie in all den gut dreißig Jahren, die er in Bingley gelebt hatte, am Nachmittag des Heiligen Abends zum Waisenhaus. Doch diesmal erwartete ihn eine Überraschung.

Über dem Eingangstor des Waisenhauses flatterte ein roter Wimpel, auf dem in Goldbuchstaben stand: FRÖHLICHE WEIHNACHTEN, WINNIE!

Alle Kinder standen auf der Treppe, und Oberin Schwester Josephine war ebenfalls da. Sobald Winnie anhielt, trat Schwester Josephine vor und überreichte ihm eine kleine Schachtel.

»Die Kinder haben gesammelt, um Ihnen dieses Weihnachtsgeschenk zu kaufen«, sagte Schwester Josephine. »Sie haben mich gebeten, es zu überreichen, aber es ist ganz allein ihr Geschenk.«

Winnie öffnete die Schachtel. Sie enthielt eine goldene Uhr, in deren aufklappbarem Gehäuse Blumengirlanden und auf deren Rückseite seine ineinander verschlungenen Initialen eingraviert waren.

»Fröhliche Weihnachten, Winnie!« riefen die Kinder.

Winnie errötete. Er konnte nur daran denken, daß die Kinder Tausende von kostbaren Pennys geopfert hatten, um die teure Uhr zu kaufen, und daß er bald so reich sein würde, daß er sich eine solche Uhr leisten konnte, ohne die Ausgabe überhaupt zu bemerken. Er würde unter vier Augen mit Schwester Josephine sprechen müssen und sie bitten, die Uhr zu verkaufen und den Kindern das Geld zurückzugeben. Doch das hatte natürlich noch ein paar Tage Zeit, bis nach Weihnachten.

Winnie zeigte Rose die Uhr. Rose sagte, er müsse sie auf jeden Fall behalten. Es gehe um den Geist des Geschenks und nicht um das Geld, sagte sie.

»Außerdem willst du doch nicht, daß alle in der Stadt erfahren, wie reich wir sein werden – noch nicht –, oder?«

Das wollte Winnie auf keinen Fall. Die achtzigtausend Dollar machten ihn jedesmal ganz furchtbar verlegen, wenn er daran dachte. Irgendwann würden sie es allen sagen müssen, gewiß, doch Winnie wollte es erst im letzten Augenblick tun und möglichst ohne Aufhebens.

»Aber Schwester Josephine kann ein Geheimnis für sich behalten«, sagte Winnie. »Ich muß die Uhr so bald wie möglich zurückgeben, damit sie denselben Betrag zurückbekommen, den sie bezahlt haben.«

Rose merkte, daß es zwecklos war, mit ihm über diese Uhr zu streiten oder darüber, daß er jetzt schon mit Schwester Josephine sprechen wollte.

Winnie ging am zweiten Januar zu Schwester Josephine

und bat sie, die Uhr zurückzunehmen. Schwester Josephine wollte ihn dazu überreden, sie zu behalten und ihr den Geldwert der Uhr zu geben, wenn er sein Erbe ausgezahlt bekam. Doch Winnie konnte sich nicht dazu durchringen, bis zum Mai zu warten.

»Die Kinder werden sehr enttäuscht sein«, sagte die Schwester zu ihm.

»Ich hoffe, sie werden darüber wegkommen«, sagte Winnie. Dann schlich er aus ihrem Büro, gebeugt und klein und demütigeren Herzens, als je ein Kind nach einer Strafpredigt von dannen geschlichen war.

Schließlich war es Mai, und Winnie erhielt einen Brief von Mr. Hughes in der Anwaltskanzlei, in dem man ihn bat, nach New York zu kommen und die Papiere zu unterzeichnen und das Geld entgegenzunehmen.

»Tja, jetzt ist es wohl an der Zeit, Ed zu sagen, daß wir das Haus und den Laden verkaufen wollen«, sagte Winnie. Ed Stevens war der Immobilienhändler von Bingley.

»Das ist es wohl«, sagte Rose.

Am Nachmittag desselben Tages sprach Winnie mit Ed und sagte ihm den Grund: daß er achtzigtausend Dollar erbe und er und Rose in Kalifornien leben wollten. Innerhalb einer Stunde wußte die ganze Stadt die Neuigkeit. Am Nachmittag war Winnies Laden bis zum Bersten voller Leute, die hereinkamen, um ihm zu gratulieren und ihm die Hand zu schütteln. Aus ihrem Lächeln entnahm Winnie, daß sie es ernst meinten. Er hatte sich Sorgen gemacht, der eine oder andere könnte neidisch sein.

Am nächsten Tag fuhr Winnie nach New York. Es war erst das zweitemal in seinem Leben, daß er die große Stadt besuchte. Beim erstenmal war er so klein gewesen, daß er sich nicht an viel erinnern konnte, und so war es eine ganz neue Erfahrung für ihn; allein die Taxifahrt – Winnie wäre lieber zu Fuß gegangen, aber er fürchtete, sich zu verirren und bei dem Termin mit Mr. Hughes zu verspäten – von der Grand Central Station zur East Fifty-second Street ließ ihn sich vorkommen wie ein Stück Fichtenholz, das er einmal in einer Sägemühle in Bennington gesehen hatte und das im Handumdrehen entrindet, zugerichtet und in Haushalts-streichhölzer zerschnitten worden war. Winnie kam sich ungefähr so unbedeutend vor wie eines dieser Streichhöl-zer, als er den Plüschteppich in Mr. Hughes' Büro betrat. Doch Mr. Hughes war unvorstellbar freundlich und nett zu ihm und erklärte alle Papiere, bevor Winnie sie unter-schrieb, als wäre Winnie mit solchen Dingen ganz vertraut.

»Auf welche Bank wollen Sie die achtzigtausend über-wiesen haben, Mr. Hazlewood?« fragte der Anwalt. »Oder wollen Sie den ganzen Betrag als Treuhandvermögen ver-walten lassen?«

Winnie mußte schlucken, als er sich vorstellte, daß acht-zigtausend Dollar in der Bank von Bingley landeten. »Meine Frau und ich fahren nach Kanada«, sagte er. »Und danach ziehen wir nach Kalifornien und geben unsere gegenwär-tige Bank auf. Vermutlich können Sie mir das Geld nicht bar auszahlen, oder?«

Mr. Hughes sah einen Augenblick überrascht aus, doch dann lächelte er und sagte: »Selbstverständlich, bis zum Nachmittag wäre das möglich. Aber sind Sie sicher, daß Sie mit so viel Geld in der Tasche nach Vermont zurückreisen möchten?«

Winnie hatte eine alte Aktentasche mitgebracht, in der er das Geld wegbringen wollte. »Ich habe noch keinen roten Heller in meinem Leben durch Liegenlassen verloren – und auch nicht durch Überfälle«, fügte er mit einem Lächeln hinzu.

Sie vereinbarten, daß Winnie gegen vier Uhr in Mr. Hughes' Büro zurückkommen solle, so daß ihm Zeit genug blieb, den Nachtzug nach Vermont um halb sechs zu erreichen. Die Zwischenzeit verbrachte Winnie damit, langsam die Fifth Avenue entlangzuwandern, von der er wußte, daß sie die berühmteste Straße war, die großen Busse zu bestaunen, die bunten Taxis, die vorbeirasten, und die Schaufenster voller kostspieliger Artikel. Ein Fernglas für fünfundachtzig Dollar erregte Winnies Aufmerksamkeit. Er betrachtete es mit dem undeutlichen Verlangen und der großen Distanz, wie sie das Unerreichbare einflößen, so wie er sein Leben lang jeden kostspieligen Gegenstand betrachtet hatte, den er gern besessen hätte. Und plötzlich wurde ihm klar, daß er das Fernglas noch am selben Nachmittag kaufen konnte.

Die fünfundachtzig Dollar waren ja nur ein Tausendstel des Geldes, das er besitzen würde! Dieser Gedanke machte Winnie schwindelig, und er ging die Avenue entlang und versuchte, wieder zur Besinnung zu kommen, indem er an etwas anderes dachte. Eine Zeitlang saß er im Central Park. Die Bäume sahen ziemlich kläglich aus, doch im Grünen ging es ihm besser als inmitten all der Betongebäude.

Kurz nach vier Uhr überreichte Mr. Hughes Winnie acht Packen Geldscheine, die aus je zehn Tausenddollarnoten bestanden. Die Scheine mit den kleinen Tausenderziffern in

der Ecke sahen gar nicht wie echtes Geld aus, aber Winnies
Hände zitterten, als er die Päckchen in der Aktentasche
verstaute. Mr. Hughes schüttelte ihm herzlich die Hand
und wünschte ihm alles Gute in Kanada und in Kalifornien. Winnie dankte ihm von Herzen, für sich wie in Roses
Namen.

Im Zug bemühte er sich, nicht an das Geld zu denken.
Er legte die Aktentasche in das Netz über seiner oberen
Schlafkoje und schlief so schnell ein wie immer.

Erst am nächsten Morgen, auf der Fähre über den Dardle
nach Bingley, begann Winnie über das Geld in der Aktentasche nachzudenken. Er dachte darüber nach, wie schwer
er all die Jahre gearbeitet und wie wenig es ihm eingebracht
hatte. Nicht einmal genug, um Rose einen Kühlschrank zu
kaufen. Er dachte über all die Fehler nach, die er gemacht
hatte, und über das Pech, das ihm so unerbittlich folgte wie
ein Spürhund einer sicheren Fährte, seit er den Fuß nach
Bingley gesetzt hatte – das Durchbrennen seines Bruders
mit dem ganzen Geld und der Schimmel im Keller und die
unzähligen Male, wenn er Waren eingekauft hatte, die un-
verkäuflich waren, wenn er den Falschen Kredit eingeräumt
und wenn er Waren nicht eingekauft hatte, die verkäuflich
gewesen wären und mit denen er ein bißchen Geld verdient
hätte. Es war fast, dachte er, als hätte er sein Leben lang
den Mißerfolg gesucht und als wäre das einzige, was er mit
Erfolg getan hatte, ihn zu finden. Und jetzt überreichte
man ihm achtzigtausend Dollar auf dem Silbertablett für
nichts und wieder nichts. Er hatte es nicht verdient. Dieser
glückliche Zufall, der sein ganzes Leben ändern würde,
paßte nicht zu seinem Schicksal. Winnie griff nach einem

Taschentuch in seiner Hosentasche. Er dachte daran, daß er Bingley verlassen würde, und hatte Tränen in den Augen. Und als er den Arm hob, stieß er mit der Hand gegen die Aktentasche, die auf der Brüstung der Fähre lag.

Winnie wollte sie festhalten, aber es war schon zu spät. Die Aktentasche fiel schier endlos lange und versank mit einem leisen Plumpsen im Wasser. Winnie beugte sich über die Brüstung. Die Aktentasche war spurlos verschwunden.

»He!« rief Winnie zur Brücke hoch. »Halten Sie das Schiff an! Ich habe gerade achtzigtausend Dollar verloren!«

»Was haben Sie verloren?« fragte einer der Passagiere an Deck, ein Mann, den Winnie nicht kannte.

Winnie lief zu der Treppe, die zur Brücke hochführte. Dann blieb er stehen, von Kopf bis Fuß zitternd. Wie albern, die Fähre anhalten zu wollen! Wenn er sah, wie der Fluß dahinrauschte – Hochwasser obendrein, strudelnd und voller Schlamm vom Frühlingsregen –, wußte er, daß er die Aktentasche nicht in tausend Jahren wiederfinden würde, selbst wenn er ein Heer von Tauchern nach ihr suchen ließ!

»*Was* haben Sie verloren?« fragte der Mann neben ihm.

»Ach, nichts«, sagte Winnie.

Die Fähre näherte sich dem Landeplatz von Bingley. Eine Menge Leute schien sich eingefunden zu haben. Winnie hatte gehofft, unbemerkt nach Hause zu gelangen, weil er wußte, daß der erste, der ihn aus New York kommen sah, ihm sofort zum Besitz des Geldes gratulieren würde.

Als er den Landungssteg betrat, ertönte das Hurrageschrei der Menge.

»Willkommen zu Hause, Winnie!«

»Wie fühlt man sich als Millionär?«

»Winnie, wo hast du deinen Rolls-Royce?«

Die Feuerwehrkapelle neben dem Bootshaus intonierte *There'll Be a Hot Time in the Old Town Tonight* so laut, daß sie alles Geschrei und alle Rufe übertönte, und Winnie sah Rose im Sonntagsstaat und mit Blumen, die sie an einer Schulter festgesteckt hatte. Jetzt riefen alle wie aus einer Kehle: »*Ansprache! Ansprache!*« Winnie ging den Landungssteg hinunter und auf Rose zu. Er kam sich vor wie ein geprügelter Hund, und er vermutete, daß er auch so aussah, doch niemand schien daraus irgendwelche Schlüsse zu ziehen.

Cal Whiting, der Direktor der Bank von Bingley, hob die Hand, damit Ruhe einkehrte.

Winnie riß sich zusammen. Warum nicht die Gelegenheit ergreifen und es hinter sich bringen? dachte er sich. In ein paar Stunden würden ohnehin alle Bescheid wissen. »Meine Damen und Herren – liebe alte Freunde aus Bingley«, begann er, und lauter Applaus setzte ein. »Zu meiner unendlichen Scham muß ich Ihnen sagen, daß ich das Geld vorhin über die Brüstung der Fähre fallen gelassen habe. Aus Unachtsamkeit.«

Stöhnendes »Ooh!« war zu hören.

Und einzelne ungläubige »Huh?«.

»Oh, Winnie!« Roses Gesicht hatte sich verzogen. Sie streckte die Hand aus, als stehe sie im Begriff, ohnmächtig zu werden, und Winnie fing sie auf.

»Was soll das heißen, Winnie?« fragte eine Stimme.

»Das soll heißen, daß ich das Geld nicht mehr habe. Ich habe es verloren. Es ist in den Fluß gefallen. Ich nehme an, ich bin wieder derselbe alte Versager, den ihr schon alle kennt – und ich nehme an, Rose und ich werden nicht aus Bingley wegziehen.«

Es dauerte eine ganze Minute, bis die Menge begriffen hatte, was Winnie da gesagt hatte. Winnie hatte sich noch nie so elend gefühlt, so wertlos, so lebensunwürdig. Da standen sie, er und Rose, klammerten sich aneinander, wieder einmal als Verlierer, und das vor den Augen der ganzen Stadt.

Und plötzlich sagte Cal Whiting laut: »Also, Leute, ich finde, es ist ein echter Grund zum Feiern, daß Winnie nicht aus Bingley wegzieht. Was vorbei ist, ist vorbei, und ich finde, wir sollten zu meinem Haus gehen und das Fest feiern, wie wir es vorhatten!«

Damit waren alle einverstanden. Winnie wurde wie ein Strohhalm auf die Schultern der Männer neben ihm gehoben und die Main Street entlang und von dort zur Walnut Street und zu Cal Whitings Haus getragen. Winnie verlor Rose aus den Augen, und in all dem Gedränge und Singen konnte er nicht nach ihr rufen. Auf dem großen Rasen des Whiting-Anwesens standen vier oder fünf lange Tische voller Schüsseln mit Punsch, Sandwiches, Kuchen, Plätzchen, Doughnuts und Süßigkeiten. Genug, um die ganze Stadt satt zu bekommen, dachte Winnie. Auch alle Kinder aus dem Waisenhaus waren da und Schwester Josephine, die ihn so anlächelte, daß Winnie annahm, sie habe die schlechte Nachricht noch nicht gehört. Sie kam geradewegs auf ihn zu, sobald die Männer ihn absetzten.

»Winnie – «

»Schwester Josephine, ich habe das Geld verloren. Ich habe es gerade allen erzählt«, sagte Winnie mit dünner Stimme.

»Das habe ich schon von einem kleinen Jungen erfahren.« Schwester Josephine ergriff seine Hand und drückte etwas hinein. »Ich hoffe, Sie werden die Uhr jetzt behalten, Winnie. Ich habe sie nicht zurückgegeben. Sie hat auf Sie gewartet.«

Winnie schloß die Hand um die Uhr. »Danke, Schwester Josephine.«

Und dann traktierten sie Winnie mit Erdbeerpunsch und Hühnersandwiches und schwerer Schokoladentorte, bis er sich in einen Winkel des Rasens zurückziehen mußte, um nicht zu platzen. Rose folgte ihm. Sie sagte kein Wort und stand nur neben ihm. Sie lächelte, wenn auch ein anderes Lächeln als das am Landeplatz, bevor sie erfahren hatte, was mit dem Geld geschehen war.

»Bist du sehr enttäuscht, Rose?« fragte er sie.

»Ich glaube, ich bin überhaupt nicht enttäuscht. Ich glaube, heute ist der glücklichste Tag meines Lebens, Winnie.«

Winnie sah ihr geduldiges Gesicht an. Ihm war zumute, als wäre er dem Tod von der Schippe gesprungen. Aber er hatte auch das Gefühl, als hätte er das nicht verdient. »Weißt du, Rose, heute morgen auf der Fähre, kurz bevor ich das Geld verloren habe, da war mir, als könnte ich mich sehen – ich meine, als könnte ich sehen, wie ich auf die eine oder andere Weise immer den Mißerfolg gesucht habe –, Rose, hör mir einen Augenblick zu.«

»Komm zu den anderen, Winnie. Reden können wir später noch.« Rose zog ihn an der Hand.

»Aber ich muß es dir sagen. Ich will sagen ...«

Sie ließ seine Hand los, und er sah ihr zu, wie sie zu

einem der Tische ging, graziös und mit glücklicher Miene, fast so wie an ihrem Hochzeitstag. Winnie blieb, wo er war, in seinem Winkel. Er hatte plötzlich ein befremdliches und herrliches Gefühl, als wäre auch er zwanzig oder dreißig Jahre jünger.

Und er hatte noch eine Erkenntnis: Er sah, wie sein ganzes Leben zu diesem Augenblick hinführte, wie all die Jahre des Zweifels, der Verzweiflung, der schweren, fruchtlosen Anstrengungen zu diesem Augenblick hinführten, in dem alle, von denen er gar nicht gewußt hatte, wie gern sie ihn hatten, ihm bewiesen, daß er alles im Überfluß besaß, was er sich nur wünschen konnte. Und diese neue Wärme um sein Herz, die Gewißheit, daß Rose ihn liebte und daß jedermann in der Stadt ihn liebte – was sonst als das hatte er sein Leben lang gesucht? Was mehr konnte man sich ersehnen? Winnie machte sich keine Sorgen mehr. Winnie kam sich – er schämte sich fast, den Gedanken zu Ende zu denken – erfolgreich vor.

STEFAN SCHWARZ

Urlaub mit Bauarbeitern

Auf der Überfahrt von Teneriffa nach Gomera sollen manchmal Delfine zu sehen sein«, kläre ich, den Blick aus dem Reiseführer hebend, meine Frau auf, die neben mir in der munter über die Wellen schnellenden Schnellfähre sitzt. Aber meine Frau guckt nicht nach Delfinen. Sie guckt stur geradeaus. Recht hat sie. Nichts ist schneller enttäuscht als Tierbeobachtungshoffnungen aufgrund Reiseführerlektüre. In Schweden sollen ja angeblich auch Elche sein. Wir haben überhaupt noch nie einen Elch in Schweden gesehen. Und wir waren oft in Schweden. 100000 Elche werden jedes Jahr in Schweden geschossen. Wir haben auch mindestens 100000 Schilder gesehen, auf denen vor Elchen gewarnt wurde, aber nie einen Elch. Vielleicht schießen die Schweden ja auf die Schilder. Oder wir haben einfach kein Auge für Elche.

Aber meine Frau ist jetzt nicht die Einzige, die nicht nach Delfinen guckt. Die Passagiere vor ihr und neben ihr tun es ebenfalls nicht. Sie beobachten stattdessen meine Frau. Vermutlich aus Selbstschutz; damit sie rechtzeitig flüchten können. Meine Frau kämpft mit einem herben Schluckauf, und auf ihrem Schoß ruht eine offene Tüte. Dafür, dass meine Frau ausgesprochen gerne verreist, wird sie verblüffend leicht reisekrank. Wir kämpfen uns ja hier nicht durch einen Orkan. Draußen weht Windstärke 5 freundlich vor sich hin. Wer zweimal im Jahr aufbricht, um es sich irgendwo über den Wolken oder den Wellen übel ergehen zu lassen, sollte sich mal die Frage stellen, ob er wirklich reisen will oder nur einen Vorwand für bulimische Ausschreitungen sucht. Andererseits ist bei uns die Urlaubsfähigkeit auch ein bisschen ungerecht verteilt. Ich vertrage alle Reise- und Lebensmittel, verreise aber nur ungern. Auch möchte ich nicht anderer Leute Kultur kennenlernen. Meistens lernt man ja gar nicht deren Kultur kennen, sondern nur deren Steckdosenlochkonfiguration, und dafür muss man ja nicht fünf Stunden im Flieger sitzen. Aber meine Frau muss reisen. Sie will was erleben. Und wenn es nur Übelkeit ist.

Ein weiterer Grund, warum ich ungern verreise, ist, dass ich eigentlich ganz zufrieden bin mit den gemäßigten Breiten, in denen ich wohnen darf. Auf Teneriffa, das wir gerade per Schnellfähre verlassen, war hingegen volle Pulle Calima. Ostwind aus Afrika. Das ist ungefähr so, als wenn Ihnen jemand eine Heißluftpistole zum Lackabbrennen ins Gesicht halten würde. Aber nicht mal eben kurz, sondern dauerhaft und überall. Ich hätte nicht gedacht, dass man mit einem nassen Handtuch zugedeckt auf Fliesen schlafen kann, aber in einer original teneriffösen Bergbaude bei Ostwind aus der Sahara ist es ganz okay.

»Haben wir wenigstens was zu erzählen«, lachte meine Frau am nächsten Morgen schlapp und torkelte dehydriert zur Kaffeemaschine. Das ist es doch: Weil meine Frau immer was zu erzählen haben will, dürfen wir nicht kommod an einem Hotelpool auf den Plastikliegen herumfaulen, sondern müssen von unklimatisierten Ferienhütten aus spannende Bergwanderungen unternehmen. In den ungemäßigten Breiten aber sind die Berge nicht grün und bewaldet, sondern kahl, porös und bröcklig. Der von meiner Frau gewählte Pfad durch die »Höllenschlucht« auf Teneriffa war aber gottlob gesperrt, weil sich erst kurz zuvor ein paar Urlauber von herabfallenden Steinen hatten erschlagen lassen. Meine Frau wollte trotzdem und sogar über den Sperrzaun klettern. Ich hielt sie am Knöchel fest.

»Wenn du das machst, haben nur noch deine Trauergäste was zu erzählen!« Meine Frau kletterte zurück, schalt mich eine Memme, und ich verteidigte mich nicht einmal, denn ich kenne das Spiel. Natürlich würde sie niemals im Geröllschauer die Schlucht entlang wandern. Sie testet nur, ob ich sie noch liebe. Es soll ja Männer geben, die in solchen Situationen sagen: »Ja, geh ruhig. Ich setze mich hier so lange ins Café!«, weil sie gerade durchgerechnet haben, dass die Überführung von Teneriffa nach Deutschland sehr viel billiger ist als eine ordungsgemäße Scheidung.

Jetzt, wo ich neben meiner grünen Frau in der Schnellfähre nach Gomera sitze, juckt es mich zwar ein bisschen, den Begriff Memme noch einmal mit ihr zu diskutieren, aber ich halte mich dann doch zurück. Die Stunde kommt noch, wo sie einen richtigen Mann brauchen wird. Das wirkliche Abenteuer wartet noch auf uns. Ich weiß es. Und es wird nichts mit hohen Bergen und wilden Tieren zu tun haben.

Diesmal ist es: eine Abflussverstopfung. Eine Abflussverstopfung in einer rustikalen, nun ja, vielleicht nicht gleich, Finca auf Gomera. Genauer gesagt, ist es eine Abflussumleitung. Von der Toilette in die Dusche. Der Unrat verschwindet wie gewohnt im Abort, aber nur, um gleich darauf wieder in der Dusche zu erscheinen. Wir überlegen erst kurz, ob es irgendwas Landestypisches ist, was so sein soll, entscheiden dann aber, Hilfe zu holen. Und Hilfe holt – der Mann. Der Mann kann zwar – wie die Frau – kein Spanisch außer »Gracias«, aber er kann ja mit den Händen reden. Nun ist der Satz »Bei uns kommt die Scheiße in der Dusche hoch« ungefähr so einfach zu gestikulieren wie der Satz »Die Frequenz der Hochspannung im Teilchenbeschleuniger entspricht der Bahnumlauffrequenz der Ionen beim Durchlauf der Gaps zwischen den Hochfrequenzkavitäten«. Aber ich versuche es zumindest. Ich fahre die zwanzig Kilometer Serpentinen hinunter zu Don Miguel, unserem ausschließlich Spanisch sprechenden Vermieter, und gestikuliere. Don Miguel weiß sofort Bescheid. Er führt mich durch das kleine Städtchen, lacht dabei und zwinkert, und – schwupps – stehen wir vor dem städtischen Springbrunnen. Ich schüttele den Kopf und mache noch einmal, nur diesmal vor den Leuten auf dem Marktplatz, all die abscheulichen Gesten, die man machen muss, um eine Abflussumleitung von der Toilette in die Dusche anzudeuten. Diesmal landen wir in einem Blumenladen. Einen großen Strauß Rosen, der aus einem Kübel sprießt, will mir Don Miguel vermitteln. Bevor ich noch Gesten mache, die dazu führen, dass Don Miguel mich niederschießt, greife ich mir lieber im Blumenladen ein Blatt Papier und einen Stift und zeichne. Ich bin ein guter Zeichner. Es wird fast so etwas wie eine Bildergeschichte. Don Miguel ist regelrecht erschrocken und schickt mir sofort zwei Bauarbeiter mit, die den Boden im Bad mit unsensiblen Spitzhacken aufhacken. Meine Frau hat sich wegen des Lärms nach draußen verzogen und sonnt sich im Bikini auf der Terrasse. Das führt leider dazu, dass sich die Bauarbeiten enorm verzögern, denn die Bauarbeiter müssen alle zehn Minuten nach draußen auf die Terrasse gehen, um das Abfluss-Problem zu besprechen, wichtig vor sich hin zu rauchen oder meiner Frau lachend irgendwas Spanisches wie »Schöne Sonne heute« und »Schöne Bikini-Sonne heute« oder »Schöne Bikini-Sonne für Damen mit einer so tollen Bikini-Figur« zu erzählen.

Aber meine Frau lässt sich nicht beeindrucken. Sie weiß, was sie an mir hat.

Abends kommt sie – endlich frisch geduscht – zu mir ins rustikal knarrende Fincabett und fragt: »Kannst du auch ›Mietminderung wegen kaputter Toilette‹ zeichnen?«

DAVID SEDARIS

Sachte, Tiger

Vor Kurzem saß ich im Flugzeug von Tokio nach Peking. Ungefähr zu der Zeit, als die Essenstabletts abgeräumt wurden, fiel mir ein, dass ich Mandarin lernen musste. »Verdammt«, flüsterte ich. »Ich wusste doch, dass ich etwas vergessen hatte.«

Normalerweise bin ich bei der Ankunft in einem fremden Land zumindest in der Lage, »Hallo« oder »Entschuldigung« zu sagen. Dieses Mal jedoch ging die Reise in zwei Länder, und ich hatte den Monat vor der Abreise dazu genutzt, mein Japanisch aufzufrischen. Wie schon bei meinen beiden vorherigen Besuchen hatte ich mit dem Audioprogramm von Pimsleur gearbeitet. Ich kannte auch die italienische Version und hatte festgestellt, dass sie dem gleichen Muster folgte. In der ersten halbstündigen Lektion spricht ein Mann eine fremde Frau an und fragt auf Italienisch, Japanisch oder welche Sprache man gerade gewählt hat, ob sie Englisch spricht. Die zwei quasseln etwa zwanzig Sekunden drauflos, bevor der amerikanische Sprachlehrer sich einschaltet und die Unterhaltung beendet. »Sagen Sie: ›Entschuldigen Sie‹«, klärt er den Zuhörer auf. »Fragen Sie: ›Sind Sie Amerikanerin?‹« Die Gespräche werden fortlaufend komplizierter, und die Sätze werden regelmäßig wiederholt, sodass man sie nicht vergisst.

Nicht alle Sätze, die ich mit dem Pimsleur-Programm gelernt habe, treffen auf mich zu. Beispielsweise fahre ich kein Auto, sodass ich mit der Frage: »Welche Straße führt nach Yokohama?« nie viel anfangen konnte. Das Gleiche gilt für: »Ist das Benzin hier teuer?«, obwohl ich: »Volltanken, bitte« mit Erfolg in Restaurants verwende, wenn ich eine zweite Tasse Tee möchte.

Dank Japanisch I und II bin ich in der Lage, einen Zugfahrschein zu lösen, bis neunhundertneunundneunzigtausend zu zählen, und wenn mir jemand Wechselgeld gibt, zu sagen: »Jetzt geben Sie mir das Wechselgeld.« Ich kann mich im Restaurant verständigen, ein Taxi rufen und sogar Small Talk mit dem Fahrer machen. »Haben Sie Kinder?«, frage ich. »Verreisen Sie dieses Jahr?« »Wohin?« Wenn er die Fragen an mich richtet, wie es bei japanischen Taxifahrern üblich ist, antworte ich, ich hätte drei Kinder, einen großen Jungen und zwei kleine Mädchen. Gäbe es bei Pimsleur den Satz: »Ich bin ein Homosexueller mittleren Alters und muss mich mit einer Nichte, die ich nie sehe, und einem noch ganz jungen Patenkind begnügen«, würde ich das sagen. Bis dahin arbeite ich mit dem, was ich habe.

Pimsleur ist eine große Hilfe, was die Aussprache angeht. Sämtliche Sprecher sind Muttersprachler und reden in ihrem natürlichen Sprechtempo. Die Nachteile sind, dass sie einem nie etwas erklären und dass man nicht lernt, selbst nachzudenken. Anstatt einem Bausteine anzubieten, mit denen man eigene Sätze konstruieren kann, ist man auf Hunderttausende auswendig gelernte Sätze angewiesen. Das bedeutet, dass man entweder auf eine entsprechende

Situation wartet, in der einer der Sätze passt, oder zu einem jener konfusen Konversationspartner wird, die, wenn sie nach Wandfarbe gefragt werden, antworten: »Die Bank befindet sich gegenüber dem Bahnhof«, oder: »Mrs. Yamada Ito spielt seit fünfzehn Jahren Tennis.«

Ich hatte vergessen, ein Pimsleur-Programm für Chinesisch herunterzuladen, sodass ich auf dem Flug nach Peking meinen Lonely-Planet-Sprachführer hervorzog, auch wenn ich wusste, dass es hoffnungslos war. Mandarin wird mehr gesungen als gesprochen, und selbst die Tatsache, dass die Wörter in Lautschrift angegeben waren, half mir nicht weiter. Das schmale Buch war nicht größer als meine Handfläche und in kurze Kapitel unterteilt: In der Bank, Beim Einkauf, An der Grenze. Unter »Flirten« stand: »Möchten Sie einen Drink?«, »Sie tanzen großartig«, »Sie sehen aus wie eine Cousine von mir«. Für den letzten Satz muss man Asiat sein, aber selbst dann hat er etwas leicht Bedrohliches, im Sinne von: »die Cousine, die ich schon immer ausziehen und mit Sperma bespritzen wollte.«

Im Unterkapitel »Sich Näherkommen« lernt man: »Ich mag dich sehr«, »Du bist großartig«, »Willst du eine Massage?«. Auf der folgenden Seite wird es heiß: »Ich will dich«, »Ich will Sex mit dir«, »Sollen wir ins Bett gehen?«. Und ein Satz, der speziell für mich sein könnte: »Keine Sorge, ich mache es selbst.«

Seltsamerweise haben die Autoren den Satz: »Lass das Licht an« vergessen, den man unbedingt braucht, wenn man tatsächlich eine dieser Redewendungen *anwenden* will. Man stellt sich vor, wie der oder die Reisende nackt auf dem Bett liegt, in sein oder ihr Buch schielt und stöhnt:

»Oh, ja!«, »Sachte, Tiger«, »Schneller«, »Fester«, »Langsa-mer«, »Sanfter«, »Das war … umwerfend / nicht normal / wild«, »Kann ich über Nacht bleiben?«.

Im nächsten Unterkapitel ist alles vorbei: »Hast du jemand anderen?«, »Er / Sie ist bloß ein Freund / eine Freundin«, »Dir geht es nur um Sex«, »Ich glaube, es funktioniert mit uns nicht«. Und zuletzt: »Ich will dich nie wiedersehen.«

Ein paar Tage, nachdem Hugh und ich aus China zurück waren, bereitete ich mich auf eine Reise nach Deutschland vor. Bei meinem ersten Besuch 1999 traute ich mich nicht einmal, »*Guten Morgen*« zu sagen. Die Geräusche aus meinem Mund klangen irgendwie falsch, sodass ich die ganze Zeit mit schlechtem Gewissen Englisch sprach. Nicht dass ich ein schlechtes Gewissen hätte haben müssen. In Paris schon, aber die Einstellung der Leute in Berlin ist: »Vielen Dank, dass ich mein perfektes Englisch anwenden darf.« Und ich meine perfekt. »Sind Sie aus Minnesota?«, fragte ich ständig.

Zu Anfang schreckte mich der harte Klang des Deutschen ab. Wenn jemand ein Stück Kuchen bestellte, klang das wie ein echter Befehl, in der Art von: »Schneide den Kuchen auf und leg dich mit dem Gesicht nach unten in den Graben zwischen den Schuster und das kleine Mädchen.« Ich glaube, das kommt daher, dass ich zu viele Filme über den Zweiten Weltkrieg gesehen habe. Dann erinnerte ich mich an die zahllosen Fassbinderfilme, die ich in den Achtzigern über mich hatte ergehen lassen, und Deutsch klang plötzlich konfliktbeladen anstatt grob. 2000 war ich gleich zweimal dort, und mit der Zeit ist mir der Klang der Sprache ans Herz gewachsen. Sie ist wie Englisch, nur seitwärts.

Inzwischen bin ich mindestens zehnmal dort gewesen und habe das Land von einem Ende zum anderen durchquert. Die Leute haben mir alle möglichen Wörter beigebracht, aber die beiden einzigen, die ich behalten habe, sind *Kaiserschnitt* und *Lebensabschnittspartner.* Das Wort bezeichnet nicht den »Geliebten« oder »Lebenspartner«, sondern eher »die Person, mit der man augenblicklich zusammen ist«, mit dem Hinweis darauf, dass die Dinge sich ändern können und man sich nicht festlegen möchte.

Bei meiner letzten Reise wollte ich es besser machen und lud mir alle dreißig Lektionen Deutsch 1 von Pimsleur herunter, die wie gehabt anfangen mit: »Entschuldigen Sie, sprechen Sie Englisch?« Wie bei den Programmen für Japanisch und Italienisch lernte ich die Zahlen und die Uhrzeit. Ebenso die Sätze: »Das Mädchen ist schon groß« und »Wie geht es Ihnen?«.

Im Japanischen und Italienischen lautet die Antwort auf die letzte Frage: »Mir geht's gut, und Ihnen?« Im Deutschen antwortet man mit einem kleinen Seufzer, gefolgt von einer kurzen Pause und dem Satz: »Nicht so gut.«

Als ich meinen deutschen Freund Tilo darauf ansprach, sagte er, die Antwort sei völlig korrekt. »Wir wollen einfach nicht verstehen, dass die Leute es nur aus Höflichkeit fragen«, erklärte er.

In Japanisch 1, Lektion 17, sagt die Sprecherin in der Rolle der Ehefrau: »*Kannono ga shitai n desu ga!*« (»Ich möchte einkaufen gehen, aber ich habe ein Problem, und du musst herausfinden, was es ist.«) Es geht in der Übung um Zahlen, also fragt der Ehemann, wie viel Geld sie hat. Sie nennt ihm eine Summe, und er bietet an, noch etwas draufzulegen.

In der deutschen Version gibt es die gleiche Übung. »Ich möchte noch etwas kaufen«, sagt die Frau. Ihr Mann fragt, wie viel Geld sie hat, und nachdem sie ihm die Summe genannt hat, sagt er kalt: »Von mir bekommst du keinen Cent. Das ist genug.«

In Japan gibt es bei Plimseur keine Konflikte, aber Deutschland ist ein mürrisches und oftmals unzivilisiertes Land. In einer Übung geht es darum, sich gegen einen Hotelpagen durchzusetzen, der einen um das Kleingeld prellen will und zuletzt hämisch sagt: »Sie verstehen kein Deutsch.«

»Oh, und ob«, lernt man zu sagen. »Ich verstehe sehr gut Deutsch.«

Das Programm ist voll von seltsamen Satzfolgen. »Wir sind nicht von hier. Wir wollen Mineralwasser«, will sagen, wenn das Paar zu den Einheimischen gehörte, würde es sich betrinken wie alle anderen auch. Nicht schlecht ist auch: »Der Wein ist zu teuer, und Sie sprechen zu schnell.« Die Antwort darauf wäre: »Sonst noch was. Arschloch?« Aber das bringen sie einem natürlich nicht bei.

Auf unserer letzten Tokio-Reise mieteten Hugh und ich uns ein Apartment in einem gesichtslosen Viertel ein paar U-Bahn-Stationen vom Bahnhof Shinjuku entfernt. Ein Angestellter der Immobilienfirma empfing uns an der Eingangstür, und als ich Japanisch mit ihm sprach, sagte er, ich solle mir ein paar Mangas kaufen. »Lesen Sie die, und dann wissen Sie, wie man in Japan tatsächlich redet«, sagte er. »Sie sind ein kleines bisschen zu höflich.«

Ich weiß, worauf er hinauswollte, aber für mich ist das kein großes Problem, besonders wenn man Ausländer ist und jede noch so kleine Unhöflichkeit andere nicht nur gegen einen selbst, sondern gegen das ganze Land aufbringt. In dieser Hinsicht ist Pimsleur um Längen besser als die Sprachführer meiner Jugend, in denen der Hässliche Amerikaner auftrat und die Leute zurechtwies. »Das habe ich nicht bestellt!«, brüllte er auf Griechisch und Spanisch. »Glaubst du etwa, du kannst mich reinlegen?«, »Verschwinde, oder ich hole die Polizei«.

Heutzutage braucht der amerikanische Reisende kaum noch einen Sprachführer. Wir gehen nicht nur davon aus, dass alle Welt unsere Sprache spricht, wir erwarten auch, dass die Leute es fließend tun. Nur ganz selten höre ich einen amerikanischen Reisenden zu einem Kellner oder Verkäufer in Europa sagen: »Ihr Englisch ist ausgezeichnet.« Stattdessen tun wir so, als gehöre es zu ihrem Job, wie das Tablett zu tragen oder Wechselgeld herauszugeben. In dieser Hinsicht sind die Sprachführer und Audioprogramme eine beinahe charmante Retourkutsche, denn sie fordern den Reisenden dazu auf, sich der Situation zu stellen und womöglich zurechtgewiesen zu werden, und nicht der Bulettenverkäufer in Bumficchio, Italien, der sich mehr schlecht als recht durchs Leben schlägt.

Eines der Dinge, die mir an Tokio gefallen, ist die ständige Bestärkung der eigenen Bemühungen. »Ihr Japanisch ist sehr gut«, höre ich von allen Seiten. Ich weiß, die Leute sind bloß höflich, aber es spornt mich an, und den gleichen Ansporn erhoffte ich in Deutschland zu finden. Ich besorgte mir dazu ein zweites Audioprogramm von einem Mann namens Michel Thomas und seinen zwei Mitarbeitern, einem Studenten und einer Studentin. Zu Beginn erklärt er, dass Deutsch und Englisch eng miteinander verwandt sind und deshalb vieles miteinander gemein haben. In der einen Sprache heißt das Verb »to come« und in der anderen »kommen«. Das Englische »give« ist im Deutschen »geben«. In Boston sagt man: »That is good«, und in Berlin: »Das ist gut.« Es ist ein großartiger Anfang, weil der Zuhörer glaubt: *Hey, ich kann do dis.*

Anders als der namenlose Sprecher bei Pimsleur erklärt Herr Thomas einem die Dinge – zum Beispiel die Tatsache, dass, wenn ein deutscher Satz zwei Verben hat, eines davon am Ende steht. Er spricht auch keine Sätze vor, die man auswendig lernen soll. Er rät sogar ausdrücklich davon ab. »Wie sagt man auf Deutsch: ›*Give it to me?*‹«, fragt er die Studentin. Sie und ich geben die richtige Antwort, dann wendet er sich an den Mann: »Und jetzt: ›*I would like for you to give it to me.*‹«

Zehn Minuten später sind wir bereits bei: »Ich kann es dir heute nicht geben, weil ich es nicht finden kann.« Wer nur Englisch spricht, mag das kinderleicht finden, aber jeder andere weiß, wie schwierig ein solcher Satz ist: zwei Verneinungen, zweimal das Pronomen »es« und die aberwitzige Konstruktion eines mit »weil« eingeleiteten Nebensatzes. Das Aufregende daran ist, dass man es selbst herausfindet. Man setzt sich mit der fremden Sprache auseinander, anstatt sie einfach bloß nachzuplappern.

Beim Gang durch ein Lebensmittelgeschäft mit Pimsleur *und* Thomas auf meinem iPod stelle ich mir die Ankunft in meinem Münchener Hotel in Begleitung meiner Freundin Ulrike vor, die nichts anderes von mir kennt als »*Cesarean section*« und »*the person I am with until someome better comes along*«.

»Bleiben wir hier heute Abend?«, lege ich mir im Kopf zurecht. »Wie viele Nächte? Zwei? Das ist teuer, nicht wahr?«

Ulrike ist eine wunderbare Frau, und allein dieser kurze Moment ungläubigen Staunens auf ihrem Gesicht, während ich unbekümmert daherrede, wird die vier Wochen Lernen wert gewesen sein.

Vielleicht werde ich nach dem Abendessen in meinem Hotelzimmer noch etwas fernsehen. Und wenn ich Glück habe, werde ich von zweihundert Wörtern etwa eins verstehen. Der Trick ist letztendlich, sich davon nicht entmutigen zu lassen und sich zu sagen: *Was soll's. Als ich bei meinem letzten Besuch in Deutschland ferngesehen habe, habe ich noch weniger verstanden.* Das war vor einigen Jahren in Stuttgart. In meinem Zimmer stand ein Fernseher auf einem Sockel an der Wand, und als ich ihn einschaltete, erschien ein Paar beim Sex. Es war kein Bezahlkanal, sondern das ganz normale Sonntagabendprogramm. Und die beiden waren wirklich voll bei der Sache. Mit meinem Sprachführer von Lonely Planet hätte ich vielleicht: »Bitte, nicht aufhören« und: »Das war wunderbar / nicht normal« wiedererkannt. Mit Herrn Thomas hätte ich: »Ich habe es dir gerade gegeben« verstanden, und mit Pimsleur: »Ich würde jetzt gerne kommen.«

Ich sah dem Paar eine oder zwei Minuten lang zu und schaltete auf den nächsten Kanal um, der nur Schnee zeigte, solange man nicht dafür bezahlte. Was mochte hier gezeigt werden, das man nicht umsonst auf dem anderen Kanal sehen konnte?, fragte ich mich. Vielleicht wie sie sich gegenseitig von innen nach außen stülpten?

Und ist das nicht das Schöne an Reisen in fremde Länder – immer wieder über etwas staunen zu können? Dazu muss man nicht einmal fließend die Sprache beherrschen. Es reicht, mit offenem Mund dazusitzen, nicht wirklich stumm, sondern einfach bloß sprachlos.

TOVE JANSSON

Fremde Stadt

Mein Enkelsohn und seine Frau hatten lange davon gesprochen, dass ich hinunterreisen und sie besuchen solle; »Großvater muss raus aus der Kälte und Dunkelheit«, sagten sie, »und zwar so schnell wie möglich.« Sie meinten wahrscheinlich: Bevor es zu spät wird.

Ich reise nicht besonders gern, aber es war wohl am besten, ihre freundliche Einladung anzunehmen und es hinter mich zu bringen, außerdem wollten sie eine Tochter vorführen, die vor ein, zwei Monaten auf die Welt gekommen war … Nein, vielleicht eher vor einem Jahr. Sie erklärten, die lange Flugreise sei zu anstrengend für mich, ich solle eine Zwischenlandung einlegen, in einem bequemen Hotel ausschlafen und am nächsten Tag weiterreisen. Unnötig. Aber ich ließ sie organisieren.

Es war bereits dunkel, als das Flugzeug zur Zwischenlandung hinunterging.

In der Flughalle merkte ich, dass ich meinen Hut vergessen hatte, und versuchte umzukehren, aber man ließ mich nicht durch die Passkontrolle. Meine Beine schmerzten, ich hatte zu lange still sitzen müssen. Jetzt zeichnete ich einen Hut auf den Umschlag des Tickets, sie verstanden mich allerdings nicht, sondern winkten mich nur zum nächsten Schalter weiter, wo ich ihnen meine Papiere gab, alle Pa-

piere, die ich von meinem ordentlichen Sohn bekommen
hatte. Die meisten waren übrigens schon kontrolliert und
gestempelt worden, aber ich zeigte sicherheitshalber alles,
die Sache mit dem Hut hatte mich verwirrt, und außerdem
verabscheue ich es zu fliegen. Allmählich begriff ich, dass
sie wissen wollten, wie viel Geld ich dabeihatte, also holte
ich die Brieftasche heraus und ließ sie selbst zählen, einiges
fand ich noch in meinen Taschen. Das Ganze dauerte elend
lang, fast alle anderen Passagiere waren verschwunden, und
ich befürchtete, den Bus in die Stadt zu verpassen. Sie verwiesen mich an einen anderen Schalter, wo ich offenbar
schon gewesen war, inzwischen war ich nervös, vielleicht
machte ich einen ungeduldigen Eindruck, jedenfalls holten
sie mich hinter einen Tresen und durchwühlten meinen
Koffer. Ich konnte ihnen ja nicht erklären, dass meine Nervosität einzig und allein mit meinem verschwundenen Hut
zu tun hatte und mit der Angst, den Bus zu verpassen. Ja,
und mit meiner unüberwindlichen Abscheu vor dem Fliegen – nun, das habe ich wohl bereits erwähnt.

Schließlich zeichnete ich einen weiteren Hut, viele Hüte,
deutete auf meinen Kopf und versuchte zu lächeln. Sie riefen einen älteren Mann herbei, der sehr ruhig wirkte, er
sah mich und meine Zeichnungen an und sagte etwas, das
hätte bedeuten können: Begreift ihr denn nicht, dies ist ein
Herr, der seinen Hut verloren hat. Jedenfalls spürte ich sofort, dass ich verstanden worden war, und empfand daher
nicht das geringste Erstaunen, als sie mich an den nächsten
Schalter verwiesen, hinter dem sich ein kleiner Raum voller
Hüte, Handschuhe, Regenschirme und ähnlicher Dinge befand. Ich holte meine Zeichnung hervor, und um das Ganze

noch zu verdeutlichen, füllte ich den Hut mit Schwarz aus. Inzwischen waren alle Passagiere verschwunden, das Licht in der Flughafenhalle erlosch nach und nach, die Gepäckwagen wurden weggerollt, und ich begriff, dass man mich loswerden wollte. Ich deutete auf einen Hut, der oben auf einem der Regale lag, und klopfte mit dem Stock auf den Boden. Als ich den Hut in Empfang nahm, war es nicht mein eigener, aber von dem ganzen Hin und Her war ich so erschöpft, dass ich ihn aufsetzte und ein Papier unterschrieb, selbstverständlich unterschrieb ich an der falschen Stelle und benötigte ein weiteres Papier.

Endlich kam ich auf die Straße hinaus, sie war leer. Die undefinierbare Ödnis, die ein Fluggelände zu umgeben pflegt, erstreckte sich ringsum in alle Richtungen. Die Nacht war kalt und neblig. Als ich lauschte, konnte ich in weiter Ferne die Stadt hören, mich befiel der Eindruck vollkommener Unwirklichkeit. Doch dann sagte ich mir: Das hier ist keineswegs beunruhigend, es handelt sich vielmehr um etwas, das man eine Situation nennen könnte, und die wird sich nie wiederholen. Du musst dich beruhigen. Erst mal abwarten. Kurz erwog ich, zurückzugehen und jemanden darum zu bitten, ein Taxi anzurufen, Taxi müsste in allen Sprachen wohl gleich klingen, zudem könnte man ja ein kleines Auto zeichnen. Aber irgendwie erschien es mir wenig verlockend, die dunkle Flughafenhalle wieder aufzusuchen. Vielleicht war das letzte Flugzeug schon gestartet und weitere wurden nicht erwartet, was wusste ich schon über diese unglaublichen – also, diese *Flugapparate,* wie man sie in meiner Jugend nannte! Meine Beine schmerzten und ich war ziemlich verärgert. Die Straße schien endlos, mit langen dunklen Abständen zwischen den Straßenlampen. Mir fiel ein, dass sie Strom sparen mussten.

Und ich wartete. Wieder einmal begann es mich zu plagen, dass mein Gedächtnis nachgelassen hat, dies ist eine fatale Einsicht, die mir immer dann kommt, wenn ich gezwungenermaßen warten muss. Und ich kann nicht umhin, festzustellen, dass ich mich wiederhole und mitunter ein und derselben Person dieselben Dinge mehrere Male erzähle. Hinterher merke ich es jedesmal mit einem Gefühl der Scham. Und dass Worte verschwinden, genau wie Hüte, wie Gesichter und Namen.

Während ich dastand und auf ein Taxi wartete, wuchs nach und nach eine erschreckende Einsicht, die, zunächst weggeräumt, immer näher rückte. Schließlich musste ich mir die unangenehme Wahrheit eingestehen: Ich hatte den Namen des Hotels vergessen. Der Name war verschwunden, total weg. Ich holte alle meine Papiere hervor und sah sie durch, nichts. Ich breitete sie unter der Straßenlampe auf dem Koffer aus und kniete davor nieder, um auch die kleinste Notiz ja nicht zu übersehen, ich durchsuchte meine Taschen noch einmal, nichts. Aber mein ordentlicher Sohn hatte mir mit Sicherheit eine Art Bestätigung mitgegeben, dass das Hotel schon von daheim aus bezahlt worden war, wo war die nur? Irgendwo in der Flughalle, im Flugzeug? Nein. Ich musste mich erinnern. Aber je mehr ich mir den Kopf zerbrach, um mich an den Namen des Hotels zu erinnern, desto leerer wurde er. Und dabei wusste ich ja, dass es unmöglich war, in dieser Stadt ein Hotelzimmer zu bekommen, wenn das nicht schon im Voraus organisiert worden war.

Inzwischen wuchs meine Angst, kein Taxi zu bekommen. Ich begann zu schwitzen, nahm den Hut ab, der übrigens drückte und zu klein war. Und da, im unzuverlässigen Licht der Straßenlampe, als ich so mit dem fremden Hut in den Händen dastand, sah ich, dass er einen Namen trug, der Besitzer hatte seinen Namen in den Hut geschrieben. Schnell setzte ich die Brille auf, ja, eindeutig ein Name und eine Adresse. Trotz allem eine Art Trost, ein gewisser Halt unter den Füßen. Eine sachliche Nachricht. Ich versuchte, meine Müdigkeit abzuschütteln. Wenn ich müde werde, entgleitet mir alles. Ich will wirklich aufmerksam und bewusst sein, möchte in der Lage sein, Beschlüsse zu fassen, will mich nicht wegsacken lassen, will mich nicht verlieren. Und wiederholen möchte ich mich auch nicht. Das merken sie sofort, dann werden sie höflich, peinlich mitfühlend. Ich weiß fast augenblicklich, wann ich mich wiederholt habe, leider genau eine Winzigkeit zu spät … aber das habe ich ja bereits erwähnt.

Und jetzt kam das Taxi, weit hinten auf der langen Straße, dann immer näher, mit schwach leuchtenden Scheinwerfern, es kam, es hielt vor mir an. Was war selbstverständlicher, als dem Fahrer die Adresse in dem Hut zu zeigen? Wortlos begann er stadteinwärts zu fahren. Ich ließ die Gedanken ruhen. Es war ein weiter Weg, die Häuser ringsum lagen im Dunkeln, und der Nebel hatte zugenommen. Als das Auto anhielt, holte ich meine Brieftasche heraus, er saß still da, mit abgestelltem Taxameter. Schließlich sagte er: »Dollars.« Ich reichte sie ihm, einen nach dem andern, es war ja unmöglich zu wissen, wann der Kerl genug bekommen hatte, er hob nur die Schultern und sah geradeaus.

Als ich endlich mit meinem Koffer aus dem Taxi kam, war ich vollkommen erledigt und hatte die ganze Reise satt, das kann ich versichern. Das Haus wirkte sehr alt, sah nach Mittelalter aus. Der Platz war menschenleer.

Ich öffnete die Haustür, und erst als sie aufging, fiel mir ein, welch ein Glück das war, sie hätte genauso gut abgeschlossen sein können. Treppen und hohe Flure, Nummern an den Türen, aber keine Namen. Ich wechselte zu meiner stärksten Brille, die ich sonst für Briefmarken benutze, und las, was im Hut stand. Es ist doch sehr beruhigend, dass es Leute gibt, die sich die Mühe machen, eine lange Adresse sorgfältig in Druckschrift zu notieren. Nummer zwölf, demnach. Ich klopfte, worauf die Tür sofort geöffnet wurde.

Irgendwie hatte ich mir einen älteren Herrn vorgestellt, also einen Herrn, zu dem es passen würde, dass er seinen Hut vergisst, aber er war jung, groß und kräftig, mit dichtem, glänzendem schwarzen Haar. Natürlich hätte ich wenigstens ein paar Phrasen lernen sollen, Guten Abend, Entschuldigung, leider spreche ich Ihre Sprache nicht ... aber wie es nun mal war, streckte ich ihm nur den Hut entgegen und sagte sorry. Er zögerte, glaubte vielleicht, er solle etwas in den Hut tun, da dreht ich den Hutkopf schnell nach oben und sagte noch einmal sorry.

Da lächelte er und sagte: »Can I help you?«

Meine Erleichterung war unbeschreiblich.

»Dies ist doch Ihr Hut, nicht wahr?«, sagte ich. »Es tut mir schrecklich leid, ich habe ihn aus Versehen mitgenommen ... Schauen Sie mal, Name und Adresse sind doch richtig, oder?« Er sah hin und bemerkte: »Wirklich erstaunlich. Dieser Hut gehört meinem Cousin, vor einem halben Jahr hat er hier gewohnt. Wo wurde der Hut gefunden?«

»Im Flugzeug.«

»Ach ja. Ab und zu darf er fliegen. Staatsangestellter. Kommen Sie herein, heute Abend ist es kalt. Sehr freundlich von Ihnen, dass Sie sich so spät abends noch die Mühe damit gemacht haben.«

Das Zimmer war klein, im Schein einer einzelnen Tischlampe gewann ich einen allgemeinen Eindruck von gemütlicher Unordnung, Bücher, Zeitungen, überall Stapel von Papieren. Es war ziemlich kühl.

Er fragte, woher ich komme und ob ich die Stadt kenne … Ach ja, natürlich, nur auf der Durchreise. Es komme selten vor, dass Reisende hierblieben. Wenn sie keinen Job hier hätten, natürlich. Wie wäre es mit einer Tasse Tee?

Ich betrachtete ihn, während er die Teekanne vom Kaminsims nahm, Tassen hervorholte, alle seine Bewegungen waren sehr ruhig, hin und wieder sah er mit einem leichten Lächeln zu mir hoch. Es erfüllte mich mit großem Frieden, bei ihm sitzen zu dürfen, Tee zu trinken und ohne Unruhe darauf zu warten, dass der Name des Hotels auftauchen würde. Ich war schrecklich müde. Nach den ersten höflichen Fragen schwieg er, aber es war ein angenehmes Schweigen.

Schließlich bemerkte ich, er habe so viele Bücher. Ob es heutzutage nicht recht schwierig sei, die Bücher aufzutreiben, die man haben wolle?

»Doch. Das ist sehr schwierig. Die Leute wissen immer genau, was erscheint und wann es erscheint, irgendwie wissen sie das, erschnüffeln es wohl. Dann stehen sie dafür an. Ich bin ziemlich stolz auf meine Bibliothek.«

»Sie schreiben vielleicht?«

»Nein. Nur Artikel, sozusagen.«

»Und für welche Art Bücher interessieren Sie sich?«

Er lächelte wieder und antwortete: »Für alle.«

Ich erwähnte, dass ich, in bescheidenem Umfang, einiges im Zusammenhang mit, wie solle man es nennen, den Veränderungen im Alter veröffentlicht hätte, und fragte, ob ich ihm ein paar Bücher schicken dürfe.

»Außerordentlich gern. Vielleicht kommen sie an. Die Post ist nicht immer zuverlässig.«

Jetzt hätte ich aufbrechen müssen, es war sehr spät. Mein Koffer stand innerhalb der Tür und wartete. Ein Taxi, natürlich. Ich sah nirgends ein Telefon. Er fing meinen suchenden Blick auf und sagte: »Nein, ich habe kein Telefon. Aber ich gehe gerne nach draußen und versuche ein Taxi zu erwischen, das ist nicht allzu schwierig, warten Sie nur kurz.« Damit stand er auf. Als er an die Tür kam, rief ich aus: »Einen Augenblick … Es tut mir entsetzlich leid, das hier ist wirklich peinlich.«

In meiner Verlegenheit versuchte ich humoristisch zu sein, ich sagte: »Apropos Veränderungen im Alter … eigentlich müsste ich es ja besser wissen als jeder andere, wie es möglich ist, zu vergessen, in welchem Hotel man ein Zimmer bestellt hat.«

Mein Gastgeber schien nicht belustigt zu sein, er versuchte auch nicht etwas freundlich Beschwichtigendes zu sagen, sondern stand nur da und überlegte und stellte schließlich fest, da es unmöglich sei, in der Stadt ein Hotelzimmer aufzutreiben, wäre es am besten, wenn ich bei ihm übernachte. Irgendwie erschien es unnötig, traditionelle Einwände anzubringen. Dann erklärte er, manchmal übernachte ein halbes Dutzend Menschen bei ihm, er zog einen Schlafsack hervor und versprach, mich rechtzeitig vor dem Abflug zu wecken. Er würde mir sein Bett überlassen, und das akzeptierte ich.

Als an die Tür geklopft wurde, hatte ich Gott sei Dank noch nicht angefangen, mich auszuziehen. Es war eine junge dunkelhaarige Frau, sie schenkte mir einen eher uninteressierten Blick und ging an dem jungen Mann vorbei ans Fenster, schob vorsichtig den Vorhang zur Seite und sah hinaus. Plötzlich begannen sie sich sehr schnell zu unterhalten. Obwohl ich nichts verstand, begriff ich, dass etwas Ernstes vorgefallen war. Nun lief er im Zimmer hin und her, öffnete Schubladen, holte Papiere heraus, die er rasch durchäugte und in eine Tasche stopfte, es musste offensichtlich schnell gehen, aber seine Bewegungen waren genauso ruhig wie zuvor. Schließlich wandte er sich zu mir und sagte: »Leider muss ich aufbrechen. Aber Sie können unbesorgt schlafen, meine Freundin wird Sie rechtzeitig für Ihren Flug wecken. Vergessen Sie die Bücher nicht, ich würde mich sehr darüber freuen.«

Ich nickte nur, wollte ihn nicht aufhalten. Nachdem sie gegangen waren, horchte ich aufmerksam, jetzt gingen sie die Treppe nach unten, die Haustür schlug zu. Ich horchte immer noch, inzwischen hatten sie wohl den Platz überquert und die engen Straßen erreicht, ich legte mich aufs Bett, konnte aber nicht einschlafen.

Es mochte eine halbe Stunde später sein, als an die Tür

gehämmert wurde, jemand draußen rief etwas Unverständliches, und ich fuhr hoch und machte auf, inzwischen war ich so müde, dass ich nichts als Uniformen wahrnahm, sie füllten das ganze Zimmer, ich musste meinen Pass zeigen und meine Tickets, dann rissen sie alles heraus, was aus Schubladen und Schränken gerissen werden konnte, und die ganze Zeit dachte ich: Er hat es geschafft, mein Freund hat es geschafft.

Die junge Frau kam am nächsten Morgen und weckte mich rechtzeitig. Sie hatte ein Taxi besorgt und begleitete mich zum Flughafen, ich glaube, sie hinderte den Fahrer daran, mir Dollar abzuknöpfen, jedenfalls war sie ziemlich erbost. Ich hatte nicht einmal gelernt, danke zu sagen, aber sie wird mich wohl dennoch verstanden haben.

Wie gesagt, ich wiederhole mich oft, aber dieses Ereignis habe ich noch keinem erzählt. Glaube ich.

LEONARDO PADURA

Neun Nächte mit Violeta

Die in der Erzählung ganz oder teilweise
zitierten Boleros sind: *Me recordarás
(Du wirst dich an mich erinnern)* von
Frank Domínguez, *Vete de mí (Geh fort
von mir)* von Virgilio und Homero Expósito
und *La vida es un sueño (Das Leben ist ein
Traum)* von Arsenio Rodríguez.

Am Anfang war die Faszination.
Die Gegend um die Rampa mit ihren Kinos, Clubs
und Restaurants war zum Herzen der Stadt geworden.
Hier pulsierte das nächtliche Leben. Und ich, jung und
provinziell, katholisch und revolutionär, schlecht gekleidet und soeben in Havanna angekommen, um mich an der
Universität einzuschreiben, verbrachte meine einsamen
Samstagabende damit, diese prachtvolle Avenida zwischen
dem endlosen Meer und dem kürzlich eröffneten Eiscafé
La Coppelia auf und ab zu schlendern. In einer Art Dauer-
euphorie bummelte ich über die Rampa, berauschte mich
an der unwiderstehlichen Welt aus buntem Neonlicht und
riesigen amerikanischen Autos, den ersten Miniröcken und
den ersten unterentwickelten tropischen Hippies, die auf
der Insel auftauchten, und den letzten Spuren des strahlen-
den Glamours der Fünfzigerjahre, der angesichts der un-

aufhaltsamen sozialistischen Propaganda mit ihren überschwänglichen Plakaten und den permanenten roten Aufrufen zum Kampf und zum Sieg zu verblassen begann.

Ich möchte glauben, dass es auf einem meiner ersten abendlichen Bummel über die Rampa war. Fasziniert von so vielen Reizen und Versprechungen eines mir unbekannten Lebens, stieg ich die Treppe zum schummrigen Nachtclub »La Gruta« hinunter und sah ein glasgeschütztes Plakat, von dem mich Violeta del Río anblickte, »La Dama Triste del Bolero«. Eine überwältigende Kraft, die von meinem Magen ausging, erfasste unaufhaltsam jeden Winkel meines Körpers, zwang mich dazu, stehen zu bleiben und das zartbraun schimmernde Gesicht der etwa dreißigjährigen Frau zu betrachten, in dem sich die Spuren Tausender Vermischungen widerspiegelten, die dieses Wunder vollbracht hatten: leicht geschlitzte und von asiatischem Leid erfüllte Augen, üppige rote Lippen, zwischen denen trotzig eine qualmende Zigarette steckte, und vielleicht etwas zu blonde Haare, die in opulenten Wellen auf die makellosen, verheißungsvollen Schultern fielen. Das Plakat kündigte an, dass Violeta del Río dienstags bis sonntags jeden Abend um elf Uhr im Club La Gruta sang. Doch während ich das außergewöhnliche, laszive Gesicht betrachtete, dachte ich nicht im Traum daran, dieses vielleicht sündige, für mich viel zu schicke Lokal zu betreten, das die Vorstellungskraft des – wie gesagt – revolutionären, katholischen und armen naiven jungen Mannes, der ich damals war, bei Weitem überstieg.

Auch möchte ich glauben, dass jene Begegnung, lange bevor ich das Foto oder das Foto mich sah, vom Schicksal vorherbestimmt war. Denn nur so ist es zu erklären, dass Violeta del Ríos Gesicht seit dem Abend im Jahre 1967 zu einer jener Obsessionen wurde, die mich mein Leben lang begleiten sollte. Und noch heute sehe ich, wenn ich einen von Bola de Nieve gesungenen alten Bolero höre – und dabei ein schmerzhaftes Prickeln auf der Haut spüre –, wieder jenes Gesicht auf dem Plakat vor mir, in dem ich trotz der Jahre und der erlittenen Niederlagen keinerlei Spuren der abgrundtiefen Traurigkeit zu entdecken vermag, auf die ihr Künstlername hinweist. Dennoch, davon bin ich mehr denn je überzeugt, schwebte von Anfang an eine höhere tragische Macht über uns, und es stand geschrieben, dass alles auf ebenjene katastrophale Weise enden würde, auf die es endete.

Seit jenem Abend blieb ich, während ich an den Samstagen oder irgendeinem anderen Tag der Woche allein oder mit meinen Studienkollegen über die Rampa bummelte, immer ein paar Minuten vor dem Bild der Traurigen Dame des Boleros stehen. Ich berauschte mich an den Geheimnissen, die ihr betörendes Gesicht auf dem Foto zu verbergen schien, und träumte davon, diese faszinierende Frau irgendwann einmal in voller Größe und Schönheit erleben zu dürfen. Inzwischen hatte ich in meinem Zimmer im Studentenwohnheim damit begonnen, mir die Bolero-Sendungen im Radio anzuhören, ohne dass ich an dieser süßlichen, stets klagenden Musik Gefallen gefunden hätte oder von seiner tiefen Melancholie ergriffen worden wäre; denn noch wusste ich nicht, dass erst die bitteren Erfahrungen des Lebens den wahren Genuss am Bolero möglich machen.

Dies alles führte dazu, dass ich mir am 13. Dezember 1967,

meinem achtzehnten Geburtstag, von meinen Eltern und Onkeln und Tanten nicht etwa ein Parfüm oder ein Hemd – das ich so sehr brauchte –, sondern Geld wünschte. Mein Plan war so einfach wie wohlüberlegt: An jenem Abend wollte ich ins La Gruta gehen, um endlich Violeta del Río zu sehen.

Wie zu erwarten, musste ich meinen Studentenausweis vorzeigen, um nachzuweisen, dass ich schon achtzehn war, und in den Club eingelassen zu werden. Dann trat ich in die angenehm kühle Dunkelheit einer Grotte, die der Club dem Namen nach ja sein wollte. Die Luft war geschwängert vom Geruch nach Rum und Begierde, vom Rauch schwarzer Zigaretten und den letzten Überresten einer sterbenden Vergangenheit, eines *ancien régime,* das die Revolution, wie jede anständige Revolution, von der Insel verbannen sich vorgenommen hatte, indem sie es immer vehementer verdrängte und auslöschte. Doch das sollte mir erst später klar werden.

Im Dämmerlicht des Lokals konnte ich erkennen, dass sich im Hintergrund eine kleine Bühne befand. Ich tastete mich zur Theke vor, und als der Barkeeper sich mir zuwandte, bestellte ich, unschlüssig und unerfahren, wie ich war, einen Rum Collins – weil mir dieser Cocktail angemessen erschien – und wartete. Nach und nach gewöhnten sich meine Augen an das Halbdunkel, und ich erahnte mehr, als ich sie sah, die Paare, die in den gepolsterten Separees ihre Liebesspiele vorantrieben.

Plötzlich erloschen die wenigen Lichter, und in der undurchdringlichen Dunkelheit machte sich Stille breit. Es ertönte eine langsame, sehnsuchtsvolle Melodie, gespielt von einem Piano, und dann hörte ich, noch immer im Dunkeln, zum ersten Mal die Stimme von Violeta del Río:

Du wirst dich an mich erinnern,
wenn abends die Sonne versinkt.
Du wirst nach mir rufen
in den verborgenen Stunden
deiner Sinnlichkeit.
Du wirst es bereuen,
so grausam gewesen zu sein zu meiner Liebe,
du wirst es beweinen,
doch dann wird es zu spät sein,
für ein Zurück.
Verfolgen werden dich
die göttlichen Erinnerungen an gestern,
quälen wird dich
dein unglückliches Gewissen …

Man musste die Sängerin nicht sehen, um zu spüren, dass ihre Stimme etwas Besonderes hatte, eine leise, warme, volle, sorgfältig gesetzte Stimme, die mehr flüsterte, als dass sie sang. In dem Augenblick, als sie »Du wirst es bereuen« hauchte, fiel ein schwacher Lichtstrahl auf die Bühne, der Violeta del Ríos Gestalt herausmodellierte. An einen Barhocker gelehnt, den Kopf geneigt, als würde sie von tiefem Kummer übermannt, fuhr sie in ihrem Liebesgeflüster fort. Ihr Haar bedeckte fast das ganze Gesicht, und erst als sie sich mit der Hand die wilde Mähne nach hinten strich, konnte ich sehen, dass sie mit geschlossenen Augen sang, das Mikrofon – jeder weiß, wie ein Mikrofon aussieht –

unmittelbar vor, ja, fast zwischen ihren Lippen. Sogleich spürte ich die Magie, die von dieser Kombination aus Licht, Musik, Gerüchen, Gefühlen, Stimme und Frau ausging und die nichts zu tun hatte mit der Begeisterung eines jungen Mannes aus der Provinz, der, wie zu erwarten, völlig hingerissen war. Was dort vor sich ging, war real, greifbar, jedoch in einer anderen Sinnesdimension, in der ich eine dem Lied und der Musik eigene Logik entdeckte, und das verdankte ich jener Frau, die kleiner war, als ich sie mir vorgestellt, mit weniger Rundungen, als ich sie mir erträumt hatte, jener Frau, die kaum gestikulierte, sich kaum bewegte, die aber mit ihrer warmen Stimme und ihrer starken Präsenz ihre Zuhörer zu verführen vermochte. Betrunkene und Bekiffte, Nachtschwärmer und Liebespaare, überzeugte Einzelgänger und unschuldige Jungen, alle waren wir von Violeta del Río und dem tyrannischen Zauber ihrer Boleros gefangen.

Acht weitere Boleros folgten, und der Bann blieb unwiderstehlich, auch über den Moment hinaus, als sie »Vielen Dank« murmelte, fast gegen ihren Willen, als hätte sie keine Stimme mehr. Niemand war imstande, sich zu bewegen, zu sprechen, zu trinken, gefangen noch im Netz der Faszination durch Violeta del Río und ihre innige, fast demütige Art, Boleros zu singen. Dann nahm sie die bereits angezündete Zigarette, die der Pianist ihr reichte, sagte leise »Gute Nacht« … und ich begann zu applaudieren, als das Scheinwerferlicht erlosch und Violeta del Río sich, wie in dem Traum, den wir soeben geträumt hatten, in der Dunkelheit auflöste.

Nie zuvor hatte ich gedacht, dass ein so schmalziger, zu Tränen rührender Bolero eine solche Verführungskraft entfalten könnte. Nie zuvor hatte ich jenes körperliche Bedürfnis verspürt, das Violeta del Río in mir hervorgerufen hatte. Nicht einmal im Traum hatte ich mir vorstellen können, dass diese Welt aus Rum, schummrigem Dämmerlicht, Zigaretten, Nächten und latenter Sinnlichkeit mir das Gefühl von Zugehörigkeit vermitteln könnte, das ich in diesem Moment verspürte. Doch zweifellos war das, was ich so geduldig erwartet hatte und am Tage meines achtzehnten Geburtstags erleben durfte, etwas so Wunderbares, dass ich am nächsten Abend um dieselbe Uhrzeit und auf demselben Barhocker einen Rum Collins bestellte und auf einer noch höheren, noch uneinnehmbareren Wolke den Boleros lauschte, die Violeta del Río für mich zu singen begann.

Wer nie gespürt hat, dass die dekadente und offenkundige Ästhetik des Boleros eine der schönsten Ausdrucksformen des Lebens ist, wird sicherlich nicht imstande sein, die wunderbare Kommunikation zwischen dieser Musik und den Gefühlen, die hervorzurufen sie imstande ist, zu verstehen. Auch wenn die Texte die Poesie mit Sätzen malträtieren, mit denen banalste Gefühle ausgedrückt werden sollen, und ihre Melodien erbarmungslos die lieblichsten Stufen der Tonleiter erklimmen, besteht die unvergängliche Qualität eines guten Boleros in seiner verführerischen, suggestiven Kraft, die, mehr als durch die Verse oder die Melodie, durch eine Stimme und eine bestimmte Art zu singen entsteht. Aber wer nie die Gelegenheit hatte, Violeta del Río in einer jener verlorenen Nächte von Havanna zu hören und zu sehen, wird auch nicht verstehen können, warum ich, sobald ich jeweils das nötige Geld beisammenhatte, Studium und politische Versammlungen vergaß und wie ein Besessener ins La Gruta eilte, um dort meine Zeit und mein Geld zu vergeuden, nur um sie singen zu hören, rauchen zu sehen, sie »Vielen Dank« und »Gute Nacht« sagen zu hören und ihr danach – mit immer größerem Entzücken – dabei zuzusehen, wie sie ihren *Carta Blanca* trank, immer nur einen, der ihr, mit einem Stück Eis und mit *Ginger Ale* verlängert, in einem hohen Glas serviert wurde.

Irgendetwas Sonderbares ging von dieser Frau aus, wenn sie, Zigarette im Mund, nach ihrem Auftritt zur Bar ging und schweigend ihren Rum trank. Es war wie ein uraltes Ritual, denn sobald sie sich auf den Barhocker setzte, stellte der Barkeeper den *Carta Blanca* vor Violeta auf die Theke, und sie trank ihn in kleinen, langsamen Schlucken, während sie eine Zigarette nach der anderen rauchte, ohne mit irgendjemandem zu sprechen, und durch den Vorhang ihrer Haare hindurch beobachtete, wie sich der Eiswürfel im Rum auflöste. Um zwei Uhr dann, wenn der Club schloss, leerte sie ihr Glas und trat hinaus auf die Straße, ohne sich zu verabschieden, ohne von jemandem begleitet zu werden, ohne dass jemand auf sie gewartet hätte, während ich ihr, voller Fragen und voller Verlangen, hinterherblickte, unfähig, mich ihr zu nähern.

So viele Nächte sah ich sie singen, ihren Rum trinken und alleine davongehen, ihrem Geheimnis entgegen, dass ich unter Aufbietung all meiner Willenskraft beschloss, diese Geschichte zu beenden, die mich inzwischen bedrückte und mir jede Konzentration raubte. Wenn mich meine Schüchternheit daran hinderte, mehr zu tun, als sie von meinem Platz aus anzusehen und ihr zu lauschen, während ich mir Dinge vorstellte, die ich nie wagen würde, dann war es das Beste, meine Erwartungen zu begraben und das Unmögliche zu vergessen, das von meiner Existenz nicht einmal etwas ahnte, das mich zum Raucher gemacht hatte und mich das erste Studienjahr kosten konnte. Also fasste ich den Entschluss, nicht mehr ins La Gruta zu gehen, nicht mehr über die Rampa mit ihren Versuchungen zu schlendern, keine Boleros mehr zu hören und alle Wege zu vermeiden, die mich in die Nähe eines Phantoms namens Violeta del Río führen konnten.

Es kam der September 1968, und mein zweites Jahr an der Universität begann. Die Sommerferien, die ich zu Hause bei meinen Eltern verbracht hatte, fern von Havanna und seinen zahlreichen Versuchungen, sollten mir helfen, Violeta del Río zu vergessen, und als ich in die Hauptstadt zurückkehrte, glaubte ich mich von dem Gift geheilt, das jene Frau und ihre Lieder mir eingeflößt hatten. Ich hatte meine gewohnte Ruhe wiedergefunden und konnte mich wie zuvor mit meinen Freunden in dem Eiscafé Coppelia treffen, wo wir bei Eis und Rum, den wir in kleinen Fläschchen mitbrachten, lange Diskussionen über anspruchsvolle Themen führten, die ganz und gar nichts mit dem Bolero und seiner dekadenten Welt zu tun hatten. Problemlos widerstand ich dem Drang, die Rampa in Richtung La Gruta hinunterzugehen, und ich glaube, Violeta del Río wäre heute nur eine schöne Erinnerung für mich, wenn meine Freunde eines Abends nicht vorgeschlagen hätten, auf einen Sprung ins La Gruta zu gehen. Jene, die bereits einen Auftritt der Sängerin erlebt hatten und von ihrer besonderen Art, Boleros zu interpretieren, schwärmten, wollten unbedingt hin, und meine Abwehrkräfte, die schwächer waren, als ich geglaubt hatte, zerflossen wie Wachs im Feuer.

Kaum hatte ich den Club betreten und einen Rum Collins bestellt, da hatte ich das Gefühl, an einen vertrauten Ort, meinen Ort, zurückgekehrt zu sein. In einer Viertelstunde sollte Violeta del Ríos Auftritt beginnen, und schon jetzt klopfte mein Herz wie wild, und meine Hände waren schweißnass vor ungeduldiger Erwartung. Ungläubig wurde mir bewusst, wie stark mein Willen gewesen war, der mich fast zwei Monate lang davon abgehalten hatte, an diesen Ort zurückzukehren. Doch sogleich wusste ich auch, dass ich nicht hätte hierherkommen sollen, und als die Lichter erloschen und aus dem Dunkel die heisere, fast flüsternde Stimme Violeta del Ríos erklang, war ich mir absolut sicher, dass ich einen Fehler begangen hatte.

Du, der du alles mit Freude und Jugend erfüllst
und Phantome siehst in der Dämmernacht
und den blau duftenden Gesang vernimmst,
geh fort von mir ...

Bleib nicht stehn, betrachte nicht
die verdorrten Zweige der Rosen,
die verwelken, ohne zu erblühn,
betrachte das Land der Liebe,
das der Grund ist zu träumen und zu lieben ...

Ich, die ich gekämpft habe gegen all das Böse,
kann dich nicht mehr halten
mit meinen Händen, die müde sind vom Drücken.
Geh fort von mir …

Ich werde in deinem Leben das Beste sein
des Nebels von gestern,
wenn du mich vergessen haben wirst,
so wie der beste Vers der ist,
an den wir uns nicht mehr erinnern können …
Geh fort von mir.

Als sie geendet hatte, geschah etwas Unfassbares, Wunderbares: Violeta del Río, die den Bolero mit der ihr eigenen
Intensität und Verzweiflung gesungen hatte, ohne sich
dazu herabzulassen, das Haar, das ihr Gesicht bedeckte,
zu bewegen, strich sich nun ihre wilde Mähne hinters Ohr,
und ich sah, dass ihre Augen auf mich gerichtet waren und
sich auf ihren Lippen der leichte Anflug eines Lächelns
zeigte. Schaute sie mich an? Lächelte sie mir zu, sie, Violeta
del Río?

Vor Verlangen zerfließend, lauschte ich ihrem weiteren
Programm, und während sie den letzten Bolero sang – *La
vida es un sueño,* wie könnte ich das vergessen! –, sagte
ich zu meinen Freunden, dass ich mich nicht wohlfühlte
und gehen wolle. Ohne eine Antwort abzuwarten, verließ
ich das Lokal, überquerte die Rampa und wartete hinter
einem schweren Chevrolet Bel Air Baujahr 1957, bis meine
Freunde auf die Straße traten und in Richtung Wohnheim
fortgingen. Dann überquerte ich wieder die Straße, stieß

die Tür zum La Gruta auf, vor der um diese Uhrzeit kein Türsteher mehr stand, und sah, wie die Traurige Dame des Boleros ihr Glas hob und einen Schluck von ihrem *Carta Blanca* trank.

Mit einer Entschiedenheit, die ich an mir nicht kannte, und einem Verlangen, das stärker war als meine Angst, ging ich an die Bar und bestellte, wobei ich Violetas Arm beinahe berührte, einen *Carta Blanca on the rocks,* zündete mir eine Zigarette an und wandte mich der Frau zu, die es geschafft hatte, mich mit ihrer Stimme und ihren Boleros zu verführen.

»Da bist du ja endlich ...«, sagte sie zu mir in demselben rauen Flüsterton, in dem sie sang, und strich sich ihre widerspenstige Haarpracht aus dem Gesicht. »Ich dachte schon, du wärst fortgegangen ... Jeden Tag gehen so viele fort.«

»Nein, ich ...«, begann ich und wollte etwas sagen, merkte jedoch, dass es mir nicht möglich war. Ich trank einen riesigen Schluck von meinem Rum. »Hast du mich bemerkt?«, gelang es mir endlich hervorzubringen.

Violeta gab keine Antwort. Violeta gab nie eine Antwort. Eingehüllt in den Zigarettenrauch, den wir beide ausstießen, schaute sie auf ihr Glas, in dem sich der Eiswürfel beinahe aufgelöst hatte, und leerte es in einem Zug.

»Gehen wir?«, fragte sie mich – oder besser gesagt, befahl sie mir –, und als hätte ich auf dieses Stichwort gewartet, schob ich einen Geldschein unter mein Glas und half ihr vom Hocker.

Meine erste sexuelle Erfahrung hatte ich mit einer ehemaligen Prostituierten gemacht, die von der Revolution offiziell reaktiviert worden war. María, »die Kämpferin«, wie sie sich nannte, übernahm es für zwei Pesos, die Jungen aus dem Viertel mit der Präzision eines Chirurgen zu entjungfern. Danach kam Irina, »die Russin, die uns das Ficken beigebracht hat«, wie wir sagten. Sie war eigentlich Ukrainerin und schien an so etwas wie Uterusfeuer zu leiden. Kaum war ihr Mann, ein schwarzer Riese, ins Manöver gezogen – er war Offizier der Streitkräfte und Absolvent der ersten Artillerielehrgänge, an denen Kubaner in der Sowjetunion teilgenommen hatten –, riss sie die Fenster auf, spazierte nackt durchs Haus und gab sich der Ausschweifung hin, indem sie, gratis und sozialistisch, den geilen Jungen des Viertels ihre Liebesdienste anbot. Nach Irinas Tod durch die Hand des gehörnten Artilleristen hatte ich mehrere Freundinnen, doch nur eine von ihnen, die so pummlige wie aufgeschlossene Isabel María, erlaubte mir, zum Wesentlichen zu kommen. Aber keine der Frauen, die ich begehrte und für die ich sogar so etwas wie Liebe empfand, rief in mir jenes Gefühl des Ausgeliefertseins hervor, in das mich der verführerische Zauber Violeta del Ríos stürzte.

Was ich in der ersten und den acht darauffolgenden Nächten erleben durfte, ist eine andere Geschichte. Die Pension, in der wir uns verkrochen, befand sich ganz in der Nähe der Universität und muss wohl genauso schäbig gewesen sein wie alle Pensionen damals in Havanna. Doch ich, verrückt vor Verlangen, interessierte mich für nichts anderes als den sexuellen Festschmaus, den mir jene Frau bereitete, die in der Liebe über dieselben wunderbaren Fähigkeiten verfügte wie beim Singen ihrer Boleros. Ihr Körper war nicht sonderlich üppig. Violeta war eher dünn und hatte kleine Brüste, und ihre festen Pobacken waren nicht im Entferntesten so ausladend, wie es bei vielen Kubanerinnen üblich ist. Doch ihre Verführungskünste und das Geschick, mit dem sie, bisweilen fast ruppig, ihre Waffen einsetzte, waren umwerfend. Und wenn ich bisher in ein eher imaginäres Wesen verliebt gewesen war, das mich mit seiner Stimme umarmt hatte, so entbrannte ich nun für eine höchst reale Frau, die es ablehnte, außerhalb der Bühne Boleros zu singen, die sich weigerte, mir etwas aus ihrem Leben zu erzählen, die es mir nicht gestattete, sie zu begleiten, wenn sie die Pension verließ. Doch in den zwei Stunden, die sie mir jeweils schenkte, brachte sie es fertig, mich mit ihrer Meisterschaft in der Liebe, die sie in Gott weiß wie vielen Betten der Stadt erworben und perfektioniert haben musste, zu hypnotisieren.

Für Violeta del Río war in der Intimität der Liebe alles möglich und erlaubt. Ihr gesamter Körper beteiligte sich am Liebesakt, und sie wusste jedes meiner Glieder, jede Körperhöhlung, jede Falte in Erregung zu versetzen. Seltsamerweise schwieg sie die ganze Zeit über, gab wie ein Orchesterdirigent Anweisungen mit den Händen, lenkte mit den Augen, tat mit den Lippen ihre Absichten kund.

Mit tiefer Weisheit, möglicherweise derselben, dank der sie auf der Bühne über sich hinauswuchs und ihre Zuhörer zuerst faszinierte und dann verführte, entfaltete sie ihre unerschöpflichen erotischen Talente, die sie neun unvergessliche Nächte lang in meine Dienste stellte.

Was wäre geschehen, wenn wir mehr als neun Nächte zur Verfügung gehabt hätten? Noch heute kann ich mir das nicht einmal vorstellen, denn von Rendezvous zu Rendezvous steigerte sich Violeta auf der erotischen Tonleiter, führte behutsame oder brutale, sanfte oder mitreißende Varianten in unser Liebesspiel ein, und das mit einer überfließenden Kreativität, die ich bei keiner anderen Frau je wieder erlebt habe. In jeder Nacht verhielt sie sich so, als wäre es die erste. Völlig nackt, halb oder vollständig bekleidet machte sie sich ans Werk mit ihrem hartnäckigen Bedürfnis, jemanden zu verführen, der mehr als nur verführt, der bereits verrückt war vor Liebe und Begierde, zu einer hirnlosen Masse geworden und kaum noch fähig, die Lust, die sie ihm verschaffte, zu genießen. Wenn wir mehr als nur neun Nächte gehabt hätten …

Genauso wenig kann ich vergessen, dass meine zehnte Nacht mit Violeta del Río die vom 2. auf den 3. Oktober 1968 hätte sein sollen. Soeben war eine desaströse »Revolutionäre Offensive« angeordnet worden. Nicht nur das ideologische, sondern auch das ökonomische Schicksal der Insel sollte in die Hände des Staates gelegt werden, und so wurde im Jahr 1970 eine gigantische Zuckerrohrkampagne gestartet, die zehn Millionen Tonnen Zuckerrohr erbringen sollte und das Land auf einen Schlag aus der Unterentwicklung katapultieren würde. Doch ich, gefangen im Strudel von Liebe und Sex, kümmerte mich nicht um die verheerenden Stürme, die entfesselt worden waren, denn jede einzelne meiner Nervenzellen war auf Violeta del Río gerichtet.

Wie an den vorangegangenen Abenden verließ ich um

Punkt zehn Uhr mein Zimmer im Studentenwohnheim und machte mich auf den Weg zur Rampa mit seinen Lichtern, seinen Erwartungen und Versprechungen, die mittlerweile in einem Maße eingelöst worden waren, wie ich es mir nie hätte vorstellen können. Es war kurz vor elf, als ich die Avenida überquerte … und in ein tiefes Loch fiel. Die Neonlichter des La Gruta waren ausgeschaltet, und einen Moment lang überlegte ich, ob es nicht Montag sei, obwohl ich mir sicher war, dass es Donnerstag, der 2. Oktober, war. Die Straßenlaternen beleuchteten die Treppe, die zum Club hinunterführte, und vom Gehsteig aus sah ich, inzwischen der Verzweiflung nahe, dass die Tür geschlossen war, und auf einem handgeschriebenen Schild las ich: BIS AUF WEITERES GESCHLOSSEN. Panik erfasste mich, drohte mich zu ersticken, und ich überlegte mir, was wohl geschehen war, als ich im Eingang des Clubs auf dem Boden das verglaste Plakat liegen sah, auf dem ich Violeta – oder sie mich – zum ersten Mal gesehen hatte. Langsam stieg ich die Stufen hinab, drehte das Plakat um und stellte fest, dass das Glas zersplittert war. Doch auf der Pappe klebte immer noch das Bild der »Dama Triste del Bolero« mit der Ankündigung ihrer Auftritte, die nun wohl nie mehr stattfinden würden. So behutsam, wie ich es meinen zitternden Händen abverlangen konnte, löste ich das Foto von der Pappe und floh die Treppe des La Gruta hinauf zurück auf die Straße, ganz so, als hätte ich eine Bank ausgeraubt.

Mit meinem Schatz in der Tasche lief ich zu den anderen Clubs in der Nähe und musste feststellen, dass alle geschlossen waren, ebenfalls bis auf Weiteres. In meiner Verzweiflung fragte ich mehrere Passanten, ob sie wüssten, was geschehen sei, und nach und nach konnte ich mir die Antwort zusammenreimen. Da das gesamte Land sich der Großen Zuckerrohrernte zur Verfügung zu stellen hatte, waren die Clubs und Cabarets von Havanna zu Brutstätten bürgerlicher Dekadenz und schädlicher Nachtschwärmerei erklärt worden, weil sie die Einsatzfreude der Männer für das gewaltige ökonomische Vorhaben untergraben konnten. Und so hatte man entschieden, die Lokale zu schließen, bis sich ein besserer Verwendungszweck für sie finden würde: Arbeiterkantinen vielleicht oder Lokale für politische Versammlungen oder auch »demokratische Restaurants« für Werktätige, die sich durch besondere Leistungen in der Arbeitswelt oder in der Landwirtschaft ausgezeichnet hatten.

In dieser Nacht schlief ich nicht, und am nächsten Tag machte ich mich auf die Suche nach Violeta del Río. Alles war gegen mich, ich kannte ja nicht mal ihren richtigen Namen, denn ich vermutete, dass Violeta del Río ihr Künstlername war. Doch ich hatte eine Spur: In einer unserer Liebesnächte hatte ich sie in einen Bus der Linie 68 steigen sehen. Und wieder fasste ich einen ganz einfachen Plan: Vom Vedado aus folgte ich der Route des Busses, der bis in den abgelegenen Vorort Mantilla fuhr. Ich zeigte das Foto Anwohnern, Angestellten der staatlichen Läden, Bäckern und sämtlichen Busfahrern der Linie 68, durchkämmte, von Hunger, Durst und Verzweiflung geplagt, unter der unbarmherzigen Sonne die Stadt von Norden nach Süden, ohne jedoch einen konkreten Hinweis darauf zu erhalten, was mit der Frau, ohne die ich bereits nicht mehr leben zu können glaubte, geschehen war.

Nachdem ich achtzehn Tage lang Nachforschungen angestellt und meine Schuhe ruiniert hatte, stand ich an der Endhaltestelle der Linie 68. Mit jedem Tag waren meine Hoffnungen, Violeta zu finden, geschwunden. Doch dann hatte ich das Glück, den Mann zu treffen, der normalerweise den Nachtbus der Linie 68 fuhr. Der etwa fünfzigjährige Mulatte, der bis vor Kurzem zur Arbeit in der Reparaturwerkstatt verdonnert gewesen war, erkannte sogleich das Foto, das ich ihm zeigte, und erzählte mir, dass Violeta mit ihm bis zur Calzada de Dolores gefahren und dann in die Linie 54 nach Lawton umgestiegen sei. Aber er hielt noch eine andere Information für mich bereit: Alle Angestellten der Clubs und Cabarets waren zum Kaffeepflanzen ins Umland, dem sogenannten Cordon de La Habana, geschickt worden, und vor ein paar Tagen, als er eine Probefahrt mit einem soeben reparierten Bus gemacht habe, sei er ihr in El Calvario begegnet.

Ohne auf den Bus zu warten, der von Mantilla in jenes Örtchen fuhr, das ausgerechnet El Calvario hieß, machte ich mich sogleich auf den Weg dorthin, um Violeta del Río zu suchen. Nie zuvor war ich in dieser Gegend gewesen, und sie erschien mir wunderschön, denn in meiner Verzweiflung hatte ich endlich eine Spur zu der Frau gefunden, die ich so sehr zu brauchen glaubte, die mich verführt hatte und von der ich mich jetzt verlassen fühlte. Kurz vor El Calvario fragte ich ein paar Jungen, und sie zeigten mir den Weg zu dem freien Feld, auf dem »die Künstler«, wie sie sagten, arbeiteten. Ich lief über das Ackergelände, auf dem kleine Kaffeesträucher zu sehen waren, und schließlich entdeckte ich, unter einem Baum sitzend und den kühlen Wind genießend, einen alten Sänger, der durch seine zahlreichen Fernsehauftritte als »Die Goldene Stimme des Boleros« im ganzen Land bekannt war. Ich muss nicht sagen, wie sehr mein Herz klopfte, da ich jetzt sicher war, Violeta del Río gefunden zu haben, und nachdem ich dem alten Bolerosänger einen guten Tag gewünscht hatte, fragte ich ihn, ob er sie gesehen habe.

»Ja, sie war letzte Woche hier, für zwei Tage«, sagte er. »Aber wenn du sie sehen willst, musst du nach Miami fahren … Sie soll letzten Montag in ein Boot gestiegen sein und das Land verlassen haben.«

Ganz offenbar wurde diese Geschichte von den Launen des Schicksals und von Vorahnungen bestimmt. Seit meiner letzten Begegnung mit Violeta del Río sind nun dreißig Jahre vergangen, und wie die Goldene Stimme des Boleros – die wenig später für immer verstummt war, ohne dass der alte Sänger die Bühnen der Cabarets, die ihn berühmt gemacht hatten, je wieder betrat – mir prophezeit hatte, musste ich erst nach Miami fliegen, um Violeta del Río wiederzusehen.

Es war im Mai 1998, als ich zum ersten Mal in die Vereinigten Staaten reiste, um an einer akademischen Veranstaltung teilzunehmen. Bevor ich wieder nach Havanna zurückflog, fand ich noch Zeit, ein paar Tage in Miami zu verbringen, wo jetzt viele meiner alten Freunde, meine einzige Schwester, fast alle meine Cousinen und Cousins und die Onkel und Tanten, die noch auf dieser Erde weilen, heute leben.

Es waren Tage voller Emotionen, glücklicher Wiederbegegnungen und endgültiger Zerwürfnisse mit Freunden, die ich verschollen oder tot geglaubt hatte. Tage voller Erinnerungen an gemeinsame Zeiten und durchlebte Abenteuer mit Menschen, die ich einmal sehr geliebt und seit zehn, zwanzig, dreißig Jahren nicht mehr gesehen hatte. Mit anderen Worten, eine notwendige Wiederbegegnung mit einem Teil meines Lebens und meiner Vergangenheit, den die politischen Entscheidungen von mir abgetrennt hatten.

Am Vortag des Abschieds beschloss meine Schwester, dass der Abend ihr gehöre. Nachdem wir im Restaurant La Carreta kubanisch gegessen hatten, machten sie und mein Schwager den Vorschlag, in einen Club in Miami Beach zu gehen, der, wie sie sagten, für seine angenehme, ruhige Atmosphäre bekannt sei und in dem man ausschließlich Boleros zu hören bekomme. Es war elf Uhr abends, am 16. Mai, als wir das La Cueva betraten, eines der angesagten Lokale am Ocean Drive. Irgendetwas – die Luft, das Licht, der Geruch – rief Gefühle in mir wach, die ich vergessen geglaubt hatte, und ohne zu überlegen, bestellte ich beim Kellner einen Rum Collins. Meine Schwester und mein Schwager, die wohl aus Angst, ich könnte mich langweilen, ununterbrochen davon redeten, wie schön es hier sei, verstummten, als die Lichter erloschen. Und aus der Dunkelheit und dem entferntesten Winkel der Vergangenheit erklang, leise und warm, eine Stimme, die für mich, für mich ganz allein sang:

Nach zwanzig Enttäuschungen,
die du erlebt,
was macht da schon eine mehr.
Wenn du weißt,

wie das Leben ist,
weinst du nicht mehr.
Es gilt zu erkennen,
dass alles Lüge ist,
nichts wahr.
Es gilt das Glück des Augenblicks zu leben,
zu genießen, was du genießen kannst,
denn unterm Strich
ist das Leben ein Traum,
und alles geht dahin.
Wirklichkeit, das ist Entstehen und Vergehen,
warum uns vor Sehnsucht verzehren,
wenn alles nichts ist als unendliches Leiden,
und die Welt aus Unglück gemacht ist.

Eine der grausamsten Prüfungen, die mir das Leben auf-
erlegt hat, war die, Violeta del Río vergessen zu müssen.
Als ich an jenem fernen Tag im Jahre 1968 unter dem Baum
in El Calvario gesagt bekam, dass sie Kuba verlassen hatte,
und begriff, in welchen Abgrund ich gestürzt war, beschloss
ich, sie für immer aus meiner Erinnerung zu verbannen,
weil ich sonst verrückt geworden wäre. Mit dem Vorsatz,
nichts mehr über sie und ihre Geheimnisse herausfinden zu
wollen – weder ihren richtigen Namen noch, ob sie ihre
Familie zurückgelassen hatte oder woher sie kam, als sie in
mein Leben getreten war –, lief ich wieder über den Acker,
auf dem die mickrigen Sträucher eines Kaffees, den nie
jemand trinken würde, unter der unbarmherzigen Sonne
verdorrten, und fing an zu weinen, während ich versuchte,
mich von dem übermächtigen Verlangen zu befreien, das

jene Frau in mir entfacht hatte. Doch das war alles andere als einfach. Jahre später noch weigerte ich mich, Boleros zu hören, und es war mir unmöglich, eine andere Frau zu begehren. Mit keiner erreichte ich die Höhen der Lust, die ich mit ihr, Violeta, erlebt hatte, und Sex erschien mir wie ein leeres, sich immer wiederholendes Vergnügen. Doch der Eifer, mit dem ich mich meinem Studium widmete, die langen Monate, die ich weit weg von Havanna verbrachte, um Zuckerrohr zu schneiden für die Große Zuckerrohrernte, die am Ende nicht so groß war, wie man erhofft hatte, und uns nicht aus der Unterentwicklung befreite, sowie vor allem die Begegnung mit einer anderen Frau – *meiner* Frau – halfen mir mit der Zeit, jene Erinnerung zu verdrängen, die abzutöten mir nie ganz und gar gelang und die ich in der fest verschlossenen Truhe meiner schmerzhaftesten Sehnsüchte aufbewahrte.

Die Frau auf der Bühne, die den dramatischen, schwermütigen Stil jener Dame, die früher einmal »La Dama Triste del Bolero« genannt worden war und die verlorenen Nächte des La Gruta belebt hatte, zu imitieren versuchte, war sechzig Jahre alt und einige Pfunde schwerer, ihre Stimme war weniger warm und ihr Haar, das schlaff über ihr Gesicht fiel, noch blonder als früher. Dennoch hatte dieses Zerrbild der Frau, der ich früher einmal verfallen gewesen war, ihre Fähigkeiten nicht verloren und besaß noch immer eine faszinierende Ausstrahlung, wenn sie ihre Lieder sang, wie ins Ohr geflüstert, mit jenem innigen Gefühl, das Violeta del Río so perfekt auszudrücken vermochte. Der Mann aber, der ihr jetzt lauschte, hatte mit seinen fast fünfzig Jahren auf dem Buckel nichts mehr mit dem katholischen, provinziellen Jungen von damals gemein. Als überzeugter Skeptiker glaubte er sich gegen diese magische, in der Vergangenheit eingekapselte Verführungskraft gefeit, musste jedoch sogleich feststellen, dass er sich geirrt hatte.

Mit schweißnassen Händen, wie dreißig Jahre zuvor, bestellte ich einen *Carta Blanca on the rocks* und leerte mein Glas genau in dem Augenblick, als Violeta del Río den letzten Bolero beendete. Unvermittelt sprang ich auf und rannte hinaus auf die Straße. Ich hatte das Gefühl, es gäbe auf der ganzen Welt nicht genug Sauerstoff, um meine Lungen zu füllen.

Meine Schwester und mein Schwager, die nicht wussten, was mit mir los war, fragten mich, ob ich woandershin gehen wollte, und ich gab ihnen die einzige Antwort, die mir schlüssig erschien: »Ich möchte gehen.«

In jener Nacht, als ich im Hof des Hauses meiner Schwester saß und rauchte, begriff ich, dass es Erinnerungen und Erfahrungen gibt, die unbestechlich sind und sich weder durch die Entfernung noch durch die Zeit abtöten lassen. Aber ich begriff auch, dass dreißig Jahre eine lange Zeit sind und dass es nicht nur unmöglich ist, in die Vergangenheit zurückzukehren, sondern dass es widernatürlich wäre, es zu versuchen. Erinnerungen müssen Erinnerungen bleiben, und jeder Versuch, sie aus ihren Schlupfwinkeln hervorzulocken, muss zu Katastrophen und Enttäuschungen führen. Doch wenn ich heute einen von Bola de Nieve gesungenen Bolero höre und dabei das Foto von Violeta del Río betrachte, steigt in mir die Erinnerung an ihre unwiderstehliche Faszination auf, an ihre unerschöpfliche Verführungskraft. Und mich tröstet der Gedanke, dass das Schicksal, das diese Geschichte so hartnäckig begleitet hat, nicht so grausam zu mir war, wie ich immer geglaubt habe. Immerhin hatte ich die Gelegenheit, neun Nächte der Lust mit Violeta del Río zu genießen und mit Haut und Haaren zu spüren, dass ich in einem heißblütigen Liebeslied, genannt Bolero, lebte. Und diesen Teil meines Lebens kann mir niemand nehmen.

Nachweis

Der Verlag dankt folgenden Rechteinhabern für die Genehmigung zum Abdruck:

Berlin, Lucia (1936, Juneau, Alaska–2004, Marina del Rey, Kalifornien)
Carpe Diem. Aus: dies., *Was ich sonst noch verpasst habe.*
Copyright © 2015 Literary Estate of Lucia Berlin LP. © 1977, 1983, 1984, 1988, 1990, 1993, 1999 by Lucia Berlin. Copyright der deutschsprachigen Ausgabe © 2016 by Arche Literatur Verlag AG, Zürich-Hamburg. Aus dem Amerikanischen von Antje Rávic Strubel.

Dahl, Roald (1916, Cardiff–1990, Oxford)
Lammkeule. Aus: ders., *… und noch ein Küsschen! Weitere ungewöhnliche Geschichten.* Copyright © 1963, Rowohlt Verlag GmbH, Hamburg. Aus dem Englischen von Hans-Heinrich Wellmann.

Didierlaurent, Jean-Paul (*1962, La Bresse)
Macadam. Aus: ders., *Macadam oder Das Mädchen von Nr. 12.* Copyright © 2017 dtv Verlagsgesellschaft mbH & Co. KG, München, mit freundlicher Genehmigung. Aus dem Französischen von Sina de Malafosse.

Fauser, Jörg (1944, Frankfurt am Main–1987, München)
Die Hand des Todes. Aus: ders., *Alles muss ganz anders werden. Erzählungen 1975–79.* Copyright © 2020, Diogenes Verlag AG Zürich.

Gerstäcker, Friedrich (1816, Hamburg–1872, Braunschweig)
Pech! Aus: ders., *Friedrich Gerstäckers ausgewählte Erzählungen und Humoresken. Band 9. Verhängnisse und andere Erzählungen.* Hesse & Becker Verlag, Leipzig, 1903.

Goebel, Joey (*1980, Henderson, Kentucky)
Es wird alles schlecht werden. Aus: ders., *Irgendwann wird es gut.* Copyright © 2019, Diogenes Verlag AG Zürich. Aus dem Amerikanischen von Hans M. Herzog.

Heldt, Dora (*1961, Sylt)
Reiseallergie. Aus: dies., *Schnee ist auch nur hübschgemachtes Wasser. Wintergeschichten.* Copyright © 2017 dtv Verlagsgesellschaft mbH & Co. KG, München, mit freundlicher Genehmigung.

Highsmith, Patricia (1921, Fort Worth, Texas–1995, Locarno)
Zum Versager geboren. Aus: dies., *Die Augen der Mrs. Blynn. Stories.* Copyright © 2002, Diogenes Verlag AG Zürich. Aus dem Amerikanischen von Christa E. Seibicke.

Jansson, Tove (1914, Helsinki–2001, ebd.)
Fremde Stadt. Aus: dies., *Reisen mit leichtem Gepäck.* Copyright © 2016 Verlag Freies Geistesleben & Urachhaus GmbH, Stuttgart. Aus dem Schwedischen von Brigitta Kicherer.

Jenny, Zoë (*1974, Basel)
Auf der Heimfahrt. Aus: dies., *Spätestens morgen.* Copyright © Frankfurter Verlagsanstalt GmbH, Frankfurt am Main 2013.

Moyes, Jojo (*1969, London)
Der Wunschzettel. Aus: dies., *Kleine Fluchten. Geschichten vom Hoffen und Wünschen.* Copyright © 2017, Rowohlt Verlag GmbH, Hamburg. Aus dem Englischen von Karolina Fell.

Padura, Leonardo (*1955, Havanna)
Neun Nächte mit Violeta. Aus dem gleichnamigen Erzählband. Copyright © 2018 Unionsverlag, Zürich. Aus dem Spanischen von Hans-Joachim Hartstein.

Profijt, Jutta (*1967, Ratingen)
Der Weg ist das Ziel. Erschienen in: Karoline Adler (Hrsg.), *Urlaubslesebuch*, dtv Verlagsgesellschaft mbH & Co. KG, München, 2018. Copyright © 2018 by Jutta Profijt, mit freundlicher Genehmigung.

Roger, Marie-Sabine (*1957, Bordeaux)
Murphys Gesetz. Aus: dies., *Die Küche ist zum Tanzen da. Erzählungen.* Copyright © 2003, 2007, 2010 by Éditions Thierry Magnier, Paris. Copyright der deutschsprachigen Ausgabe © 2016 by Hoffmann und Campe Verlag, Hamburg. Aus dem Französischen von Claudia Kalscheuer.

Schwarz, Stefan (*1965, Potsdam)
Urlaub mit Bauarbeitern. Aus: Marcus Gärtner (Hrsg.), *Urlaub mit Punkt Punkt Punkt.* Copyright © 2012, Rowohlt Verlag GmbH, Hamburg.

Sedaris, David (*1956, Johnson City, New York)
Sachte, Tiger. Aus: ders., *Sprechen wir über Eulen – und Diabetes.* Copyright © 2013 Karl Blessing Verlag, München, in der Verlagsgruppe Random House GmbH. Aus dem Amerikanischen von Georg Deggerich.

Suter, Martin (*1948, Zürich)
Lobsigers Schicksalsabend. Aus: ders., *Business Class. Neue Geschichten aus der Welt des Managements.* Copyright © 2002, Diogenes Verlag AG Zürich.

Swift, Graham (*1949, London)
Glück im Unglück. Aus: ders., *England und andere Stories.* Copyright © 2014 by Graham Swift. Mit freundlicher Genehmigung von United Agents LLP. Copyright der deutschsprachigen Ausgabe © dtv Verlagsgesellschaft mbH & Co. KG, München 2016. Aus dem Englischen von Susanne Höbel.

Watsky, George (*1986, San Francisco)
Blutgruppe o. Aus: ders., *Wie man es vermasselt.* Copyright

© 2016 by George Watsky. Copyright der deutschsprachigen Ausgabe © 2017, Diogenes Verlag AG Zürich. Aus dem Amerikanischen von Jenny Merling.

*Bitte beachten Sie
auch die folgenden Seiten*

Joey Goebel
im Diogenes Verlag

Joey Goebel ist 1980 in Henderson, Kentucky, geboren, wo er auch heute lebt und Schreiben lehrt. Als Leadsänger tourte er mit seiner Punkrockband ›The Mullets‹ durch den Mittleren Westen.

»Joey Goebel wird als literarische Entdeckung vom Schlag eines John Irving oder T.C. Boyle gehandelt.« *Stefan Maelck / NDR, Hamburg*

»Solange sich junge Erzähler finden wie Joey Goebel, ist uns um die Zukunft nicht bange.« *Elmar Krekeler / Die Welt, Berlin*

Vincent
Roman
Aus dem Amerikanischen von
Hans M. Herzog und Matthias Jendis

Freaks
Roman
Deutsch von Hans M. Herzog
Auch als Diogenes Hörbuch erschienen,
gelesen von Cosma Shiva Hagen, Jan Josef Liefers,
Charlotte Roche, Cordula Trantow
und Feridun Zaimoglu

Heartland
Roman
Deutsch von Hans M. Herzog

Ich gegen Osborne
Roman
Deutsch von Hans M. Herzog

Irgendwann wird es gut
Deutsch von Hans M. Herzog

Martin Suter
im Diogenes Verlag

»Martin Suter erreicht mit seinen Romanen ein Riesenpublikum.« *Wolfgang Höbel / Der Spiegel, Hamburg*

Die Romane:

Small World
Auch als Diogenes Hörbuch

Die dunkle Seite des Mondes
Auch als Diogenes Hörbuch

Ein perfekter Freund

Lila, Lila
Auch als Diogenes Hörbuch

Der Teufel von Mailand
Auch als Diogenes Hörbuch

Der letzte Weynfeldt
Auch als Diogenes Hörbuch

Der Koch
Auch als Diogenes Hörbuch

Die Zeit, die Zeit
Auch als Diogenes Hörbuch

Montecristo
Auch als Diogenes Hörbuch

Elefant
Auch als Diogenes Hörbuch

Die *Allmen*-Krimiserie:

Allmen und die Libellen
Roman
Auch als Diogenes Hörbuch

Allmen und der rosa Diamant
Roman
Auch als Diogenes Hörbuch

Allmen und die Dahlien
Roman
Auch als Diogenes Hörbuch

Allmen und die verschwundene María
Roman
Auch als Diogenes Hörbuch

Allmen und die Erotik
Roman
Auch als Diogenes Hörbuch

Allmen und der Koi
Roman
Auch als Diogenes Hörbuch

Außerdem erschienen:

Richtig leben mit Geri Weibel
Sämtliche Folgen

Business Class
Geschichten aus der Welt des Managements

Business Class
Neue Geschichten aus der Welt des Managements

Huber spannt aus
und andere Geschichten aus der Business Class

Unter Freunden
und andere Geschichten aus der Business Class

Das Bonus-Geheimnis
und andere Geschichten aus der Business Class

Abschalten
Die Business Class macht Ferien

Alles im Griff
Eine Business Soap
Auch als Diogenes Hörbuch

Cheers
Ferien mit der Business Class
Auch als Diogenes Hörbuch

Patricia Highsmith
im Diogenes Verlag

Im Frühling 2002 hat der Diogenes Verlag eine Werkausgabe von Patricia Highsmith mit weltweit unveröffentlichten Stories aus dem Nachlass und mit Neuübersetzungen ihres zu Lebzeiten erschienenen Werks gestartet (u.a. von Nikolaus Stingl, Melanie Walz, Irene Rumler, Christa E. Seibicke, Dirk van Gunsteren, Werner Richter und Matthias Jendis). Alle Bände in neuer Ausstattung, kritisch durchgesehen nach den Originaltexten und mit einem Nachwort zu Lebens- und Werkgeschichte. Die Edition macht sich erstmals die Aufzeichnungen der Autorin zur Entstehungsgeschichte einzelner Werke, zu Plänen und Inspirationsquellen zunutze und informiert über den schöpferischen Prozess und über die Lebenszusammenhänge, wie sie sich aus den Notiz- und Tagebüchern der Autorin rekonstruieren lassen.

Werkausgabe in 32 Bänden. Herausgegeben von Paul Ingendaay und Anna von Planta in Zusammenarbeit mit Ina Lannert, Barbara Rohrer und Kate Kingsley Skattebol. Jeder Band mit einem Nachwort von Paul Ingendaay.

Bisher erschienen:

Zwei Fremde im Zug
Roman. Aus dem Amerikanischen von Melanie Walz

Der Schrei der Eule
Roman. Deutsch von Irene Rumler

Das Zittern des Fälschers
Roman. Deutsch von Dirk van Gunsteren

Die stille Mitte der Welt
Stories. Deutsch von Melanie Walz

Lösegeld für einen Hund
Roman. Deutsch von Christa E. Seibicke

Der talentierte Mr. Ripley
Roman. Deutsch von Melanie Walz
Auch als Diogenes Hörbuch erschienen, gelesen von Gert Heidenreich

Ripley Under Ground
Roman. Deutsch von Melanie Walz

Die Augen der Mrs. Blynn
Stories. Deutsch von Christa E. Seibicke

Der Schneckenforscher
Stories. Deutsch von Dirk van Gunsteren
Eine Story auch als Diogenes Hörbuch erschienen: *Als die Flotte im Hafen lag*, gelesen von Evelyn Hamann

*Ripley's Game oder
Der amerikanische Freund*
Roman. Deutsch von Matthias Jendis

Ediths Tagebuch
Roman. Deutsch von Irene Rumler

Tiefe Wasser
Roman. Deutsch von Nikolaus Stingl

*Die zwei Gesichter
des Januars*
Roman. Deutsch von Werner Richter
Auch als Diogenes Hörbuch erschienen, gelesen von Charles Brauer

Der süße Wahn
Roman. Deutsch von Christa E. Seibicke

Die gläserne Zelle
Roman. Deutsch von Werner Richter

Leise, leise im Wind
Stories. Deutsch von Werner Richter
Zwei Stories auch als Diogenes Hörbuch erschienen: *Der Mann, der seine Bücher im Kopf schrieb*, gelesen von Jochen Striebeck

Der Junge, der Ripley folgte
Roman. Deutsch von Matthias Jendis

Venedig kann sehr kalt sein
Roman. Deutsch von Matthias Jendis

Kleine Mordgeschichten für Tierfreunde / Kleine Geschichten für Weiberfeinde
Stories. Deutsch von Melanie Walz
Ausgewählte Stories auch als Diogenes Hörbuch erschienen: *Kleine Mordgeschichten für Tierfreunde*, gelesen von Alice Schwarzer

Elsies Lebenslust
Roman. Deutsch von Dirk van Gunsteren

Ripley Under Water
Roman. Deutsch von Matthias Jendis

Carol oder Salz und sein Preis
Roman. Deutsch von Melanie Walz

Keiner von uns
Stories. Deutsch von Matthias Jendis

Der Stümper
Roman. Deutsch von Melanie Walz

Ein Spiel für die Lebenden
Roman. Deutsch von Bernhard Robben

Nixen auf dem Golfplatz
Stories. Deutsch von Matthias Jendis

›Small g‹ – eine Sommeridylle
Roman. Deutsch von Matthias Jendis

Der Geschichtenerzähler
Roman. Deutsch von Matthias Jendis

Leute, die an die Tür klopfen
Roman. Deutsch von Manfred Allié

Geschichten von natürlichen und unnatürlichen Katastrophen
Stories. Deutsch von Matthias Jendis

Suspense oder Wie man einen Thriller schreibt
Deutsch von Anne Uhde

In Vorbereitung:
Diaries / Notebooks

Außerhalb der Werkausgabe lieferbar:
Marijane Meaker
Meine Jahre mit Pat
Erinnerungen an Patricia Highsmith
Aus dem Amerikanischen von Manfred Allié

Joan Schenkar
Die talentierte Miss Highsmith
Leben und Werk von Mary Patricia Highsmith. Aus dem Amerikanischen von Renate Orth-Guttmann, Anna-Nina Kroll und Karin Betz. Mit einem Bildteil